社会治理检察建议工作实务

——上海实践样本

Practice of Social Governance Prosecutorial Suggestions
Shanghai Sample

阮祝军　陈超然　祁　堃　等著

上海检察文库

中国检察出版社

图书在版编目（CIP）数据

社会治理检察建议工作实务：上海实践样本 / 阮祝军等著. -- 北京：中国检察出版社，2024. 7. -- ISBN 978-7-5102-3100-1

Ⅰ. D927. 510. 4

中国国家版本馆 CIP 数据核字第 2024L35B07 号

社会治理检察建议工作实务——上海实践样本

阮祝军　陈超然　祁　堃 等　著

责任编辑：王　欢

技术编辑：王英英

封面设计：徐嘉武

出版发行：中国检察出版社

社　　址：北京市石景山区香山南路 109 号（100144）

网　　址：中国检察出版社（www. zgjccbs. com）

编辑电话：（010）86423780

发行电话：（010）86423726　86423727　86423728

（010）86423730　86423732

经　　销：新华书店

印　　刷：北京联兴盛业印刷股份有限公司

开　　本：710 mm×960 mm　16 开

印　　张：20　插页 2

字　　数：316 千字

版　　次：2024 年 7 月第一版　　2024 年 7 月第一次印刷

书　　号：ISBN 978-7-5102-3100-1

定　　价：70. 00 元

序　言

习近平总书记指出，法治建设既要抓末端、治已病，更要抓前端、治未病。近年来，全国检察机关坚持以习近平新时代中国特色社会主义思想为指导，深入贯彻党的二十大精神和《中共中央关于加强新时代检察机关法律监督工作的意见》，坚持“高质效办好每一个案件”价值追求，充分运用社会治理检察建议促进社会治理，推动解决社会治理堵点难点，取得了良好的政治效果、法律效果和社会效果。

2018年以来，上海市检察机关社会治理检察建议工作取得跨越式发展，首创的检察建议宣告送达制度被《人民检察院检察建议工作规定》吸收。自2020年开始，在最高人民检察院组织的全国检察机关优秀社会治理类检察建议评选中，上海市连续五年7件检察建议当选，当选数量在全国各省（自治区、直辖市）中名列前茅。为总结社会治理检察建议工作经验，为其他省市检察机关提供参考样本，我们撰写了《社会治理检察建议工作实务——上海实践样本》一书，从理论角度对社会治理检察建议的概念、沿革、意义进行分析，从实践角度对全国以及上海社会治理检察建议工作予以概述、评析，重点介绍了社会治理检察建议的工作实务操作要点，并附录了社会治理检察建议规范性文件、格式样本、优秀文书示例以及理论研究观点综述。

今后，上海市检察机关将继续贯彻落实习近平法治思想和党的二十大精神，将高质效履职贯穿检察办案始终，以规范精准实效引领社会治理检察建议工作开展，充分彰显在维护司法公正、促进依法行政、推进国家治理体系和治理能力现代化中的检察担当，为全国提供更多的“上海经验”。

阮祝军

2024 年 7 月

作者简介及撰写分工

阮祝军，1964 年 7 月生，法学硕士，上海市人民检察院检委会专职委员，一级高级检察官，全国检察业务专家，国家检察官学院高级检察教官。曾主持多项最高人民检察院理论研究重点课题等省部级以上研究项目，在《法学》《人民检察》《中国检察官》等期刊发表多篇学术论文。长期深耕检察工作，对检察改革、检察建议等工作有深入研究。

撰写本书第一至三章、第五章，并统稿、审定全书。

陈超然，1982 年 3 月生，法学博士，上海市人民检察院法律政策研究室副主任，三级高级检察官，上海市法学会诉讼法研究会理事，上海青年法学法律人才库成员。在《华东政法大学学报》等期刊发表多篇学术论文，参编全国检察机关十大业务系列教材。参与过司法体制综合配套改革、社会治理检察建议等多项重大工作。

撰写本书第一至四章，并全书统稿。

祁堃，1990 年 12 月生，法学硕士，上海市静安区人民检察院第六检察部三级检察官。参与省部级以上课题研究 8 项，在《犯罪研究》等期刊发表多篇学术论文。曾专门负责检察建议工作，对检察建议有深入研究。

撰写本书第三章、第四章，绘制本书图表，并全书统稿、校对。

张庆立，1983年12月生，法学博士，法学博士后，上海市松江区人民检察院第六检察部副主任、四级高级检察官，上海青年法学法律人才。出版个人法学研究专著3部，在《华东政法大学学报》等刊物发表文章多篇，主持或参与省部级以上研究项目30余项。

撰写本书第三章。

陈志清，1987年4月生，法律硕士，上海铁路运输检察院第六检察部二级检察官。参与多项省部级以上课题研究，在《人民检察》等期刊发表文章多篇。

撰写本书第二章。

曹瑞璇，1990年2月生，法学博士，上海市奉贤区人民检察院第六检察部二级检察官助理。参编《新时代检察理论研究综述（2018—2023）》。在《法学杂志》等刊物发表文章多篇，参与省部级以上课题研究15项。

撰写本书第一章和第五章。

目　录

第一章　社会治理检察建议理论概述

党的二十大报告强调，“完善社会治理体系”“健全共建共治共享的社会治理制度，提升社会治理效能”。检察建议是检察机关依法履行法律监督职责，参与社会治理，预防和减少违法犯罪，保护国家利益和社会公共利益的主要方式。检察建议自诞生之初，就以法律监督之名，与社会治理密切相关。① 特别是党的十八大以来，检察机关深入贯彻习近平总书记关于法治建设的一系列重要指示，在检察建议工作中始终坚持以人民为中心，以解决法治领域突出问题为着力点，加快推进法律监督体系和法律监督能力现代化。社会治理检察建议恰是新时代以法治思维和法治方式推进国家治理体系和治理能力现代化的重要途径，是检察机关推动社会治理现代化、法治化的重要手段，也是检察机关更好发挥监督职能的重要载体。② 为推动检察机关贯彻落实党的二十大精神，有必要以依法制发和督促落实社会治理检察建议为重要抓手，在法治轨道上推进国家治理体系和治理能力现代化。

---

① 张羽：《检察建议的历史图景》（上篇），载《方圆》2020 年第 21 期，第 15 页。

② 缪树权：《践行检察工作新理念 促成“多部门治理一事”》，载《中国检察官》2023 年第 4 期，第 14 页。

第一节 社会治理检察建议的概念

一、社会治理检察建议的概念

检察建议根植于检察机关的司法职能，涉及的内容带有公共利益性质且经过法定程序产生，具有严肃性和权威性。[①] 根据法律属性和具体功能定位的不同，检察建议主要分为诉讼监督类和社会治理类两种。早在20世纪50年代，检察机关就针对办案中发现的一类社会治理问题向有关单位提出建议，具有社会治理功能和性质的检察建议即已初具雏形。“文化大革命”结束后，中央在1981年提出对社会治安实行综合治理的方针，检察机关曾经运用“检察建议”作为参与社会治安综合治理的方式和手段之一。1982年12月6日，新中国第三任检察长黄火青在第五届全国人民代表大会第五次全体会议上作最高人民检察院工作报告时提到：“各级检察机关还通过办案，对一些机关、企事业单位在管理上存在的漏洞，及时提出建议，帮助发案单位采取措施，健全制度，加强管理，对预防违法犯罪起了一定的作用。”

这种来自检察视角的观察与建议，在我国经济快速发展、社会急剧变迁的背景下，既有长期关注的重点领域，又呈现出鲜明的与时俱进特征。2009年，最高人民检察院制定并公开发布《人民检察院检察建议工作规定（试行）》，第一次以司法规范性文件的形式确立检察建议制度，并对其主要内容、适用条件及办理程序作了规定。此时的“检察建议”与法院的“司法建议”比较类似，都是为了实现社会治安综合治理的方式和手段。2018年10月，修订后的《人民检察院组织法》正式将检察建议与抗诉、纠正意见并列，作为检察机关行使法律监督职权的方式之一。2019年2月26日，最高人民检察院发布新修

① 汤唯建、张建伟、王斌、孙莉婷：《以规范发展促进检察监督作用更好发挥》，载《检察日报》2019年6月17日。

订的《人民检察院检察建议工作规定》（以下简称《检察建议工作规定》），对检察建议的性质进行了界定，强调"检察建议是人民检察院依法履行法律监督职责，参与社会治理，维护司法公正，促进依法行政，预防和减少违法犯罪，保护国家利益和社会公共利益，维护个人和组织合法权益，保障法律统一正确实施的重要方式"。这一定位，与《人民检察院组织法》第21条将检察建议规定为行使法律监督权方式的精神是一致的。

"社会治理检察建议"这一规范概念首次出现在2019年最高人民检察院发布的《检察建议工作规定》。《检察建议工作规定》第5条将社会治理检察建议列为五种检察建议之一，① 并在第11条列举了可以制发社会治理检察建议的具体情形。② 这不仅意味着社会治理检察建议正式成为一项重要的检察工作，还顺应了国家治理体系和治理能力现代化，法治国家、法治政府、法治社会一体化建设以及新时代检察制度改革的时代需求。③《检察建议工作规定》明确人民检察院在办理案件中发现社会治理工作存在"涉案单位在预防违法犯罪方面制度不健全、不落实，管理不完善，存在违法犯罪隐患，需要及时消除的"等

---

① 《检察建议工作规定》第5条："检察建议主要包括以下类型：（一）再审检察建议；（二）纠正违法检察建议；（三）公益诉讼检察建议；（四）社会治理检察建议；（五）其他检察建议。"

② 《检察建议工作规定》第11条："人民检察院在办理案件中发现社会治理工作存在下列情形之一的，可以向有关单位和部门提出改进工作、完善治理的检察建议：（一）涉案单位在预防违法犯罪方面制度不健全、不落实，管理不完善，存在违法犯罪隐患，需要及时消除的；（二）一定时期某类违法犯罪案件多发、频发，或者已发生的案件暴露出明显的管理监督漏洞，需要督促行业主管部门加强和改进管理监督工作的；（三）涉及一定群体的民间纠纷问题突出，可能导致发生群体性事件或者恶性案件，需要督促相关部门完善风险预警防范措施，加强调解疏导工作的；（四）相关单位或者部门不依法及时履行职责，致使个人或者组织合法权益受到损害或者存在损害危险，需要及时整改消除的；（五）需要给予有关涉案人员、责任人员或者组织行政处罚、政务处分、行业惩戒，或者需要追究有关责任人员的司法责任的；（六）其他需要提出检察建议的情形。"

③ 刘艺：《社会治理类检察建议的特征分析与体系完善》，载《中国法律评论》2021年第5期，第177页。

六种情形的，可以向有关单位和部门提出改进工作、完善治理的检察建议。根据上述规定，社会治理检察建议可以定义为是人民检察院针对履职中发现有关机关和单位存在违法犯罪隐患、管理监督漏洞、风险预警和防控不到位等普遍性倾向性问题，以及需要给予有关人员或组织行政处罚、政务处分、行业惩戒等情形，依法履行法律监督职责，提出建章立制、加强监管、改进工作等内容的检察建议。

从上述定义中不难发现，社会治理检察建议具有事前预防的价值导向，符合“抓前端、治未病”的治理要求，顺应了党和国家对检察机关的政治要求和时代需求。

二、社会治理检察建议的特征

社会治理检察建议是检察权在新时代的重要体现，是检察机关参与社会治理的一种手段，对其特征进行梳理有利于理解其本质。

一是法律适用的宽泛性。在发出社会治理检察建议时，检察机关一般是依据《人民检察院组织法》第21条规定的概括授权。其他各类检察建议的提出均依据具体明确的法律规定，而社会治理检察建议除了依据《检察建议工作规定》第11条外，还广泛适用社会管理方面各种法律规定和工作规定。①

二是监督的非强制性。再审检察建议、纠正违法检察建议和公益诉讼检察建议都肇始于其他国家机关没有依法正确充分履行法定职责，体现了检察机关的法律监督属性。具体而言，再审检察建议可能启动再审程序；纠正违法检察建议纠正具体违法行为；公益诉讼检察建议被建议单位逾期不回复、不整改或者整改不到位的，符合一定条件，检察机关可以起诉。但社会治理检察建议一般被认为是一种柔性监

① 邓光明：《社会治理检察建议工作存在的难题与对策》，载《中国检察官》2023年第5期，第70页。

督，[1] 没有明确落实的强制措施作为监督保障。[2] 当然，并不能因此就否认社会治理检察建议在助力国家治理体系和治理能力现代化建设过程中特殊的价值和作用。

三是社会治理的协同性。社会治理检察建议的协同性主要表现在三个方面：检察机关内部刑事司法与行政执法监督的协同；检察机关与其他机关、人员之间的协同；行政执法检察监督与其他检察业务的协同。[3]

四是适用范围的全面性。社会治理检察建议的全面性体现在检察业务上就是其广泛覆盖各业务部门的职权范围，“四大检察”业务部门都有权制发社会治理类检察建议。[4]

第二节 社会治理检察建议的沿革

检察建议是实现国家治理司法化的一项重要制度安排，伴随着检察权配置和检察制度的改革而不断变化。检察建议 70 年的光辉发展历程融汇于法治建设和人民检察事业之中，是党领导人民探索推进社会主义民主法治建设历史的缩影。尽管社会治理检察建议诞生于 2019 年，但是厘清社会治理检察建议的历史沿革，有必要追溯检察建议制度的发展历程，这样更有利于理解社会治理检察建议产生的时代背景、内在规律以及未来发展方向。

---

① 罗欣、汤维建、杨建顺：《检察建议做成刚性的内涵及路径》，载《人民检察》2019 年第 7 期，第 42 – 43 页。

② 邓光明：《社会治理检察建议工作存在的难题与对策》，载《中国检察官》2023 年第 5 期，第 70 页。

③ 刘艺：《社会治理检察建议的特征分析与体系完善》，载《中国法律评论》2021 年第 5 期，第 184 – 186 页。

④ 刘艺：《社会治理检察建议的特征分析与体系完善》，载《中国法律评论》2021 年第 5 期，第 186 页。

一、检察建议制度的历史演进

回溯检察建议制度的历史变迁，可以发现其具有明显的政策导向与实践导向，各类型检察建议孕育于特定的社会背景之中，因而既有的检察建议类型划分并非出于同种制度逻辑，这是检察建议类型化反思所面向的基本逻辑。

（一）社会主义建设初期检察建议的萌芽

1954 年，最高人民检察院发布的一份文件中规定了三种监督形式，即建议书、提请书和抗诉书。其中，建议书用于对本级国家机关或部门提出纠正意见。① 有观点认为，20 世纪 50 年代出现的建议书，并不是现在所说的检察建议；② 也有观点认为，20 世纪 50 年代出现了现在所说的检察建议。③ 例如，1955 年 1 月 27 日，河北省人民检察院工作人员到定县听见有市民反映“粮食供应不足，不够食用，以及在供应标准上有所不一的现象……”定县人民检察院遂派检察员王云山进行调查，并以检察长韩林三和副检察长李汉章、薛保树的名义向定县财委会提出了建议书。④ 这与新中国成立初期需要保证百姓生产生活正常运行的时代背景相符合，其目的是保证粮食统购统销政策的实现和与破坏粮食政策的违法行为作斗争。⑤ 又如，1956 年 3 月，宁夏回族自治区惠农县人民检察院发现乡村干部利用职权乱捕乱押公民，向该县人民委员会发出了建议书。县人民委员会非常重视，将建议书和逮捕拘留条例印发各区乡政府，纠正乡村干部的违法行为。这种坚决与违法违纪行为作斗争的态

---

① 张羽：《检察建议的历史图景》（上篇），载《方圆》2020 年第 21 期，第 16 页。

② 高光荣：《综合治理检察建议初探》，载《检察理论研究》1993 年第 4 期，第 84－85 页。

③ 王文惠、袁江：《检察机关参与社会治理的内在逻辑与路径分析——以检察建议为视角》，载《贵州师范大学学报（社会科学版）》2022 年第 3 期，第 142－149 页。

④ 张羽：《检察建议的历史图景》（上篇），载《方圆》2020 年第 21 期，第 16 页。

⑤ 张羽：《检察建议的历史图景》（上篇），载《方圆》2020 年第 21 期，第 16 页。

度，对巩固党的新生政权无疑发挥了重要作用。[①] 可见，20 世纪 50 年代的建议书具有很强的萌芽性质，其涉及的领域也相当广泛，同时具备相当鲜明的时代特征。因此，有观点认为，建议书和提请书构成了今天社会治理检察建议的前身，纠正刑事侦查活动和劳动改造工作中违法行为的建议书和提请书构成了今天纠正违法检察建议的前身。[②]

（二）改革开放时期检察建议的探索发展

1981 年，考虑到当时的社会治安形势严峻，中央提出了“社会治安综合治理”的方针，检察建议是综合治理的一种方式。最高人民检察院副检察长陈国庆曾在其论文中谈及检察建议得以重生的时代背景与价值：“1981 年中共中央提出对社会治安实行综合治理的方针，要求各地党委、政府和司法机关采取政治的、法律的、经济的、行政的、教育的等综合措施，防止和减少犯罪的发生。检察建议是其中的一项重要措施。”[③] 在 1982 年的最高人民检察院工作报告中，首次出现了检察建议的相关内容，[④]“各级检察机关还通过办案，对一些机关、企事业单位在管理上存在的漏洞，及时提出建议，帮助发案单位采取措施，健全制度，加强管理，对预防违法犯罪起了一定的作用。”[⑤] 虽未直接使用“检察建议”一

---

① 张羽：《检察建议的历史图景》（上篇），载《方圆》2020 年第 21 期，第 16 页。

② 张羽：《检察建议的历史图景》（上篇），载《方圆》2020 年第 21 期，第 17 页。

③ 张羽：《检察建议的历史图景》（上篇），载《方圆》2020 年第 21 期，第 18 页。

④ 1982 年 12 月 6 日，新中国第三任检察长黄火青在第五届全国人民代表大会第五次全体会议上作最高人民检察院工作报告时提到：“在整顿社会治安中，不少基层人民检察院还协同公安、司法等部门，加强基层组织和基层工作，支持广大干部、群众同违法犯罪作斗争。并且广泛开展法制宣传，帮助群众建立治安公约和乡规民约，使干部、群众自觉遵守国家法律和社会公德。各级检察机关还通过办案，对一些机关、企事业单位在管理上存在的漏洞，及时提出建议，帮助发案单位采取措施，健全制度，加强管理，对预防违法犯罪起了一定的作用。”

⑤ 《最高人民检察院工作报告（第五届全国人民代表大会第三次会议黄火青 1980 年 9 月 2 日）》，载最高人民检察院官网，https：//www.12309.gov.cn/llzw/gzbg/201208/t20120820_364559.shtml，2023 年 9 月 15 日访问。

词，但已提及检察建议在防范犯罪、监督违法现象中的作用。① 1983 年，最高人民检察院曾出台文件规定了检察建议书的基本格式，说明当时检察建议的运用已经相当普遍到需要统一规范。

在 1985 年的最高人民检察院工作报告中，明确提出了“检察建议”这一概念，要求“检察机关结合办案，对于有关单位在工作上、制度上存在的问题，及时提出‘检察建议’”。② 1986 年，最高人民检察院发布的《人民检察院直接受理侦查的刑事案件办案程序（试行）》（已失效）第 47 条规定“对于控告、检举材料……查处案件中发现发案单位在工作和管理方面存在漏洞或问题的，应向有关机关发出《检察建议书》，”③这是社会治理性质的检察建议首次在司法解释文件中出现。此后，检察建议稳定地作为一项社会治安综合治理措施出现在最高人民检察院的历年工作报告中。中共中央、国务院于 1991 年 2 月 19 日发布实施的《关于加强社会治安综合治理的决定》要求“采取各种措施改变就案办案现象，尽力扩大办案的社会效果，并积极提出司法建议和检察建议，协助有关单位总结经验教训，健全管理制度，完善和防范机制。”直至 20 世纪 90 年代初，检察机关在“社会治安综合治理”“严打”“打黑除恶”等特殊时期，主要在打击刑事犯罪活动、参与社会治安综合治理、预防和减少犯罪中运用检察建议，并在实践中结合不同时期的形势任务，伴随检察职能的调整不断调整其功能定位并赋予新的内涵。

---

① 秦前红、王雨亭：《检察建议类型的制度反思及功能性重构》，载《中南民族大学学报（人文社科版）》2023 年第 6 期，第 91 页。

② 秦前红、王雨亭：《检察建议类型的制度反思及功能性重构》，载《中南民族大学学报（人文社科版）》2023 年第 6 期，第 91 页。

③ 《人民检察院直接受理侦查的刑事案件办案程序（试行）》（已失效）第 47 条：“对于控告、检举材料，经审查认为被告人不需要作刑事处罚或决定免诉、撤销案件或不予起诉，需要移送有关机关处理的；以及查处案件中发现发案单位在工作和管理方面存在漏洞或问题的，应向有关机关发出《检察建议书》，并请他们将研究处理结果告诉人民检察院。”

20 世纪 90 年代后期至 2010 年前后，检察建议制度呈现出两个明显的发展趋势：一是检察建议在刑事检察监督中的运用焦点更为突出，聚焦于对公职人员的刑事犯罪监督；二是检察建议的运用逐渐扩大至民事审判和行政诉讼活动监督工作中。① 这一阶段检察建议制度的发展及演进与检察机关自身的职能变迁息息相关。在新的历史条件下，三大诉讼法相继制定或修改，其中 1990 年和 1991 年先后实施的《行政诉讼法》和《民事诉讼法》赋予了检察机关抗诉权；1996 年《刑事诉讼法》作出全面修改，从实体和程序上均进行了重要完善。② 基于上述立法上的变化，检察机关的法律监督权内涵得到进一步丰富。历经实践探索，2001 年最高人民检察院先后发布《关于刑事抗诉工作的若干意见》《人民检察院民事行政抗诉案件办案规则》，前者规定适用检察建议纠正审判活动中违法情形的条件，后者于第八章专章规定检察建议的制发情形。2008 年，《人民检察院看守所检察办法》《人民检察院监狱检察办法》《人民检察院监外执行检察办法》《人民检察院劳教检察办法》实施，其中都专章对检察建议作出了规定。由此，虽缺乏立法层面的明确授权，但实践中检察建议的适用范围被进一步拓宽，贯穿于刑事侦查、审判、执行全过程，涉及犯罪预防、民事行政检察等多领域。③

基于实践中检察建议制度的不断发展，为规范检察建议的适用，2009 年，最高人民检察院制定并公开发布《人民检察院检察建议工作规定（试行)》，第一次以司法规范性文件的形式确立检察建议制度，并对

---

① 秦前红、王雨亭：《检察建议类型的制度反思及功能性重构》，载《中南民族大学学报（人文社科版)》2023 年第 6 期，第 91 页。

② 陈卫东：《刑事诉讼法治四十年：回顾与展望》，载《政法论坛》2019 年第 6 期，第 18 – 30 页。

③ 季美君：《检察机关提起行政公益诉讼的路径》，载《中国法律评论》2015 年第 3 期，第 214 – 221 页。

其主要内容、适用条件及办理程序作了规定。① 值得注意的是，这一规定出台时，实践中检察建议已不限于被作为社会治安综合治理的一项措施，但是规定仍主要将其视作预防和减少违法犯罪的一种延伸性工作方式。② 从数据来看，涉及社会治安综合治理内容的检察建议书仍然占据着较大比重。③

2012 年《民事诉讼法》修改，检察建议的相关内容被首次写入法律，检察建议制度得到立法正当化补强。该部法律吸收了实践经验，明确检察机关有权对生效裁判或调解书提出再审检察建议，同时规定检察机关有权对审判人员的违法行为提出检察建议，即检察监督的方式不局限于再审程序，也包括对审判活动的“事中监督”。④

（三）新时代检察建议的开拓发展

继 2012 年《民事诉讼法》修改之后，2014 年《行政诉讼法》修改，同样赋予检察机关对生效裁判或调解书的再审检察建议权，检察建议也由此从法律层面正式进入行政诉讼监督制度中。至此，检察建议制度在

---

① 《人民检察院检察建议工作规定（试行）》第 1 条：“检察建议是人民检察院为促进法律正确实施、促进社会和谐稳定，在履行法律监督职能过程中，结合执法办案，建议有关单位完善制度，加强内部制约、监督，正确实施法律法规，完善社会管理、服务，预防和减少违法犯罪的一种重要方式。”第 5 条：“人民检察院在检察工作中发现有下列情形之一的，可以提出检察建议：（一）预防违法犯罪等方面管理不完善、制度不健全、不落实，存在犯罪隐患的；（二）行业主管部门或者主管机关需要加强或改进本行业或者部门的管理监督工作的；（三）民间纠纷问题突出，矛盾可能激化导致恶性案件或者群体性事件，需要加强调解疏导工作的；（四）在办理案件过程中发现应对有关人员或行为予以表彰或者给予处分、行政处罚的；（五）人民法院、公安机关、刑罚执行机关和劳动教养机关在执法过程中存在苗头性、倾向性的不规范问题，需要改进的；（六）其他需要提出检察建议的。”

② 陈国庆：《〈人民检察院检察建议工作规定（试行）〉解读》，载《人民检察》2010 年第 1 期，第 75 – 79 页。

③ 上海市人民检察院研究室：《检察建议实施过程中存在的问题与对策》，载《人民检察》2008 年第 18 期，第 49 – 52 页。

④ 秦前红、王雨亭：《检察建议类型的制度反思及功能性重构》，载《中南民族大学学报（人文社科版）》2023 年第 6 期，第 92 页。

民事诉讼、行政诉讼中的法律地位被确定下来。2015 年 7 月起，中央开始部署在地方开展检察机关提起公益诉讼试点，2016 年最高人民检察院工作报告中首次提到了作为诉前程序的行政公益诉讼检察建议。2017 年《民事诉讼法》和《行政诉讼法》再次修改，将检察机关有权提起公益诉讼写入法律，后者明确要求将提出检察建议作为行政公益诉讼的诉前程序之一。2018 年最高人民检察院印发《检察机关民事公益诉讼案件办案指南（试行）》《检察机关行政公益诉讼案件办案指南（试行）》。同年 10 月 19 日，最高人民检察院针对儿童和学生法治教育、预防性侵害教育缺位等问题向教育部发出了最高人民检察院历史上首份检察建议也是首份社会治理检察建议，简称“一号检察建议”。2021 年《人民检察院公益诉讼办案规则》实施，检察建议的对象、制发程序、回复期限以及应当包括的具体内容得以进一步明确。公益诉讼检察建议现已成为检察建议工作中举足轻重的部分。

近年来，检察机关积极运用检察建议履行法律监督职责，在推动有关部门建章立制、堵塞漏洞、消除隐患，规范执法司法行为，促进依法行政，服务保障民生，参与社会治理等方面取得了良好效果，但是也存在适用范围不清、制发和管理不规范、重数量轻质量、监督实效不够理想等问题。新时期，党和国家对司法工作的更高标准、人民群众对公平正义的更高期待，对检察机关的法律监督工作提出了新的更高要求，以往检察建议的运行方式已越来越不能适应这些新要求。《人民检察院检察建议工作规定（试行）》对检察建议的适用范围、内容、制发程序等规定较为粗疏，无法满足新时期检察建议工作实践的需要，亟须根据新情况和新问题作出全面修改，对检察建议工作进行更加严格的规范。2018 年 10 月 26 日，第十三届全国人民代表大会常务委员会第六次会议通过了修订后的《人民检察院组织法》，该法第 21 条明确检察建议是与抗诉、纠正意见相并列的法律监督职权行使方式，并规定了应当及时书面回复的效力。①

为适应《人民检察院组织法》赋予检察建议的新功能和新要求，进一步加强和规范检察建议工作，提升检察建议的质量和实效，充分发挥检察建议在维护司法公正、推动依法行政、保障公共利益、促进社会治理、预防违法犯罪等方面的积极作用，最高人民检察院从2018年下半年开始，对检察建议工作进行了深入调研，针对实践中存在的问题，根据《人民检察院组织法》关于检察建议的规定，对《人民检察院检察建议工作规定（试行）》进行了修订。修订过程中，三次征求省级检察机关的意见，两次征求最高人民检察院相关内设机构的意见，同时征求了中央政法委、全国人大常委会法工委、最高人民法院、公安部、司法部等单位以及专家学者的意见。在综合各方面意见的基础上，经反复研究修改，形成送审稿。经2018年12月25日最高人民检察院第十三届检察委员会第十二次会议通过后，于2019年2月26日正式公布实施。新修订的《检察建议工作规定》第2条从功能和作用的角度，对检察建议进行了重新界定，由过去立足检察职能、参与社会治安综合治理、预防和减少违法犯罪的延伸性工作方式，修改为一种法律监督措施，规定：“检察建议是人民检察院依法履行法律监督职责，参与社会治理，维护司法公正，促进依法行政，预防和减少违法犯罪，保护国家利益和社会公共利益，维护个人和组织合法权益，保障法律统一正确实施的重要方式。”这一定位与《人民检察院组织法》第21条将检察建议规定为行使法律监督权方式的精神是一致的。此外，《检察建议工作规定》第5条正式将检察建议划分为“再审检察建议、纠正违法检察建议、公益诉讼检察建议、社会治理检察建议、其他检察建议”五种，首次规定了“社会治理检察建议”，将“涉案单位在预防违法犯罪方面制度不健全、不落实，管理不完善，存在违法犯罪隐患，需要及时消除的”情形纳入社会治理领域，从而

① 《人民检察院组织法》第21条：“人民检察院行使本法第二十条规定的法律监督职权，可以进行调查核实，并依法提出抗诉、纠正意见、检察建议。有关单位应当予以配合，并及时将采纳纠正意见、检察建议的情况书面回复人民检察院。抗诉、纠正意见、检察建议的适用范围及其程序，依照法律有关规定。”

使社会治理检察建议的适用范围更宽泛。在立法支撑和最高人民检察院的大力推动下，各地检察机关不断深化对检察建议工作的实践探索。

二、社会治理检察建议的沿革

党的十八届三中全会审议通过的《中共中央关于全面深化改革若干重大问题的决定》，首次提出“社会治理”概念；党的十八届四中全会审议通过《中共中央关于全面推进依法治国若干重大问题的决定》，提出要推进多层次多领域依法治理；党的十九大报告明确提出“实现国家治理体系和治理能力现代化”“打造共建共治共享的社会治理格局”；党的十九届四中全会审议通过《中共中央关于坚持和完善中国特色社会主义制度推进国家治理体系和治理能力现代化若干问题的决定》，对推进国家治理体系和治理能力现代化作出进一步部署。检察机关不仅要依法办案，还要将办案职能向社会治理领域延伸，注重标本兼治。① 党的二十大明确提出“加强新时代检察机关法律监督”。《中共中央关于加强新时代检察机关法律监督工作的意见》明确检察机关要“积极参与社会治安防控体系建设，促进提高社会治理法治化水平”，并强调有关单位对检察建议的整改落实职责。在这样的背景下，社会治理检察建议蓬勃发展，2019 年至 2023 年的最高人民检察院工作报告中，检察机关已将检察建议作为参与社会治理、实现行政争议实质性化解的一项重要手段加以强调。最高人民检察院已向教育部、住建部等单位制发第一号至第十一号检察建议，在实践中取得了良好的效果，有利于从综合性和源头上治理具有社会倾向性、普遍性、根本性的问题。值得注意的是，社会治理检察建议并非凭空出世，其“前身”作为综合治理手段的预防违法犯罪检察建议早已在实践中运行多年，当然其制发对象、适用范围已不断扩大，其演变本身也体现了我国“管理”理念到“治理”理念的嬗变。②

---

① 张军：《全面贯彻习近平法治思想以高度的政治自觉法治自觉检察自觉履职尽责》，载《学习时报》2021 年 1 月 22 日，第 1 版。

② 秦前红、王雨亭：《检察建议类型的制度反思及功能性重构》，载《中南民族大学学报（人文社科版）》2023 年第 6 期，第 93 页。

第三节　社会治理检察建议的意义

党的二十大擘画了以中国式现代化推进中华民族伟大复兴的宏伟蓝图，开启了全面建设社会主义现代化国家的新征程。检察建议作为一种深植于中国特色司法文化土壤的法律制度，是检察机关“坚持在法治轨道上推进国家治理体系和治理能力现代化”的重要手段，是检察机关“坚持以人民为中心”的重要体现，是检察机关以检察工作现代化服务中国式现代化的重要抓手。充分运用社会治理检察建议不仅有利于检察机关履行法律监督职责，与被监督单位共同推动问题解决，还有利于推进社会治理法治化、国家治理现代化。

一、有助于全面履行法律监督职能，共同推动长效常治

当前，检察机关面临的重大形势和任务，是服从服务国家法治建设和社会治理大局、推动“四大检察”全面协调充分发展。新形势下，检察工作如何创新发展，如何全面履行法律监督职责，与被监督单位共同推动长效常治的监督效果，是检察机关亟待破解的难题、新题。① 社会治理检察建议是检察机关履行法律监督职责的重要方式，在国家监察体制改革背景下，进一步强化法律监督主责主业已成为检察机关强化自身建设的必然选择，检察建议的制度优势日益凸显。社会治理检察建议作为法定的监督方式，在推进社会治理中发挥着越来越重要的作用。②

最高人民检察院多次强调，要与其他执法司法部门形成良性、互动、积极的工作关系，在监督中实现双赢多赢共赢局面，形成社会治理的合力，达到“办理一案、治理一片”的效果。检察机关与被建议单位之间

---

① 张国军、杨慧明：《开展检察建议工作中的几点思考》，载《中国检察官》2020年第3期，第73页。

② 谭泽林：《社会治理检察建议工作实践问题探析》，载《人民检察》2021年第17期，第22页。

既是监督与被监督的关系，也是良性建议与协作配合的关系，尤其是针对办案中发现的管理监督漏洞、制度措施缺陷、履职不当存在损害个人或组织合法权益隐患提出建议，有助于推动社会治理现代化。① 社会治理检察建议监督的价值追求并非“你错我对”“你输我赢”，而是要实现不同主体的利益平衡和社会和谐发展，检察机关要依法强化与相关部门和行业领域建立多方协作机制，以“我管”促“都管”，实现法律监督与社会治理的同频共振。

适用检察建议参与社会治理，其重点是通过法律监督帮助行业主管部门完善制度、堵塞漏洞，纠正行政机关的不作为或不当作为，唤醒行政机关依法正当作为以实现社会公平正义。本质上讲，检察机关与被建议机关的目标是一致的。应秉持共同推动系统治理的目标，做好沟通联系和释法说理工作，努力让被建议单位全面理解、接受法律监督，形成全社会关心、支持、配合检察建议工作的良性检察监督氛围。故而，应充分发挥社会治理检察建议功能作用，将检察职能与社会治理深度融合，促进检察履职能力和行政机关依法行政能力双提升，有助于实现法律监督与社会管理的协同，② 推动检察建议从“办理”向“办复”转变，努力做好“后半篇文章”。

二、有助于满足人民群众需求，助力推动实现高质量发展

党的十九大报告指出，中国特色社会主义进入新时代，我国社会主要矛盾已经转化为人民日益增长的美好生活需要和不平衡不充分的发展之间的矛盾。在这一关系全局的历史性变化中，人民群众在民主、法治、公平、正义、安全、环境等方面有更丰富内涵和更高水平的新需求。党的二十大报告明确指出，“高质量发展是全面建设社会主义现代化国家的首要任务”，“必须坚持在发展中保障和改善民生，鼓励共同奋斗创造

① 杨建顺：《论社会治理检察建议的规范引领作用》，载《人民检察》2021 年第 17 期，第 16 页。

② 谭泽林：《社会治理检察建议工作实践问题探析》，载《人民检察》2021 年第 17 期，第 22 页。

美好生活，不断实现人民对美好生活的向往”。习近平总书记在参加十四届全国人大一次会议江苏代表团审议时再次强调了这一论断，并指出“必须以满足人民日益增长的美好生活需要为出发点和落脚点，把发展成果不断转化为生活品质，不断增强人民群众的获得感、幸福感、安全感”。检察机关在满足人民日益增长的美好生活需要中，不仅要行使好传统检察职能，更应当创新履责方式方法，努力承担起为社会、人民群众提供更加实在、更为需要的法治产品的“供给侧”职责，助力推动实现高质量发展。

实现高质量发展的根本目的是为了人民，实现高质量发展的根本动力要依靠人民，实现高质量发展的评判标准是人民获得感。结合检察机关司法办案，聚焦食品安全、征地拆迁、金融安全、信息安全、未成年人保护、防范职务犯罪等有关民生民利和社会治理等诸多方面，制发社会治理检察建议有助于保障和改善民生，为推进民生工程建设提供有力法治支撑，满足人民群众的法治新需求，回应人民群众的关切和期待。高质量发展是对新时代人民美好生活需要“质”的转变的有效回应，检察机关坚持以习近平新时代中国特色社会主义思想为指导，在认真研究、准确把握社会主要矛盾变化的基础上做好新时代的检察工作，为解决社会主要矛盾贡献更多检察智慧，为实现中华民族伟大复兴中国梦贡献更强检察力量。

三、有助于推进高水平源头治理

党的十八届四中全会通过的《中共中央关于全面推进依法治国若干重大问题的决定》提出，推进多层次多领域依法治理，要求坚持系统治理、依法治理、综合治理、源头治理，提高社会治理法治化水平。一方面，源头治理作为社会治理体系中的重要一环，本质上具有依法治理的基本要求；另一方面，实现源头治理最根本的保障也是法治。通过制发检察建议将法律监督向社会治理的前端延伸，是检察机关践行司法为民的要求，更体现了在党的领导下各方力量参与社会治理的社会主义体制优势，为推动源头治理工作提供了有力司法保障。① 此外，2021 年 2 月中央全面深化改革委员会第十八次会议强调，法治建设既要抓末端、治已病，更要抓前端、治未病。要实现“抓前端、治未病”，就要在司法实践中善于发现苗头性问题、源头性问题，并及时协同各方力量共同加以解决，避免“小拖大”“大拖炸”。②

2021 年《中共中央关于加强新时代检察机关法律监督工作的意见》明确提出“着力提高法律监督能力水平，为坚持和完善中国特色社会主义制度、推进国家治理体系和治理能力现代化不断作出新贡献”，这意味着法律监督要从末端治罪向前端治理转变。社会治理现代化视角下，只有正确认识和把握检察建议与社会治理、源头治理的关联，才能更好地开展检察建议工作，也才能真正取得应有的治理成效。检察机关开展源头治理对推动社会治理体系和能力现代化，完善社会矛盾多元预防调处化解机制等方面都有重要意义。检察机关参与源头治理更多是帮助建好前端的规则闸门，发现苗头性、倾向性问题，通过检察建议的方式，在矛盾性质更轻的时候主动参与化解，阻止纠纷层层升级，通过源头治理推动实现更优更好的社会治理效果。检察建议的基本功能很好地契合了源头治理的内涵要求，并通过主送、抄送等方式，协同各方力量共同推进源头治理理念落实，有利于构建协同合作的新型检察话语体系。

四、有助于推进国家治理体系和治理能力现代化

党的十九届四中全会将“推进国家治理体系和治理能力现代化”确立为党的一项重大战略任务。检察机关作为国家的法律监督机关，理应充分发挥职能作用，助力国家治理体系和治理能力现代化。《中共中央关于加强新时代检察机关法律监督工作的意见》深刻指出，检察机关作为国家的法律监督机关，是国家监督体系的重要组成部分，在

① 元明、薛慧：《检察建议抓前端治未病的优势与落实》，载《人民检察》2022 年第 8 期，第 11 页。

② 元明、薛慧：《检察建议抓前端治未病的优势与落实》，载《人民检察》2022 年第 8 期，第 12 页。

推进全面依法治国、建设社会主义法治国家中发挥着重要作用。进入新发展阶段，与人民群众在民主、法治、公平、正义、安全、环境等方面的新需求相比，法律执行和实施仍需加强，充分发挥检察机关法律监督职能，综合运用社会治理检察建议对促进依法行政、公正司法，推进全面依法治国、建设社会主义法治国家具有重要意义。①

社会治理是个系统工程，在共建、共治、共享理念下，检察机关能够从相关行政机关及社会组织的立场与需要的角度进行监督，以刚性十足、质效兼具的检察建议促进经济社会高质量发展。通过制度建构形式将社会治理检察建议的各方面和全过程进行深入打造，以实实在在的机制建设推动社会治理检察建议落地落实，更好发挥社会治理检察建议在国家和社会治理中的规范引领作用，为推进法律监督体系和监督能力现代化贡献力量。可以说，社会治理检察建议正是检察机关依法履行宪法法律赋予的法律监督职责，推动国家治理体系和治理能力现代化的重要抓手。

① 谭泽林：《社会治理检察建议工作实践问题探析》，载《人民检察》2021年第17期，第22页。

第二章　社会治理检察建议实践评析

第一节　全国社会治理检察建议工作概述

自2018年检察建议写入《人民检察院组织法》以来，全国检察机关通过多种方式加强和改进检察建议工作，积极探索健全完善检察建议刚性保障机制，检察建议的规范化、精准化不断加强，在社会治理方面发挥了积极作用。

一、社会治理检察建议工作举措

（一）完善工作制度

最高人民检察院于2019年2月公布实施了《检察建议工作规定》，以提高检察建议质量和效果为导向，对监督事项的调查核实和检察建议书的制发程序、督促落实机制等进行了细化完善，为检察建议工作的规范有序开展提供了明确具体的依据。同年10月，最高人民检察院又制定出台了《人民检察院检察建议督促落实统管工作办法》（以下简称《督促落实统管办法》），通过建立各部门分工负责与全院综合协调督导相结合的制度机制，解决检察建议落实中的问题。为指导全国各级检察机关正确理解和准确适用《检察建议工作规定》，规范有序开展检察建议工作，最高人民检察院于2021年12月下发《检察机关开展检察建议工作有关问题的解答》（以下简称《检察建议工作解答》），针对检察建议实践中存在的十个共性问题作出进一步细化解释。各地检察机关在检察建议规范化工作方面也积极探索，比如，北京市人民检察院于2022年9月印发《北京市检察机关检察建议工作指引》；上海市人民检察院于2023年5月印发《上海市检察机关社会治理检察建议工作指引》。

（二）建立工作机制

一是最高人民检察院制发检察建议。2018年10月，最高人民检察院向教育部发出“一号检察建议”，开启新时代社会治理检察建议的新篇章。截至2024年7月，最高人民检察院已制发至“十一号检察建议”，均为社会治理类型。全国检察机关在最高人民检察院引领下，不断加大社会治理检察建议工作力度，各省级人民检察院也带头制发高质量检察建议。比如，黑龙江省人民检察院向省政府制发检察建议，促成全省“老、旧、散、小、差”二次供水设施的改造，入选最高人民检察院第二十三批指导性案例；河南省人民检察院2020年连续制发4件社会治理检察建议，获得河南省委、省政府主要领导批示。

二是建立工作通报制度。最高人民检察院自2018年9月起实行检察建议工作情况定期通报制度，结合反面典型案例对各地检察建议工作中存在的问题进行通报，并针对问题提出指导性意见。自2022年开始，最高人民检察院对全国检察机关社会治理检察建议工作情况进行专门统计、通报，强化对社会治理检察建议的统筹管理。

三是开展优秀文书评选。最高人民检察院自2020年起，每年评选上一年度全国检察机关优秀社会治理类检察建议，截至2024年，共评选出64份优秀检察建议。充分发挥优秀检察建议的示范引领作用，引导各地检察机关在工作中对标优秀、查找差距、不断改进，通过正向激励，促进提升全国社会治理检察建议工作水平。

（三）健全刚性保障

一是推动纳入党政考核。最高人民检察院推动将检察建议的回复、落实情况纳入党政考核工作，促进党政机关进一步重视、支持、配合检察建议工作。在最高人民检察院的积极推动下，中央政法委于2023年4月回函，决定将社会治理检察建议落实情况纳入平安中国建设考评体系，中央依法治国办同意将社会治理检察建议的办复情况作为法治政府考核评价的重要内容，纳入地方党政考核。截至2022年底，全国已有16个省份将检察建议落实工作纳入省级党政考核体系；有13个省份纳入了部分市级或者市、县两级党政考核体系。

二是争取党委、人大、政府支持。2022年10月，最高人民检察院转发陕西省委政法委等部门《关于进一步加强检察建议办理工作促进社会治理法治化的意见》和陕西省人民检察院《关于印发关于充分发挥检察建议作用促进社会治理法治化的若干措施的通知》，对全国检察机关主动争取党委、人大、政府对检察建议工作的支持提出指导性意见。截至2023年3月，全国共有50个地方人大常委会出台了关于加强检察建议工作的决议、决定或规范性文件。比如，山东菏泽、湖北荆门、海南三亚、宁夏石嘴山等地人大常委会通过加强检察建议工作的决议；吉林长春、山东青岛、甘肃白银等地党委、政府以“两办”名义下发了保障检察建议效力的文件。

二、最高人民检察院制发检察建议分析

自2018年以来，最高人民检察院以上率下，围绕校园安全、公告送达、金融监管、窨井管理、虚假诉讼等问题向有关部门发出第一至十一号检察建议，为检察建议参与推动社会治理现代化提供了方向和指导。

最高人民检察院第一号至十一号检察建议①

序号	检察建议主题	制发对象	制发时间
一号检察建议	防治校园性侵	教育部	2018年10月
二号检察建议	规范公告送达	最高人民法院	2018年11月

① 信息来源为最高人民检察院微信公众号。

续表

序号	检察建议主题	制发对象	制发时间
三号检察建议	强化金融监管	中央主管机关	2019 年 6 月
四号检察建议	严防窨井“吃人”	住房和城乡建设部	2020 年 4 月
五号检察建议	防治虚假诉讼	最高人民法院	2020 年 7 月
六号检察建议	治理网络空间	工业和信息化部	2020 年 11 月
七号检察建议	强化寄递安全监管	国家邮政局	2021 年 10 月
八号检察建议	安全生产治理	应急管理部	2022 年 3 月
九号检察建议	预防职务犯罪，维护粮食安全	国家粮食和物资储备局	2023 年 11 月
十号检察建议		中储粮集团公司	2023 年 11 月
十一号检察建议	养老机构老年人权益保护	民政部	2023 年 12 月

（一）选题彰显“以人民为中心”

最高人民检察院第一至十一号检察建议是贯彻落实“以人民为中心”的生动实践，检察建议主题彰显检察机关的时代意识和责任品格，拓展了检察机关参与社会治理的领域和深度。比如，“一号检察建议”系最高人民检察院基于一起强奸、猥亵多名女童的抗诉案件，敏锐地意识到应当将少年儿童的人身安全问题当作最为关切的问题，于是向教育行政部门提出建议，彰显了检察机关作为公共利益代表者的职责使命，也展现了检察机关在新时代依法履职的责任担当。又如，“四号检察建议”源于窨井伤人案件，窨井盖虽小，但关系到不特定公众的人身安全，最高人民检察院通过查明井盖缺失、破损、松动错位等背后的深层原因，制发了凝聚多部门治理合力的“四号检察建议”，推动实现窨井盖的源头治理。又如，“五号检察建议”聚焦虚假诉讼的认定标准、程序处理、协调配合等问题，治理虚假诉讼行为，保障当事人合法权益，维护司法权威。再如，“十一号检察建议”关注养老机构内侵犯老年人人身权利的问题，推动加强养老机构监督管理，促进养老服务行业的健康发展，是检察机关依托法律监督职能服务老龄事业发展、助力做好老年人工作的重要举措，更是"检护民生"的生动体现。

（二）调查关注类案分析

最高人民检察院第一至十一号检察建议都来源于案件，涉及全国各地多发、常发的普遍性问题。最高人民检察院在调查核实过程中汇总分析办案数据，注重通过类案分析发现问题症结点，开展类案监督。比如，针对2019年全国起诉金融诈骗、破坏金融管理秩序犯罪40178人，同比上升25.3%的新情况，最高人民检察院全面梳理当年度金融案件情况，制发"三号检察建议"，运用检察智慧促进金融监管编好"安全网"、守好"钱袋子"。又如，"七号检察建议"起草组收集整理各省2017年至2020年寄递毒品、暴恐音视频、枪支爆炸物、野生动物及其制品等案件数据及典型案例，走访国家邮政局邮政业安全中心，座谈了解快递行业监管情况，还向国家禁毒办了解情况，调阅相关材料，全面了解寄递物流领域安全隐患。

（三）制发注重上下联动

最高人民检察院制发第一至十一号检察建议，形成一套成熟的检察建议制发模式，比如发动各级人民检察院力量开展书面调研、起草组赴各地实地调研等。在最高人民检察院指导、引领下，各级人民检察院为做深、做实第一至十一号检察建议作出了贡献。比如，为制发"一号检察建议"，最高人民检察院派员去往全国各地检察机关实地调研，形成了一份足迹遍布全国的调研报告，详细分析全国危害校园安全犯罪的整体状况、案件类型和原因，并提出相应对策和建议。又如，"八号检察建议"起草组分赴多个省市检察机关实地调研，与各地应急管理部门、工业园区管委会、交通运输部门、公安机关等有关人员座谈，走访了江苏响水"3·21"特大爆炸事故案等案发现场；先后向9个省份检察机关进行书面调研，收集涉安全生产领域刑事案件及职务犯罪案件办理情况、党政纪处分及行政处罚情况、办案中发现的安全生产监管中的主要问题、行刑衔接等情况以及相关对策建议等。

（四）落实力求深度广度

最高人民检察院高度重视第一至十一号检察建议落实工作，采取各项措施共同打赢贯彻落实攻坚战、持久战。比如，为了把“一号检察建议”做成刚性、做到刚性，最高人民检察院向各省级人民检察院印发检察建议时，要求各地及时将检察建议书抄报本省教育主管部门及主管省（自治区、直辖市）领导。最高人民检察院还联合教育部或单独派员赴四川、河北、江西等省市进行调研督导，深入中小学、幼儿园，检查督促“一号检察建议”的落实，上下四级检察机关在不同层面、以不同方式协同推进，彰显一体化推进的显著优势。又如，针对行业管理分散、责权不一的局面，最高人民检察院向国家邮政局制发“七号检察建议”时，同时抄送公安部、商务部、司法部等12个有关部委，通过凝聚多部门合力全面打造绿色安全邮路，以推动健全寄递行业统筹监管。再如，最高人民检察院向应急管理部制发“八号检察建议”，同时考虑到安全生产监管统筹协调工作有待加强，为推动多部门联动，同步抄送中央纪委国家监委、国务院安全生产委员会及公安、交通运输等相关行业主管部门，建议完善相关工作，共促安全生产治理水平提升。

三、全国优秀社会治理检察建议分析

2020年以来，最高人民检察院评选出的64份全国优秀社会治理类检察建议体现了近年来社会治理检察建议工作的先进水平，也是各地检察机关学习借鉴的优秀模板。

（一）服务发展大局，聚焦群众关切

入选的检察建议能够主动围绕党和国家工作大局与经济社会发展需要，聚焦中国特色社会主义建设的重要领域、社会治理的薄弱环节和人民群众反映强烈的突出问题，围绕互联网个人信息保护、未成年人保护、

防范金融风险、行业协会监管、野生动物保护、食品安全、基层治理、安全生产等领域中的普遍性、倾向性问题，提出一系列改进工作、加强监管、完善治理的对策建议，通过检察履职促进保障和改善民生，展现了检察机关在服务保障完善中国特色社会主义制度、推动经济社会高质量发展、推进国家治理体系和治理能力现代化中的担当作为。比如，江西省人民检察院河道非法采砂监管检察建议。该院通过检察建议促进解决全省河道采砂监管难题，有效保护水生态环境和国家自然资源，维护河道防洪和航运安全，体现了检察机关在共抓长江大保护中的积极作为。又如，河南省人民检察院银行业监管问题检察建议。该院认真落实最高人民检察院“三号检察建议”和服务保障防范金融风险工作会议要求，紧密结合检察办案，针对本省实际，就全省银行保险等金融机构信贷业务等领域存在的风险隐患制发检察建议，得到省委、省政府主要领导的批示肯定和被建议单位的充分认可，并据此在全省银行业开展专项整治工作。

（二）调查核实扎实，文书质量优异

在制发过程中严格遵循检察建议制发程序规范，调查核实工作扎实，分析论证严谨充分，指出的问题客观精准，提出的建议于法有据、切实可行，文书要素齐全、格式规范，检察建议的形式内容俱佳。比如，山东省人民检察院房屋市政工程安全生产问题检察建议。该院组织对2020年以来全省检察机关办理的重大责任事故犯罪案件进行了研判，发现住建领域安全生产犯罪发案率较高，房屋建设、市政工程施工等安全生产事故每年发案都在10件以上。通过逐案梳理分析，发现各地房屋市政建设领域存在施工单位或施工人员无从业资格或未经许可作业等问题。2022年10月，该院组织全省检察机关围绕住建领域重大责任事故犯罪情况进行调研，在部分市、县、区人民检察院开展座谈调研，广泛听取一线办案人员、住建领域从业人员、住建部门监管人员等各方面反映的典型问题和提出的对策建议。又如，江西省人民检察院农民工工资支付问题检察建议。该院对2021年以来全省检察机关办理的1491件支持农

民工起诉案件进行了梳理，深入分析农民工工资支付监管工作中存在的共性问题和系统漏洞，进行逐案分析，深入剖析案件特点和发案原因，赴宜春、新余等地开展实地调研，全面掌握支持农民工起诉工作情况，走访涉案企业及务工人员，与法院、人力资源和社会保障等部门座谈交流，共同研判农民工工资支付工作中存在的问题。

（三）督促工作有力，落实效果良好

注重在检察建议书发出后的跟踪督促，既支持帮助被建议单位开展工作，共同推进检察建议落实，又及时督促被建议单位积极整改，检察建议得到被建议单位的回复和采纳，取得刚性效果。比如，广东省清远市人民检察院矿产资源管理问题检察建议。该院在检察建议制发后，经常性了解自然资源主管部门工作动态和实际困难，大力支持工作开展。同时，通过“回头看”定期回访等形式，持续开展跟进监督，针对相关问题检察监督立案310件，推动全市自然资源主管部门在加强矿产资源日常执法、加强衔接配合、建章立制、复绿治理等工作上取得良好整改成效。又如，江苏省扬州市江都区人民检察院耕地“非农化”问题检察建议。该院在检察建议制发后，针对侵占情况最为严重的56.44亩永久基本农田，多次走访当事人，经全方位释法说理，全部复垦到位，种植玉米等粮食作物。

（四）持续深入落实，治理效能提升

聚焦当下，着眼长远，通过持续深入地推进落实，有的推动被建议单位的上级部门或者其他相关部门开展整治工作，促进检察建议在更大范围内得到落实；有的在促进解决当前问题的同时，推动相关部门形成长效制度机制；有的实现在较长时期内对促进相关工作发挥积极作用，真正达到“办理一案、教育一片、治理一方”的效果。比如，云南省人民检察院矿产资源管理问题检察建议。该院及时向省委反腐败协调小组报告，与监察机关加强协作配合，进一步推动矿产资源领域职务犯罪的惩治和预防，相关经验被省委领导高度肯定，印发省委反腐败协调小组

成员单位并报中央纪委国家监委。又如，四川省人民检察院寄递渠道毒品犯罪监管检察建议。该院多次与省公安厅禁毒缉毒总队、省邮政局市场监管处等单位沟通，研究寄递毒品管理工作中存在的问题和对策。经多次研讨，与省公安厅、邮政管理部门就协作机制达成共识，于2020年11月27日联合制定了《加强协作配合防范打击寄递渠道毒品犯罪的意见》。再如，江西省人民检察院农民工工资支付问题检察建议。该院积极参与省人力资源和社会保障厅开展的集中整治拖欠农民工工资专项行动，互通共享相关案件信息，对拒不支付劳动报酬涉嫌犯罪的线索及时分析研判，加大对相关犯罪打击力度，同时强化农民工讨薪民事诉讼、执行阶段的协作配合。

第二节 上海市社会治理检察建议工作评析

近五年，上海市社会治理检察建议制发数逐年上升，回复采纳率也同步增长，至2023年已接近100%，体现了上海市社会治理检察建议的整体质量。

一、上海市社会治理检察建议经验做法

（一）争取党委、人大对检察建议工作支持

检察建议作用有效发挥需要多方社会主体共同参与、各行业领域合力共为，必须依靠党委总揽全局、人大监督各方，党委领导、人大重视为推动上海检察建议工作提供了坚强保障。

1. 主动接受人大监督。上海市人民检察院主动接受上海市人大对检察建议工作的监督指导，每年定期将季度、年度全市检察建议工作报告报送市人大常委会。同时，将政府机关、法院、公安机关、司法行政机关超期未回复检察建议向市人大监察司法委报备，主动接受监督。闵行、奉贤、松江等区人民检察院向本区人大常委会定期报送检察建议工作报

告，报备检察建议。2023年，上海市人民检察院将加强检察建议工作作为立法建议向市人大申报纳入五年立法规划，开展前期检察建议立法研究。

2. 推动将检察建议纳入地方党委、政府绩效考核指标。上海市人民检察院推动将检察建议回复采纳情况纳入市委依法治市办“法治上海建设”考核，2023年进一步优化、细化考核指标，从单纯以回复率为指标的数量考核，优化调整为综合不回复数量、回复质量、整改落实情况的量效考核。同时上海市各区将检察建议工作纳入区法治政府建设考核项目，为推动上海市检察建议工作做深做实提供了保证。比如，杨浦区人民检察院推动区委依法治区办将检察建议落实工作纳入考核，形成《区级法治上海建设工作考核细则表》《依法治区工作考核细则表》等内部规范性文件，明确对于政府部门或街道“未按期反馈落实检察建议”予以扣分。闵行区高度重视检察建议在完善法律监督和促进社会治理方面的作用，《中共上海市闵行区委全面依法治区委员会办公室法治评估工作办法（试行）》将检察建议回复落实情况作为闵行区和各街镇法治建设评估体系的重要指标。

3. 开展检察建议专项监督。2021年，市委政法委部署开展法律监督文书制发和办理情况专项监督，对2019年、2020年上海市检察机关制发的6478件检察建议书进行逐份自查自纠，对其中未回复、未采纳、有异议的143件检察建议书进行逐份交叉评查，并在长宁区人民检察院、杨浦区人民法院组织公、检、法、司调研座谈，充分听取相关单位意见建议，形成了《上海市检察机关法律监督文书制发和办理情况专项监督报告》。对于专项监督发现的问题，上海市各级检察机关采取措施深入整改，切实推动建章立制，规范检察建议工作，上海市人民检察院在调研基础上撰写了《上海市人民检察院落实〈对本市检察机关法律监督文书开展专项监督情况的通报〉的整改报告》报送市委政法委。2023年，市委政法委部署开展对全市检察机关法律监督文书专项监督落实情况“回头看”工作，其中包括对2022年全市检察机关制发的6278件检察建议书办理落实情况进行考察。“回头看”工作通报肯定了检察建议工作整体质量持续优化、督促落实效果进一步实化等方面的成绩，也指出了监督治理效能还不足、监督管理协作机制作用发挥还不够等问题，并对检察建议工作深入贯彻新时代法律监督理念、不断强化督促落实工作等提出要求。

（二）重视检察建议制度机制设计

检察建议工作高质量发展需要制度层面的顶层设计。近年来，最高人民检察院先后印发《检察建议工作规定》《督促落实统管办法》等文件，构建起检察建议制度体系。上海市检察机关高度重视检察建议制度机制建设，推动检察建议工作高质量开展。

1. 市检察院制度引领。一是检察建议公开宣告。2013 年，金山区人民检察院在全国首创检察建议公开宣告工作机制。2018 年，上海市人民检察院制定《上海市检察机关关于开展检察建议公开宣告工作的规定（试行）》，以制度形式固定实践探索成果，确立了检察建议公开宣告“三方（检察机关、被建议单位、第三方）+三化（场所化、仪式化、公开化）”工作模式，经验做法被《检察建议工作规定》吸收。二是检察建议督促落实。为加强检察建议督促落实工作，提升检察建议工作质效，确保检察建议做成刚性、做到刚性，上海市人民检察院于 2020 年制定了《上海市检察机关加强检察建议督促落实统管工作实施细则》，上海市检察机关均成立了检察建议落实工作分析督导小组，积极采取措施推进检察建议督促落实统管工作。黄浦、杨浦、闵行、金山等区人民检察院结合本院工作实际，制定了本院工作规定。三是出台社会治理检察建议工作指引。为进一步规范上海市社会治理检察建议工作，增强治本效能，促进检察工作高质量发展，在多年工作实践基础上，上海市人民检察院于 2023 年制定了《上海市检察机关社会治理检察建议工作指引》，全面规定了社会治理检察建议内涵定位、制发原则、适用范围、制发主体、制发程序、督促落实、监督管理等关键内容，有效解决实践中的困惑难点问题，为上海市检察机关开展社会治理检察建议工作提供指导。

2. 各级检察院探索创新。各检察分院、基层人民检察院结合本院社会治理检察建议工作实际，开展机制创新，探索本院社会治理检察建议工作路径。比如，上海市人民检察院第三分院（以下简称三分院）探索检察建议一体化办案机制。作为全国首家跨行政区划检察院，三分院充分发挥其与各铁路运输基层检察院上下级之间一体化办案机制优势，畅通监督线索移送渠道，强化对下指导功能，努力形成打击犯罪与社会治理工作合力，通过接续监督的方式推动相关领域改进工作、排除隐患、完善机制。比如，三分院收到铁路运输基层检察院移送的长江船舶污染治理公益诉讼专案中发现的监督线索后，向对应海警机构制发社会治理检察建议，以督促其对第三方公司的监管，排除影响安全航行和长江生态环境保护的隐患；再如，三分院在铁路运输基层检察院向对应公安机关制发检察建议的基础上，全面梳理、收集长三角地区铁路公安机关在打击电信网络犯罪过程中关于“两卡”信息报送方面存在的衔接不畅、惩戒不严等问题，向对应公安机关制发社会治理检察建议，督促其全力斩断非法买卖“两卡”黑灰产业链条，严密电信网络犯罪打击体系。宝山区人民检察院建立检察建议监督线索共享机制，通过“刑事 + 公益”检察合力，实现线索互通，联防联治区域治理。比如，在办理中央政法委挂牌督办的“候鸟式养老”系列诈骗案中，注重内部监督线索共享、协作配合。刑事检察部门针对市场监管部门对有违法犯罪记录的市场主体存在监管漏洞，间接导致上海市数千名老年被害人陷入养老骗局，蒙受巨大经济损失的问题，向市场监管部门制发社会治理检察建议；同时，公益诉讼检察部门针对涉案企业利用互联网平台虚假宣传实施养老诈骗的行为，向某互联网企业信息查询公司制发检察建议，建议其加强信息审核、用户管理。虹口区人民检察院建立社会治理检察建议集中管理模式，制定《加强检察建议集中管理工作的实施办法》，成立了由检委会专职委员牵头的社会治理检察建议集中管理工作专班，围绕社会治理检察建议的制发数量、工作质量、工作成效等方面进行全流程监督管理，对全院社会治理检察建议监督线索进行统筹管理和统一研判，认为可以提出检察建议的，统筹相关部门办理。闵行区人民检察院建立检察建议统一平台管理机制，制定《〈检察建议书〉〈纠正违法通知书〉统一平台管理工作办法（试行）》《加强检察建议工作办法（试行）》等制度，由分管院领导和检委会专职委员分别对检察建议涉及的案件事实以及制发必要性、规范性进行审核。

（三）谋划部署推进社会治理检察建议工作

上海市人民检察院发挥社会治理检察建议工作领导统筹职能，多措并举，引领规范，开拓创新，全面领导推动上海市社会治理检察建议工作规范高效开展。

1. 召开全市社会治理检察建议工作推进会。2023 年 5 月，上海市人民检察院组织召开上海市检察机关社会治理检察建议工作推进会，通报近 5 年全市社会治理检察建议工作情况，表彰“2022 年度上海市检察机关优秀社会治理检察建议”。上海市人民检察院、上海市人大监察司法委领导出席并讲话，最高人民检察院相关处室负责同志、部分市人大代表、部分高校学者、长三角检察机关代表参加。会议要求全市检察机关结合主题教育，严格落实市委、最高人民检察院有关要求，围绕“高质效做好社会治理检察建议工作，推动更高层次源头治理”目标持续发力，努力以更高质量的“上海检察之为”更好服务上海加快建设具有世界影响力的社会主义现代化国际大都市。

2. 开展重大社会治理检察建议项目化运作模式。建立全市社会治理检察建议监督线索报送、分析研判机制。各检察分院、基层人民检察院定期总结本辖区、本院社会治理问题监督线索，并向上级人民检察院报送，上级人民检察院在对线索进行分析汇总后，开展分析研判，及时发现全市层面、跨区域或行业领域集中问题线索，作为开展项目化运作的候选项目。上海市人民检察院结合法律监督工作实际、年度重点工作以及监督线索研判情况，确定社会治理检察建议制发项目，按节点跟踪进展、通报进度。通过建立重大社会治理检察建议项目化运作机制，推动社会治理检察建议制发工作有重点、有计划地推进。至 2024 年，上海市人民检察院共确立 12 项重大社会治理检察建议，涉及金融监管、个人信息保护、特殊群体管理、网络平台监管等领域。

3. 开展社会治理检察建议评审评查。为提高优秀社会治理检察建议的辐射面和影响力，做深做实社会治理检察建议工作，上海市检察机关积极推荐优秀检察建议参评全国优秀社会治理检察建议评选，连续五年7件检察建议当选。自2020年开始，连续五年组织开展全市优秀社会治理检察建议评选活动，邀请市人大代表、政协委员、高校学者等系统外专家作为评审专家参与评选。获评的优秀社会治理检察建议选题站位高、调查核实工作扎实、问题导向清晰、检察建议书制作规范、督促落实有力，为全市检察机关提供学习模板，树立赶超目标。同时，围绕文书格式、释法说理、问题分析、建议措施等内容，上海市人民检察院多次组织全市检察机关法律政策研究部门交叉评查社会治理检察建议，邀请检察业务专家、人大代表、政协委员、高校学者等进行专家评审，评定了质量较差的社会治理检察建议，点明文号及存在的问题，并附检察建议文书，向全市检察机关通报，起到反面警示作用。

4. 开展社会治理检察建议调研研讨。为深入了解全市社会治理检察建议工作现状，一体谋划以检察建议加强源头治理、提升社会治理效能的路径方法，2023年，结合主题教育工作要求，上海市人民检察院组织开展重点专题调研，就实践中反映的检察建议规范性和实效性有待提升、检察建议线索发现移送机制有待完善等问题，赴徐汇、松江等区调研相关工作情况，并与松江、静安区人民检察院开展联动调研。调研形成了《推进社会治理法治化背景下检察建议工作情况调研报告》，对发挥社会治理检察建议在推动源头治理、推进上海超大城市市域治理中的作用提出了建议举措。徐汇区人民检察院以"检察建议助推社会治理现代化"为主题举办"75号咖啡·法律沙龙"，邀请高校学者、最高人民检察院研究室相关处室负责同志就源头治理与检察建议的关联、全流程培育检察建议等问题开展理论研讨。上海市人民检察院第一分院、松江区人民检察院、《上海检察研究》编辑部共同主办了"社会治理检察建议理论与实践"专题研讨会，邀请市人大代表、政协委员，人民监督员，以及最高人民检察院、全国各地检察机关代表参加会议。会议就社会治理检察建议的理论建构、实践发展等主题进行了交流研讨。通过一系列社会治理检察建议理论与实践研讨交流，有力推动全市检察人员树立意识、统一认识，加强提升源头治理能力和法律监督质效。

5. 注重社会治理检察建议经验推广。2023 年，上海市人民检察院组织编写《上海市检察机关社会治理检察建议工作白皮书》，对近五年上海市社会治理检察建议工作基本情况和特点、工作举措、工作成效等进行总结分析。召开“与民同心·人民城市的法律监督”系列新闻发布会，发布《上海市检察机关社会治理检察建议工作白皮书》，并解读 4 起上海市检察机关“以检察建议促社会治理”代表性案例。制作上海市社会治理检察建议工作专题片，以生动形象的方式，对外展示上海市检察建议发展历程和工作成效。

二、上海市社会治理检察建议实践成效

（一）落实最高检系列检察建议

2018 年至 2023 年，上海市检察机关共制发落实最高人民检察院检察建议主题的社会治理检察建议 1829 件。除“二号检察建议”（规范公告送达）、“五号检察建议”（防治虚假诉讼）主题鲜有涉及外，其他最高人民检察院检察建议主题均有制发。

1. 落实“一号检察建议”。上海市检察机关贯彻最高人民检察院《关于进一步做好“一号检察建议”监督落实工作的通知》，对性侵害未成年人案件发生负有管理职责的学校、校外培训机构制发社会治理检察建议，同时关注性侵害未成年人案件发生地场所、行业领域治理问题，向酒吧、宾馆、娱乐场所制发检察建议，包括直接向区级、市级行政主管机关制发，保障未成年人合法权益。比如，2020 年以来，点播影院内性侵未成年人案件时有发生，涉案点播影院普遍存在无证经营、未依法登记备案、包间高度私密、违规接纳未成年人过夜等问题，在一定程度上为性侵犯罪提供了便利条件，不加以治理可能引发更为严重的社会治安问题。针对这一问题，上海市检察机关上下接续监督，在区人民检察

院个案监督取得良好效果的基础上，上海市人民检察院向行业主管部门制发社会治理检察建议，并同步抄送其他具有行政监管职能的单位，提出深入推进点播影院市场规范整治活动、完善未成年人保护措施等建议。在检察机关推动下，行业主管部门及其他行政监管部门深入推进上海市点播影院市场规范整治活动，累计检查相关场所1400余家次，立案处罚11件，关停240余家不合格影院。行业主管部门指导上海市电影发行放映行业协会成立全国首个点播影院专业管理委员会，并出台行业规范。内外协同发力，同步推进点播影院行政监管与行业自治。青浦区人民检察院针对近年来涉校园性侵案件时有发生的情况，对“一号检察建议”落实情况进行专项调研，向教育主管部门制发检察建议，联合成立调研督导组，制定加强校园安全隐患排查整治工作方案，牵头区教育局、区民政局、区公安分局等8家单位会签《关于建立侵害未成年人案件强制报告制度的实施意见（试行）》，率先在全市建立区级层面强制报告制度。奉贤区人民检察院在办理一起性侵未成年人案件时发现，上海一马术俱乐部的管理方法、管理制度存在安全隐患，导致性侵案件发生。为加强全市马术教练员队伍的规范管理，促进马术俱乐部规范运营，推动马术行业的健康发展，切实保障未成年人合法权益，奉贤区人民检察院向某马术协会制发检察建议，该协会采纳建议，对协会相关规章制度进行完善，明确马术教练的准入标准、行为规则等。

2. 落实“三号检察建议”。上海作为金融市场体系最为完备、金融要素最为集中的国内一线城市，也面临着金融犯罪增长趋势明显，金融行业新情况不断出现的压力。五年间，上海市检察机关就互联网金融监管不足，非法集资类案高发，对非法金融公司入驻和办公场所租赁把关不严，对虚假投资理财活动等违法行为巡查不到位等金融监管问题向行政主管机关、金融机构等制发多份检察建议。比如，上海市人民检察院对近年来全市检察机关办理的涉助贷业务案件进行专项调研，发现涉助贷业务违法犯罪案件增幅明显，该类案件中普遍存在虚构交易内容、资金用途、伪造资信证明、保险赔付等欺诈行为，破坏金融管理秩序，对金融安全、社会稳定造成威胁。为进一步规范助贷业务，上海市人民检察院向行业主管机关制发社会治理检察建议，从完善金融机构助贷业务风控体系、加强行政监管、强化行业自律监管等角度提出建议，获得采纳。上海市人民检察院第一分院在办理某公司集资诈骗案中发现，某银行违反法律规定，在不具备托管资质情况下，担任涉案11支基金产品的基金托管人，管理36亿余元资金并在托管期间怠于履行监管职责，造成社会公众重大经济损失，向行业主管机关制发社会治理检察建议，提出对辖区金融机构开展专项整治、建立托管业务动态监管机制等建议，获全部采纳。静安区人民检察院针对辖区内一段时期非法集资类案件呈持续高发态势，对P2P高发场所进行分析研判，向区主管机关制发社会治理检察建议，对其提出完善数据共享机制、健全风险甄别机制等建议，获采纳落实。

3. 落实“六号检察建议”。近年来随着网络技术的发展，新型网络犯罪、传统犯罪借助网络实施的问题日益显现。上海市检察机关积极落实“六号检察建议”，立足办案通过制发检察建议推动网络综合治理。一是整治网络诈骗。包括利用网络平台发布诈骗信息、直接利用网络系统漏洞诈骗公司财物等。比如，杨浦区人民检察院针对办理的多起案件中发现的，线上经营者利用平台补贴漏洞虚假刷单骗取公司补贴，公司人员与社会人员相互勾结骗取公司补贴钱款的问题，向某知名网络公司制发社会治理检察建议。该公司采纳检察建议，从技术层面消除系统漏洞，对公司人员强化管理，维护网络经营。二是维护网络信息安全。网络信息安全关系到网络经营主体、公民个人的切身利益，也影响到整个网络生态和社会公共利益。2019年上海市两会期间，23名市政协委员联名提出《关于发挥检察机关在消费者数据隐私保护中作用的建议》提案，建议检察机关加强公民个人信息保护工作。为此，上海市人民检察院组织浦东、杨浦、静安等区人民检察院开展调查，查明涉及留学、育儿、就业招聘、理财、网购等与民生密切相关10余款手机APP存在违规获取用户授权、隐私政策文本不规范、信息保护机制不完善等问题，侵害公共利益，向有关APP运营企业和应用商店运营商制发检察建议，推动完善网络信息保护机制。相关运营企业根据检察建议落实整改，制定严格的用户个人信息保护政策，对于违规APP，采取暂停、下架处理。三是治理网络内容。网络信息发布主体多元，信息内容真假难辨，不良信息传播容易产生恶劣的社会影响。针对网络服务平台未对用户发布的内容进行审核，未合理设置过滤环节和投诉渠道，致使不良信息存续和传播等问题，徐汇区人民检察院向区网络主管机关制发社会治理检察建议。区网络主管机关采纳检察建议，加强行政执法对网络服务平台进行监管，督促其履行网络信息审核义务。

4. 落实“七号检察建议”。上海作为国际化大都市，寄递物流行业尤其发达，随之而来的安全问题隐患也受到重视和关注。上海市检察机关积极落实“七号检察建议”，推动强化安全监管，促进寄递行业持续健康发展。比如，杨浦区人民检察院联合区公安分局、邮政管理部门协同发力，定期召开寄递禁毒联席会议，加强对寄递行业的综合治理。及时向相关寄递企业及其监管部门提出增强防范意识、创新管理模式、落实安全制度等建议，通过公开宣告方式向被建议单位送达检察建议。该份检察建议针对利用寄递渠道实施毒品、枪支违法犯罪活动处于上升趋势的情况，以“强化寄递安全监管”为主题向公安机关制发检察建议，对办理的寄递渠道涉毒、涉枪类案件所涉及的寄递企业以及使用的犯罪手段等进行了梳理分析，通过查找存在的寄递安全监管薄弱环节，切实推进寄递安全问题综合治理，相关工作经验获区主要领导批示。松江区人民检察院分管院领导带队成立专项工作小组，梳理本院涉毒、涉枪犯罪案件，重点从寄递、流转环节查找问题，在此基础上向多家国内、国际物流公司制发检察建议，提出实名、验视、安检“三个百分百”等建议，针对快递行业薄弱环节堵漏建制，相关工作被《上海法治报》《检察日报》等多家媒体报道，治理效果突出。静安区人民检察院针对办案中发现的快递寄送毒品问题，与区公安分局、宝山邮政管理局等会签工作办法，加强行业寄递安全管理，相关工作被最高人民检察院公众号、《上海法治报》等多家媒体刊载。青浦区人民检察院立足辖区内快递物流龙头企业集聚实际，加大对侵害物流企业权益犯罪的打击力度，同时，就寄递环节存在的管理问题制发检察建议，推动邮政部门对辖区快递物流企业开展专项检查，切实助力行业有序发展。

5. 落实“八号检察建议”。上海市检察机关深入贯彻落实党的二十大报告提出的“提高公共安全治理水平，推动公共安全治理模式向事前预防转型”要求和最高人民检察院“八号检察建议”，注重以检察建议促进行业安全生产源头治理。比如，杨浦区人民检察院针对办案中涉及的企业安全生产管理问题，及时制发社会治理检察建议，通过“一案一分析一建议”，督促相关企业及时整改，建章立制。联合区应急管理局等部门约谈安全生产问题突出的多家企业，对存在重大安全隐患的违规问题提出整改意见，组织开展责任事故类案件“回头看”专项活动，跟踪回访检察建议落实情况，确保整改到位，相关工作经验获区主要领导批示。青浦区人民检察院与苏州市吴江区人民检察院联合向公安机关制发检察建议，依托专项行动推动区域非营运车辆超员载客问题有效治理。松江区人民检察院结合“安全生产月”的要求，联合区应急管理、公安、消防、生态环境、城管执法、城运中心等职能部门开展专项活动，旨在“保平安、护民生、促发展”，护航辖区内生产安全。在对区消防单位制发企业消防安全监管主题检察建议基础上，松江区人民检察院牵头与区公安分局、区应急管理局、区消防救援支队签订了《关于建立安全生产领域行政执法与检察监督联动机制的意见》，建立完善安全生产行政执法和检察监督联动长效机制，助推防范化解重大安全风险，促进安全生产监管领域社会治理体系和治理能力不断完善和提升，护航辖区内生产安全。

6. 落实“十一号检察建议”。党的二十大报告提出：“实施积极应对人口老龄化国家战略，发展养老事业和养老产业。”上海是全国最早进入老龄化，且老龄化程度最深的城市，老年人权益保护问题也成为重点关注的问题。上海市检察机关立足本市特点和法律监督职能，推动上下一体做深落细，切实加强老年人合法权益保护，推进养老机构安全监管治理，促进养老产业健康发展。上海市人民检察院研究制定贯彻落实工作方案，在全市专门部署“十一号检察建议”落实工作，并主动至市民政局养老处走访座谈、沟通对接，送达“十一号检察建议”并交流制发背景和主要内容，就建立日常联系、信息共享、线索移送等工作机制达成共识，并推动联合开展专项行动、联合检查、机制建设、普法宣传等工作。全市重罪检察部门积极开展调研走访、联合检查等工作，并通过三级人民检察院联动，提前介入某区一养护院内放火案，就案件中反映的监管问题，向某区民政局制发社会治理检察建议。虹口、杨浦、长宁等区人民检察院会同区民政局、区公安局开展养老机构安全监管调研和联合检查工作。青浦区人民检察院与苏州市吴江区人民检察院、嘉兴市嘉善县人民检察院会签《青吴嘉检察机关落实“十一号检察建议”合作备忘录》，探索构建养老安全治理共同体，共同推动实现“老有所养、老有所安”。

（二）推动被建议单位建章立制

上海市检察机关在制发检察建议解决社会治理问题的同时，有意识推动被建议单位建章立制，通过制度化建设避免同一问题反复发生。五年间，共推动被建议单位形成长效机制、出台规范性文件560件，涉及未成年人权益保护、医疗监管、不动产管理等多个社会治理领域。

1. 未成年人权益保护。长宁区人民检察院关注未成年人权益综合保护，就办案中发现的南京市秦淮区两名未成年人无人监护问题，启动跨省监护监督，向当地行政主管机关制发社会治理检察建议，督促其依法履职，落实临时监护。通过与南京市秦淮区人民检察院跨省合作，强化线索摸排核查，激活长三角困境儿童救助协作机制，缩短困境儿童发现、庇护、安置流程，实现困境儿童监护支持和干预，取得良好效果。长宁区人民检察院对于在办案中发现的卫生主管机关未对16周岁以上的未成年人做人工终止妊娠手术制定专门保护规定，向卫生主管机关制发社会治理检察建议，推动形成《长宁区关于母婴保健机构为未成年患者开展诊疗活动的相关规定》。松江区人民检察院在支持起诉某未成年人未经父母或者其他监护人同意进行网络高额消费行为引发纠纷提起民事诉讼案的过程中，通过大数据摸排、实地走访法院、行政主管部门发现，相关部门受理了大量与涉案APP有关的未成年人网络消费投诉和立案申请，案件反映的问题具有突出性、普遍性。针对该 APP 网络平台存在未成年人权益保护措施缺失、违法犯罪隐患等问题，松江区人民检察院制发社会治理检察建议督促运营公司依法经营，主动落实未成年人网络保护主体责任。该公司采纳检察建议，成立专项整改小组，推出完善平台实名制认证规则、增设未成年人申诉维权通道、升级风险防控措施等六个方面 12 项整改措施。该案入选最高人民检察院第四十三批指导性案例，取得突出示范效果。

2. 医疗监管。徐汇区人民检察院在办理某诈骗案中发现委托代配药制度执行过程中存在漏洞给犯罪分子可乘之机，致使医保专项基金受损，遂就该问题向医疗保障部门制发社会治理检察建议并宣告送达。为夯实、扩大建议效果，在制发检察建议同时，徐汇区人民检察院将案件中发现的医保领域存在的问题以要情专报形式层报上海市委，得到了市委主要领导的高度重视，并批示要求对医保流程进行全面分析研判，查漏补缺，防范风险，多措并举，从严惩处盗取医保基金的不法分子。在落实检察建议过程中，徐汇区人民检察院会同区医疗保障部门、公安机关、人民法院等 8 家单位联合建立加强医疗保险欺诈案件信息互通、线索移送的工作联动机制，形成对医保基金诈骗违法犯罪利益链条全方位打击的合力。长宁区人民检察院就办案中发现的处方药药品管理工作存在监管漏洞，向某街道社区卫生服务中心和某医院制发社会治理检察建议，推动区医保局建立《关于特殊人群医疗机构长期门诊代配药登记备案制度》，建立特殊困难人群代配药登记备案制度，促进门诊代配药相关规定的有效落实。青浦区人民检察院在日常开展社区矫正检察监督过程中，发现暂予监外执行对象病情诊断方面存在的问题，先后走访医院、司法行政部门、卫生主管部门，对相关问题进行深入调查后向某医院、卫生主管部门制发社会治理检察建议并获得采纳。后在青浦区暂予监外执行社区矫正对象病情医学诊断工作专题会议上，与司法行政部门、卫生主管部门会签《关于进一步加强本区暂予监外执行社区矫正对象病情诊断工作的实施意见》，推动完善暂予监外执行对象的病情诊断相关工作机制。

3. 不动产管理。上海市人民检察院第一分院针对办案中发现的廉租住房补贴发放不规范问题，向某区住房保障中心制发社会治理检察建议，并抄送市住房保障中心。该住房保障中心采纳全部建议，市住房保障中心根据建议内容，结合全市廉租住房申请“一件事”改革和平台信息化建设，在全市范围内调整完善廉租住房审核配租流程，优化租赁补贴发放形式，在“一网通办”平台增设“廉租租金补贴办理”事项，全面规范廉租住房补贴发放管理。浦东新区人民检察院针对办案中发现的不动产登记中心职务犯罪问题，向某不动产登记中心制发社会治理检察建议，建议加强风险防控和党风廉政建设。同时联合相关部门，建立行贿人黑名单制度，通过资格剥夺、行业惩戒等方式，共同加强对行贿人的联合惩戒。针对某重大消防责任事故案件暴露出的问题，浦东新区人民检察院就违章建筑整治、安全消防管理问题向某镇政府制发社会治理检察建议。促进该镇建立健全安全生产监察工作制度、重大隐患排摸跟踪制度，明晰安全责任界限，切实做到生产安全监管零死角、全覆盖。该镇组织开展消防安全大排查行动，半年内完成拆违面积十余万平方米。闵行区人民检察院关于整治物业管理问题、加强行业科学监管的社会治理检察建议，推动出台了《闵行区关于进一步规范新建住宅小区物业管理相关行为的若干规定》，填补了新建住宅小区中政府服务和监管盲点，并促进全市新建住宅小区物业管理行业治理。

（三）关注特定行业综合治理

上海作为国家中心城市，国际经济、金融、贸易、航运、科技创新中心，人员、生产要素聚集，行业齐全，相比其他省市社会治理检察建议工作，对一些特定行业综合治理会更多关注。

1. 律师行业治理。2018 年至 2023 年，上海市检察机关就律师规范化执业问题向司法行政主管机关、律师协会、律师事务所制发检察建议 73 件。涉及问题主要包括：一是律师违法违规执业。律师在监管场所周边私下接受委托会见当事人并收费；律师违反规定将纸条携带出监区；私下会见被害人，引诱、误导被害人违背事实改变陈述，干扰司法机关诉讼活动；擅自将复制的证据材料向犯罪嫌疑人亲属提供；律师持不规范的委托书至看守所会见在押人员；违规获取谅解书；等等。二是律师代理资格问题。同一名律师同时接受同一个案件二名以上被害人的委托；律师系案件多重身份人开展刑辩工作，影响犯罪嫌疑人供述；参与对抗性案件，构成直接利益冲突等。三是律师出具法律文书问题。向检察机关递交的《接受指定辩护函》中出现引用法律错误问题；向检察机关递交的立功材料不实；《委托书》中委托人签名非委托人本人签署；等等。

2. 公证行业治理。2018 年至 2023 年，上海市检察机关就公证行业监管问题向司法行政主管机关、公证处等制发检察建议 34 件。涉及问题主要包括：一是公证程序违法。工作流程疏漏，未尽到严格审查委托公证事项义务、未尽到严格审查委托材料义务；“套路贷”案件中，犯罪嫌疑人以欺骗方式引导被害人办理房产委托公证，公证员违反《公证法》出具公证文书，犯罪嫌疑人在未征得被害人同意的情况下利用该委托公证私自办理不动产登记手续，导致被害人财产损失；公证过程中非公证员亲自办理事务等。二是出具虚假公证文书。出具的债权公证文书及执行证书与事实不符、出具的公证文书内容违法等。

3. 司法鉴定行业治理。2018 年至 2023 年，上海市检察机关就司法鉴定行业监管向司法行政主管机关、鉴定机构等制发检察建议 29 件。涉及问题主要包括：一是司法鉴定活动违法。鉴定人超越鉴定资质开展鉴定；鉴定人因涉嫌故意出具虚假鉴定文书参与保险诈骗犯罪被采取刑事强制措施后，继续从事司法鉴定；鉴定意见书虚假描述等。二是司法鉴定活动不规范。鉴定人未尽全面、审慎审查义务，影响个案公正处断，且引起信访矛盾；未对委托鉴定事项、材料进行充分审查，而直接拒绝重新鉴定；出具的司法鉴定意见书中分析说明与鉴定内容存在矛盾；等等。其中，上海市人民检察院对全市涉及司法鉴定的道路交通事故人身损害赔偿纠纷案件开展评查后发现，道路交通事故人身损害伤残鉴定领域存在鉴定程序不符合法律规定、鉴定依据错误或明显不足、鉴定资质难以确定、精神鉴定标准模糊、相关评定标准不统一等问题，于 2020 年向市行政主管机关制发社会治理检察建议，推动行业综合治理。浦东新区人民检察院经大数据比对，发现“人身损害伤残鉴定黄牛”系列虚假诉讼案，监督纠正后就该系列案件暴露出的司法鉴定问题，向行政主管机关制发检察建议，促进行业治理。金山区人民检察院针对“人身损害伤残鉴定黄牛”案中暴露出的律师、鉴定人违法违规问题向行政主管机关制发检察建议，强化监督管理。

4. 特定领域公共安全。上海作为特大型城市，一些特定领域的公共安全问题比全国其他城市突出，上海市检察机关也予以关注。一是窨井盖治理。上海市检察机关切实落实“四号检察建议”，对涉窨井盖案件进行排查，徐汇、杨浦、闵行等区人民检察院向区行政主管机关、街道办事处等单位制发多份检察建议，消除窨井盖安全隐患。二是打击“敲墙党”。针对在“扫黑除恶”斗争中发现的物业公司串通外部人员通过威胁恐吓等手段垄断小区敲墙业务，侵害居民合法权益的问题，浦东、闵行、青浦等区人民检察院向当地政府、行政主管机关等单位制发多份检察建议，取得良好整治效果。三是分时租赁汽车、超标电动车监管。对于“酒驾”危害公共安全案件中发现的监督线索，上海市人民检察院组织对分时租赁汽车行业开展调查核实，发现平台在用户管理及运营安全方面存在注册用车门槛过低、审核把关不严、缺乏禁止性行为提示等问题，遂向市行政主管机关制发检察建议，并将涉及分时租赁汽车部分典型刑事案件一并送达，市行政主管机关复函采纳并完成整改。对超标电动车电池引起火灾，给城市公共安全带来风险的问题，上海市人民检察院向某知名技术有限公司制发社会治理检察建议，督促其对入驻商户违法销售超标电动自行车电池、电动车充电电瓶修复器等活动加强管理。该公司采纳检察建议，对在售商品进行全量巡查，并要求相关店铺开展自查、整改，对涉及“加装、改装服务”等内容的商品进行下架处理。

（四）注重延伸社会治理效果

上海市检察机关针对履职中发现的社会治理问题，除制发检察建议外，积极通过宣传、普法、调研等多种形式，拓展检察建议效果，强化监督效果。

1. 开展宣传工作。充分运用报刊、杂志、影视、网络等媒体及“两微一端”扩大社会治理检察建议宣传，形成规模效应，提升社会关注度，为检察建议推进源头治理营造良好的外部环境。比如，黄浦区人民检察院举办“贯彻七号检察建议寄递安全问题治理”座谈会得到《新民晚报》等媒体的刊发转载。金山区人民检察院以“贯彻‘四号检察建议’精神着力保障群众身边安全”“落实‘四号检察建议’守护群众脚下安全”为主题召开新闻发布会，被《法治日报》《文汇报》《新民晚报》《周到》《上海法治报》、澎湃新闻、法治天地频道等多家媒体报道。浦东新区人民检察院针对“南汇 8424 西瓜”地理标志集体商标侵权案件制发社会治理检察建议，充分发挥知识产权检察“四合一”融合履职的优势，通过开展法治宣传，提升被建议单位知识产权法治意识，并对侵犯地理标志，侵害公共利益的问题通过多渠道宣传，对维护消费者权利、净化市场环境、服务企业知识产权保护、促进地方经济发展产生积极影响。检察建议的制发获得了最高人民检察院、上海市消保委公众号、《检察日报》以及上海电视台新闻综合频道等多家媒体的关注报道，提高了全社会对于地理标志商标保护的重视程度，取得了良好的社会效果。松江区人民检察院推进“七号检察建议”落地见效，被《上海法治报》《检察日报》等多家媒体报道，宣传效果突出。

2. 加强法律服务。通过向目标人群提供有针对性的法律服务，消除风险隐患，促进源头治理。比如，静安区人民检察院针对办案中发现的大型保险企业的管理漏洞，除向某保险公司和某保险同业公会公开宣告送达社会治理检察建议外，还调研形成《关于保险行业保单销售黑色产业链涉嫌犯罪的调研报告》一并送达，提出了健全落实公司管理制度、促进合法经营等 14 项针对性建议。后续会同行业监管部门开展线上线下系列普法讲座，对长三角地区 5 万余名保险从业人员进行警示教育培训，扩大检察建议的覆盖面与影响力。浦东新区人民检察院针对知识产权侵权案件发现的问题，向侵权企业制发社会治理检察建议推动企业整改，为阻断侵权链条，主动联合侦查机关、网络平台运营商，指导建立侵权行为查找模型、绘制犯罪预防思维导图，通过大数据定向识别和筛选，对相关商铺开展知识产权风险提示和预警专项工作，从源头减少犯罪发生。宝山区人民检察院针对辖区内涉税案件多发的情况，除向涉案单位制发社会治理检察建议督促其整改外，分管院领导带队进企业和产业园区提供涉税法律咨询，督促企业合法经营。在宝山区南大地区和机器人产业园设立两处优化营商环境检察法律服务工作站，派驻专员定点、定时进驻相关企业开展“一对一”个性化法律服务；同时梳理企业常见的财务纳税等刑事法律风险点，制作法律风险提示材料，打造线索受理、法律咨询等“一站式”司法服务。

第三章　社会治理检察建议实务指引

与诉讼类检察建议解决个案问题不同，社会治理检察建议体现了检察机关在推动加强社会治理中标本兼治、重在治本的担当作为。当前，社会治理检察建议工作已经成为检察工作的重要组成部分，不仅为推动检察工作高质量发展、实现检察工作现代化发挥了重要作用，也为加强新时代检察机关法律监督工作、助推社会治理现代化提供了重要着力点。因此，有必要对社会治理检察建议相关问题开展系统研究，对实践中的相关问题进行具体指导。为此，上海市人民检察院制定《上海市检察机关社会治理检察建议工作指引》，进一步规范和加强社会治理检察建议工作，提升法律监督质效和参与治理能力水平。以下根据《检察建议工作规定》《督促落实统管办法》《检察建议工作解答》等规定，针对司法实践中社会治理检察建议工作遇到的具体问题，从制发原则、适用范围、制发主体、调查核实、文书制作、制发程序、督促落实、监督管理、数据赋能等方面，结合实践探索和典型案例对实务予以剖析。

第一节　制发原则

《检察建议工作规定》第 4 条对制发原则作出规定，“提出检察建议，应当立足检察职能，结合司法办案工作，坚持严格依法、准确及时、必要审慎、注重实效的原则”。社会治理检察建议作为检察建议的重要组成部分，自然必须贯彻上述检察建议制发的共有原则。至于在上述原则之外，是否还存在社会治理检察建议的特有原则，考虑到新时代背景下的社会治理检察建议系《检察建议工作规定》明确的五类检察建议之一，暂时不宜设定特有的原则加以限定。如此，检察机关制发社会治理检察建议，应当立足检察职能，结合司法办案工作，坚持“严格依法、准确及时、必要审慎、注重质效”四个方面的原则。具体分析如下：

一、严格依法

所谓“严格依法”指检察机关应严格依法依规开展社会治理检察建议工作。由于社会治理检察建议工作是一项实践性很强的细致性工作，因此，严格依法原则中的“依法”应当做广义的理解，它不仅包括广义的法律范畴，也包括中央、最高人民检察院等制定的规范性文件。这种广义理解的“依法”既包括提出检察建议的内容应当符合实体法的内容，也包括制发检察建议的流程应当符合程序法的内容。

一是制发社会治理检察建议应符合《人民检察院组织法》和《检察建议工作规定》，以及各地人大关于加强新时代检察机关法律监督工作的规范性文件的规定，前者属于我国的基本法律，中者属于司法解释，后者属于地方立法。

二是制发社会治理检察建议应符合《中共中央关于加强新时代检察机关法律监督工作的意见》、各级党委贯彻落实《中共中央关于加强新时代检察机关法律监督工作的意见》有关规定等中央和地方重要政策性文件。中国共产党领导是中国特色社会主义制度的最大优势，各项检察工作必须坚持党的领导，社会治理检察建议工作也不例外，应当符合中央和地方的政策。

三是制发社会治理检察建议应符合《督促落实统管办法》《检察建议工作解答》等有关文件的规定。根据2020年《最高人民检察院司法解释工作规定》，最高人民检察院的司法解释采用“解释”“规则”“规定”“批复”“决定”等形式，其中，对某一法律、一类问题、一类案件的解释用“解释”“规则”，对办案规范和意见采用“规定”，对具体应用法律问题的请示用“批复”，对修改和废止司法解释用“决定”。可见，《督促落实统管办法》《检察建议工作解答》均不属于司法解释的范畴，只能称为规范性文件。考虑到新时期社会治理检察建议还有不少拓展空间，有些问题需要通过规范性文件的方式予以明确，因此，具体开展检察建议工作过程中，还必须按照上述规范性文件的规定办理。尤其是在把握适用范围、做好调查核实、督促落实和监督管理方面，应严格按照上述有关规定执行。

二、准确及时

所谓“准确”即检察机关提出社会治理检察建议，应当立足检察职能，结合司法办案活动，依据事实和法律，提出针对问题准确、对象准确、对策准确的社会治理检察建议。所谓“及时”即社会治理检察建议的提出应在合适的时间段内提出，实践中需要注意的是不能在检察履职前提出。如果确有需要就社会治理问题提出建议的，可将线索转交其他机关处理，且无论是在办案过程中提出，还是在办案后提出，都必须以“社会治理检察建议的实效性”为依据。对于案件中虽有反映但相关问题已经处理的，即使在办案过程中也不宜提出社会治理检察建议，反之，即使案件已经办结，但经调查核实案件中反映的问题依然存在的，仍然可以提出社会治理检察建议。

“及时”的要求相对容易理解，就“准确”的要求而言，至少包括问题准确、对象准确、对策准确等层面。其中，“问题准确”是指社会治理检察建议提出的问题应紧扣被建议单位的职能和社会发展实际，提出的问题应属于该领域多地、多发、常发且尚未解决或正在努力解决尚未完成的问题，并在调研的基础上查究造成问题的根本原因。“对象准确”是指社会治理检察建议制发对象应当是对社会治理检察建议所涉及问题具有实际管理、指导、实施等具体职权的单位或部门，建议内容不应超出其职权范围。“对策准确”是指社会治理检察建议内容应合法合理，具备必要性、针对性、可行性，在表述上应当做到明确具体、说理充分、论证严谨、语言简洁。落实上述原则，应当做到以下要求：

1. 必须立足检察职能。检察机关是国家的法律监督机关，这就意味着社会治理检察建议的线索来源应为检察机关履行法律监督职责中发现。

2. 必须结合司法办案活动。结合司法办案活动并不意味着线索来源仅限于“司法办案”类检察履职活动，根据“在办案中监督”和“在监督中办案”相结合的理念，应将“结合司法办案活动”更多地理解为“将检察建议这一重要的法律监督方式作办案化处理”，推进监督事项案件化办理，从而实现全程在线、全程留痕、全程监控、全程管理。

3. 必须依据事实和法律。加强调查核实，坚持以事实为依据、以法律为准绳，检察机关要通过特约检察官助理、咨询委员等机制加强调查核实力量配备，通过素质培训、设备更新加强调查核实能力建设，各相关单位应当协助配合检察机关开展检察建议调查核实工作，按要求提供相关工作情况和证据材料。

三、必要审慎

针对以往部分地方存在随意制发检察建议的情况，为规范检察建议的制发，本次《检察建议工作规定》在原来《人民检察院检察建议工作规定（试行）》“严格依法、准确及时、注重实效”原则的基础上，增加规定了“必要审慎”的原则，强调检察机关在履行法律监督职责中发现的、与检察业务紧密关联、确有监督必要的事项，应当按程序制发检察建议，坚决杜绝片面追求制发数量、随意制发检察建议等情况的出现。《检察建议工作解答》“二、在向涉案单位以外的被建议单位制发检察建议时，如何贯彻必要审慎原则”中也规定“在向涉案单位以外的被建议单位制发检察建议时，应当坚持必要审慎原则，对于在履行法律监督职责中发现的、与检察业务紧密关联、确有监督必要的事项按程序制发检察建议。特别应当注意制发检察建议的人民检察院级别与被建议单位的级别、规模等相对应”。可见，衡量“必要审慎”原则的标准主要在于“在履行法律监督职责中发现”“与检察业务紧密关联”“确有监督必要的事项”三个方面。

1. 何为“在履行法律监督职责中发现”。一方面，检察履职不限于检察办案，检察机关作为国家的法律监督机关，并不是单纯的公诉机关，检察办案是法律监督工作的基础，但法律监督工作不仅限于办案，除办案之外的日常法律监督工作也属于法律监督工作的一部分。如刑罚执行检察部门在巡监过程或者在监督社区矫正执行过程中发现有关社会治理检察建议线索的，就属于检察履职过程中发现，而不属于检察办案中发现。另一方面，检察履职不等于检察公务，检察履职的要义在于依法履行法律监督职责，但检察公务的本义在于履行检察工作任务，前者突出的“法律监督权行使”，后者强调的是“工作任务开展”，这就意味着检察人员在参与工、青、团、妇等工作会议过程中了解的线索，不能单独直接作为启动社会治理检察建议的依据。

2. 何为“与检察业务紧密关联”。其核心在于“与法律监督权的行使紧密关联”，表现在于与“检察职能、检察业务”紧密关联，所谓检察业务具体包括：普通犯罪检察业务、重大犯罪检察业务、职务犯罪检察业务、经济犯罪检察业务、刑事执行检察业务、民事检察业务、行政检察业务、公益诉讼检察业务、未成年人检察业务、控告申诉检察业务等。至于案件管理部门、法律政策研究部门尽管在职务序列中也属于业务部门，但属于立足业务管理的综合业务部门。

3. 何为“确有监督必要的事项”。与前述检察建议“必要性”的把握一致，主要从“需不需要提出检察建议”的层面予以考量，从比例性原则的角度出发，如果采用口头劝诫等其他方式更为合适的，则应当采用其他方式。实践中，还需要注意的是恪守行权边界，不能代行他人职权。检察机关是国家法律监督机关，一方面说明，检察机关是监督机关，并非具体的执行机关，另一方面也说明，检察机关的监督是法律监督，监督的对象只能是违法的作为和不作为，只有把握了检察机关的宪法定位，才能确保检察权依法有效行使。

四、注重实效

最高人民检察院应勇检察长强调“推进检察建议从办理向办复转变”。最高人民检察院通过对检察建议制发情况的调研，发现部分地方检察机关存在的追求制发数量、忽视检察建议质量和落实效果的问题，在季度通报中予以实名通报，并提出改进工作的指导意见，督促存在问题的检察机关及时整改。为杜绝实践中存在的重数量轻质量的问题，《检察建议工作规定》第4条明确要求提出检察建议应当坚持注重实效的原则。在强调“必要审慎”原则、防止随意制发检察建议的同时，也强调注重检察建议的质效，坚决杜绝片面追求制发数量的问题。

“注重实效”必然以“注重质效”为前提和保证，“注重质效”包括“质”和“效”两个方面。前者主要是社会治理检察建议的规范性和准确性，后者主要指检察建议的法律效果和社会效果，而且要是实实在在的实效。关于社会治理检察建议准确性的问题，前项原则已经论述，在此不再赘述。

关于“社会治理检察建议的规范性”。社会治理检察建议书应当格式规范，一般应包括以下内容：（1）案件或者问题的来源；（2）依法认定的案件事实或者经调查核实的事实及其证据；（3）存在的违法情形或者应当消除的隐患；（4）建议的具体内容及所依据的法律法规和有关文件等的规定；（5）被建议单位提出异议的期限和形式；异议期限一般为七日至十五日，具体根据建议内容和被建议单位实际情况确定；（6）被建议单位书面回复落实情况的期限；回复期限一般为二个月，因情况紧急需要尽快处理的，可根据实际情况确定相应的回复期限；（7）回函信息、相关法律条文等其他需要说明的事项。需要抄送相关部门和单位的，应在回函信息下方写明抄送单位。

关于“社会治理检察建议的效果”。社会治理检察建议应当坚持问题导向、效果导向，坚持发现真问题、研究真问题，聚焦真问题，提出合法、合理的对策建议，并督促建议落地见效，防止纸面的建议和落实、形式的建议和落实、表面的建议和落实。同时，社会治理检察建议要同时注重对类案的监督，在办理具体案件的过程中，针对司法办案、社会治理中的普遍性问题要进行总结分析，通过向某一方面行业主管部门发送检察建议，促成相关部门或领域的依法行政、规范执法，力争实现“办理一案、治理一片”的社会效果。

为突出检察机关重质效，而不是重数量的工作要求，检察机关通过制定科学合理的考核标准、考核措施和激励办法，将检察建议的文书质量、被建议单位的回复采纳情况以及取得的实际效果等作为考核评价的重点；将制发检察建议的质量和效果纳入检察官司法责任制履职绩效考核，对于在检察建议工作中成绩突出的部门和个人予以表彰和奖励。

第二节　适用范围

一、实务指引

（一）对于社会治理检察建议适用范围的理解

社会治理检察建议的适用范围是社会治理检察建议实践中极其重要的问题，它不仅涉及社会治理检察建议发挥作用的场域，而且涉及社会治理检察建议与其他检察建议的区分。根据《检察建议工作规定》第11条，检察机关在办理案件中发现社会治理工作存在下列情形之一的，可以制发社会治理检察建议：（1）涉案单位在预防违法犯罪方面制度不健全、不落实，管理不完善，存在违法犯罪隐患，需要及时消除的；（2）一定时期某类违法犯罪案件多发、频发，或者已发生的案件暴露出明显的管理监督漏洞，需要督促行业主管部门加强和改进管理监督工作的；（3）涉及一定群体的民间纠纷问题突出，可能导致发生群体性事件或者恶性案件，需要督促相关部门完善风险预警防范措施，加强调解疏导工作的；（4）相关单位或者部门不依法及时履行职责，致使个人或者组织合法权益受到损害或者存在损害危险，需要及时整改消除的；（5）需要给予有关涉案人员、责任人员或者组织行政处罚、政务处分、行业惩戒，或者需要追究有关责任人员的司法责任的；（6）其他需要制发社会治理检察建议的情形。

除此之外，《人民检察院民事诉讼监督规则》第117条第2款和《人民检察院行政诉讼监督规则》第119条第2款均规定，“人民检察院发现有关单位的工作制度、管理方法、工作程序违法或者不当，需要改正、改进的，可以提出检察建议”。《检察建议工作解答》“五、纠正违法检察建议如何适用?”中进一步明确，“根据《人民检察院民事诉讼监督规则》第一百一十七条第二款和《人民检察院行政诉讼监督规则》第一百一十九条第二款规定制发的检察建议属于社会治理检察建议”。

谈到社会治理检察建议的适用范围问题，必须首先明确社会治理检察建议的概念，从指引的角度，我们认为可将社会治理检察建议定义为：人民检察院针对办案中发现有关机关和单位存在违法犯罪隐患、管理监督漏洞、风险预警和防控不到位等普遍性倾向性问题，以及需要给予有关人员或组织行政处罚、政务处分、行业惩戒等情形，依法履行法律监督职责，提出建章立制、加强监管、改进工作等内容的检察建议。关于上述定义的内涵，可以从以下几个方面把握：

1. 线索来源方面应为“检察履职中发现”。如前所述，检察履职既不限于检察办案，也不等于检察公务，三者的范围大致呈现如下关系：检察公务的范围大于检察履职的范围，而检察履职的范围又大于检察办案的范围。需要说明的是，现行《检察建议工作规定》第 11 条将线索来源规定为“办理案件中发现”，《检察建议工作解答》第 4 条又将线索来源规定为“检察履职中发现”，二者确实表述不同。考虑到《检察建议工作规定》第 2 条表述为检察建议是人民检察院依法履行法律监督职责的重要方式，该表述已经将“检察建议”界定为“检察履职”的重要方式，同时为了发挥检察建议对社会治理的积极意义，统筹检察机关各职能部门开展社会治理检察建议工作的平衡性和协调性，我们认为可以将《检察建议工作解答》第 4 条线索来源规定中的“检察履职中发现”理解为“检察办案中发现”。

2. 制发对象方面应为“有关机关和单位”。“有关”就意味着不限于涉案单位，也包括非涉案单位。“机关和单位”的类型包括行政机关、司法机关、企事业单位、人民团体、社会组织等，显然不包括自然人，至于“等”是否包括立法机关、政协机关、监察机关的问题，考虑到这类机关在国家中的地位和具体的职能，以及我国检察权的历史沿革、检察建议的发展历程等因素，以不作为制发对象为宜。

3. 监督事由方面应为“普遍性倾向性问题或者需要给予行政处理、行业惩戒等情形”。关于监督事由，应结合社会治理检察建议的适用情形来理解，其中，“普遍性倾向性问题”意味着既要排除个例，也不限于实害。一方面，普遍性的问题虽然可以来源于个案，但绝不意味着仅仅是个案中的问题，而必须是具有普遍意义的问题；另一方面，倾向性的问题虽然也可以来源于个案，但绝不意味着必须待到危害后果发生后方可提出建议，事实上，社会治理检察建议的最好图景应当是“建议于已然之前，防患于未然”。“需要给予行政处理、行业惩戒的情形”是指“需要给予有关涉案人员、责任人员或者组织行政处罚、政务处分、行业惩戒”的情形。至于“等”字的理解，应当理解为“等外”，包括需要追究有关责任人员司法责任的情形以及其他需要提出检察建议的情形。

4. 社会治理检察建议的内容在于“建章立制、加强监管、改进工作等”。这就意味着社会治理检察建议的具体建议至少包括建立规章制度、落实规章制度、完善工作方式三个方面的内容。针对涉案单位，可以建议及时消除违法犯罪隐患；针对行业主管部门，可以建议加强改进管理监督工作；针对相关单位或者职能部门，可以建议依法及时履行职责或者完善风险预警防范措施。

5. 社会治理检察建议是“检察机关依法履行法律监督职责”的重要举措。如前所述，随着《检察建议工作规定》的修订，检察建议已由过去“立足检察职能、参与社会治安综合治理、预防和减少违法犯罪的延伸性工作方式”成为“一种法律监督措施”，这一定位与《人民检察院组织法》第21条将检察建议规定为行使法律监督权方式的精神是一致的。社会治理检察建议作为检察建议的一种重要类型，自然也属于检察机关开展法律监督的措施之一。

（二）社会治理检察建议与公益诉讼检察建议的区别

针对实践中社会治理检察建议与公益诉讼检察建议难以区分的问题，《检察建议工作解答》“四、公益诉讼检察建议与社会治理检察建议如何区分适用”中规定，“公益诉讼检察建议是推进社会治理的重要方式，与社会治理检察建议有以下不同：一是制发对象不同。公益诉讼检察建议的制发对象为行政机关；社会治理检察建议的制发对象包括行政机关、司法机关、企事业单位、人民团体、社会组织等。二是监督事由不同。公益诉讼检察建议针对行政机关违法行使职权或者不作为，致使国家利益或者社会公共利益受到侵害的行为进行监督；社会治理检察建议是针对检察履职中发现有关机关和单位存在违法犯罪隐患、管理监督漏洞、风险预警和防控不到位等普遍性倾向性问题，以及需要给予有关涉案人员、责任人员或者组织行政处罚、政务处分、行业惩戒等情形进行监督。三是建议内容不同。公益诉讼检察建议内容与后续提起诉讼的诉讼请求直接相关，一般为督促行政机关履行具体的监督管理、行政处罚等职责；社会治理检察建议内容聚焦建章立制、改进工作、加强监管、完善治理等。四是保障落实手段不同。公益诉讼检察建议发出后，行政机关如仍不依法履行职责，检察机关可以提起行政公益诉讼，由法院判决行政机关依法履职；社会治理检察建议发出后，被建议单位在规定期限内经督促无正当理由不予整改或者整改不到位的，检察机关可以采取报告上级人民检察院，通报被建议单位的上级机关、行政主管部门或者行业自律组织等，报告同级党委、人大，通报同级政府、纪检监察机关等措施”。

可见，二者在制发对象、监督事由、建议内容、保障落实手段等方面存在区别。其中，在保障落实手段方面，二者在“可诉性”方面的差别显著，最高人民检察院曾对“可诉性”有进一步明确，即如果有可诉性，就可以发出公益诉讼的诉前检察建议；如果没有可诉性，就是一般的纠正违法行为或推动社会治理的检察建议。

另外，《检察建议工作解答》“四、公益诉讼检察建议与社会治理检察建议如何区分适用”还明确了“公益诉讼检察建议优先”的原则。其中，规定“检察机关应当从被建议单位的选取、检察建议事项所属领域、涉及的行政机关具体职责、公益受损情况、建议内容等方面进行综合分析。对于属于法律、行政法规、司法解释、地方性法规以及最高人民检察院第八检察厅《关于积极稳妥拓展公益诉讼案件范围的指导意见》等文件明确规定的公益诉讼案件领域，存在公益损害，需要对行政机关未依法履行职责的违法性问题进行监督的，应当优先制发公益诉讼检察建议。对于行政机关同类多次未依法履行职责的违法性问题，原则上制发一份检察建议。在办理公益诉讼案件中发现行政机关除存在不依法履行职责的问题外，还存在社会治理方面的问题，需要其予以改进的，可以在公益诉讼检察建议中同时提出改进工作、完善治理的建议。在办理同一类公益诉讼案件中发现有关单位存在普遍性倾向性问题，需要有关单位建章立制、加强监管、改进工作的，可以制发社会治理检察建议”。

据此，社会治理检察建议与公益诉讼检察建议在具体适用中可按以下原则处理：一是属于公益诉讼领域的公益损害，需要对行政机关未依法履行职责的违法问题进行监督的，应当优先制发公益诉讼检察建议。二是在办理公益诉讼案件中发现行政机关除存在不依法履行职责的问题外，还存在社会治理方面的问题，需要其予以改进的，可以在公益诉讼检察建议中同时提出改进工作、完善治理的建议。三是在办理同一类公益诉讼案件中发现有关单位存在普遍性倾向性问题，需要有关单位建章立制、加强监管、改进工作的，可以制发社会治理检察建议。

二、典型案例

（一）上海市闵行区人民检察院就承重墙领域房屋公共安全问题向某室内装饰行业协会制发检察建议

【基本情况】

房屋安全事关人民群众的生命财产安全。房屋承重结构一旦遭到破坏，建筑物的承重能力将大幅降低，可能导致房屋结构变形、墙体开裂、地面下沉等问题，甚至导致整个楼栋坍塌，造成人员伤亡和财产损失。近年来，因擅自破坏房屋承重结构造成重大人员伤亡的事故层出不穷。上海市闵行区人民检察院在办案中发现，辖区内某小区业主委托装修公司擅自将卧室飘窗进行扩大，经鉴定系损坏房屋承重结构。经深入调查发现，除上述装修公司外，还有隶属某室内装饰行业协会对5家会员单位在装修过程中存在破坏房屋承重结构的行为，但这些企业均未受到行业监管，对违法装修企业的监管存在空白点。2023年7月，闵行区人民检察院将“涉承重墙等房屋公共安全领域问题制发检察建议项目”列为院重大社会治理检察建议项目。为了进一步加强行业监管，规范装修企业的内部管理和经营行为，增强预防和打击损坏房屋承重结构行为的工作合力，闵行区人民检察院向某室内装饰行业协会制发检察建议。

【制发过程】

为保证检察建议的针对性、必要性和可操作性，闵行区人民检察院开展了三方面工作：

一是充分调研，找准问题。闵行区人民检察院邀请具有专业知识背景的代表委员、人民监督员、“益心为公”志愿者参与调查研判，对辖区内20余个小区进行走访调查，排查了40余条重点线索，行政公益诉讼立案7件，向相关行政机关制发诉前检察建议2件，磋商5件。其中，某室内装饰行业协会有6家会员单位在装修过程中破坏房屋承重结构，存在内部管理不规范，从业人员缺乏专业知识，安全意识淡薄等情况，行业管理存在薄弱环节。

二是深入讨论，广泛听取意见。为增强检察建议精准性和专业性，闵行区人民检察院组织开展涉承重墙领域社会治理活动，邀请区建设管理委员会、区城管执法局、市区人大代表、政协委员、“益心为公”志愿者进行座谈调研，广泛听取一线执法人员、住建领域专业人员、代表委员等各方面反映的典型问题和提出的对策建议。

三是主动沟通，达成共识。为确保所提问题和建议的针对性及可接受度，闵行区人民检察院主动到某室内装饰行业协会沟通交流，介绍检察建议的内容和制发目的，了解行业监管存在困难和问题，研究共同推动行业监管水平的对策，得到协会的支持和认可。

在充分调研的基础上，闵行区人民检察院经检委会讨论决定向某室内装饰行业协会制发检察建议，建议协会：一是充分发挥协会的监管作用，依据协会章程对违法企业采取警告、通报、开除会员会籍等措施，并在行业评优或者信用等级评定活动中，将是否存在损坏承重结构等违法行为作为评选的基本条件。二是推动行业自治和群防群治，组织会员单位开展内部自查自纠，加强对施工现场的安全质量监管。采取多种形式加大对外宣传力度，提高社会公众对破坏房屋安全危害性的认识。三是开展从业人员安全警示教育，增强从业人员的法制意识和责任意识。

【被建议单位回复和采纳情况】

某室内装饰行业协会收到检察建议后高度重视，第一时间召开会议研究制定整改落实措施。2023 年 12 月 25 日，某室内装饰行业协会书面回复，表示全部接受检察建议内容，开展了以下工作：一是建立健全行业标准和监管机制，对于行业即将开展信用评价的标准制定加入“违法破坏承重结构”行为作为重要考核，实行一票否决；对于破坏承重结构的涉案企业建立行业通报制度。二是对涉案的 6 家企业分别约谈，并提出了相关整改要求，要求企业加强内部流程控制，杜绝类似问题再次发生。如某甲装修公司从销售、设计、施工三大端口加强对安全装修的管控；某乙装修公司加强对承重墙拆改规则的培训学习，对违法变动承重结构设立红黄线管理制度。三是在官方公众号上发布“加强安全意识——筑牢房屋安全顶梁柱”的专题报道，全文刊登检察建议书和倡议书，要求会员企业重视和遵守，并在协会微信工作群进行了提示和重申。四是召开会员大会，号召会员单位“遵公约、执标准、保安全”，并开展了住宅承重结构知识讲座和培训，提升了会员单位对破坏承重结构问题的认识和重视。五是指导住宅装饰专业委员会，落实宣传破坏承重结构的社会危害性，开展“安全知识讲座”培训，提高企业和施工管理人员及一线工人的安全意识，组织开展落实情况大检查。

【跟踪督促和落实情况】

检察建议制发后，闵行区人民检察院从以下四个方面持续跟踪监督，促进整改到位，扩大办案效果。一是增加预防和打击的工作合力，联合某室内装饰行业协会共同发布倡议书，呼吁会员单位和社会各界共同抵制破坏承重结构的违法行为；联合开展法制宣传，在住宅小区张贴宣传画和倡议书，提升居民的安全意识。二是提升检察建议的刚性，邀请人大代表、政协委员等第三方全程参与建议的宣告送达、督促落实等环节，接受社会监督，认真听取代表委员的意见建议。三是闵行区人民检察院分管领导组织代表委员联合某室内装饰行业协会对涉案企业整改情况进行现场检查，督促企业加强对施工现场的安全质量监管。四是扩大检察建议的影响力，通过《法治日报》《新民晚报》《劳动报》《上海法治报》、上海电视台夜线约见栏目等多家媒体对检察建议和倡议书进行宣传报道，提升社会公众的法律意识。

【效果和意义】

该份检察建议属于在办理同一类公益诉讼案件中，发现存在普遍性倾向性问题，向有关单位提出建章立制、加强监管、改进工作的社会治理检察建议。承重墙又称为“生命墙”。一面墙的背后是百家之安危。承重墙一旦遭到破坏将造成难以弥补的损害，预防破坏式野蛮装修显得尤为重要。承重墙的治理又是一个非常复杂的社会问题，需要社会各界的共同参与。闵行区人民检察院积极回应群众关切，将行政公益诉讼与社会治理相结合，推动社会治理创新，助力守护城市公共安全。通过行政公益诉讼办案发现装修行业存在的普遍性、共性的问题，开展源头治理，督促协会建章立制、优化监督管理、弥补行业监管的漏洞，采取多种形式加大宣传力度，提升从业人员和社会公众的法律意识，从而实现行政监管与行业监管的优势互补。

（二）上海市静安区人民检察院就公司治理向某大型国有证券公司制发检察建议

【基本情况】

上海市静安区人民检察院在办理一起贪污、受贿、职务侵占、洗钱案件中，经审查查明，2014 年 5 月至案发，被告人在担任某大型国有证券股份有限公司总裁办公室档案管理总监、行政办公室主任助理兼档案管理主管期间，利用负责该公司档案管理及档案业务结算的职务便利，与相关业务合作单位人员共同侵吞公司钱款共计人民币 790 万余元，并收取业务合作单位人员给予的好处费共计人民币 55 万元，为相关单位谋取利益。2022 年 10 月 17 日，上海市静安区人民法院以职务侵占罪、贪污罪、受贿罪、洗钱罪，判处被告人有期徒刑十一年，并处罚金人民币 37 万元。静安区人民检察院办案人员在审查起诉中发现，某证券公司作为被害单位已经遵循法律法规和监管指导、结合自身的性质和特点，形成了较为完善的治理模式和组织架构，但被告人犯罪行为历时时间长、涉案金额巨大，其案发暴露公司在业务结算费用审核、外包员工工资发放监管、业务招投标流程及价格变动、合作方准入程序等方面存在一定的内部治理漏洞，加之对相关人员监督管理机制不足，导致潜藏的职务犯罪逐渐凸显，造成国有财产损失，对经济社会发展产生消极影响。

【制发过程】

2022 年 10 月，静安区人民检察院在办理该案同时，同步推进社会治理检察建议的调查核实工作。一是开展针对性讯问、询问，全面审查在案事实，确定治理漏洞。通过讯问被告人、同案犯，进一步查明作案细节，挖掘犯罪的机制性漏洞。同时，向该证券公司工作人员核实公司财务、招标等有关监管措施，查明长时间未发现犯罪行为的原因。二是依托监检衔接配合，深挖职务犯罪成因。根据与静安区纪委监委、区法院《办理职务犯罪案件工作衔接办法》，在本案办案程序、证据标准等方面，推动刑事司法与监察调查衔接。就被告人涉嫌洗钱犯罪事实，经发函征求静安区监察委员会、区公安分局意见，在就洗钱犯罪事实向区法院补充起诉基础上，深入剖析案件发生的原因，梳理出该证券公司存在的管理漏洞问题。三是听庭评议、走访调研，针对性征询治理建议，提升检察建议专业化水平。在听庭评议时征求区人大代表、政协委员提出的相关社会综合治理方面的建议。针对案件中发现的突出问题，积极排摸走访涉案企业，开展面对面座谈，通过询问企业负责人等方式深入了解企业经营状况，摸排涉案企业在生产经营、犯罪预防等方面需求，确保制发的检察建议符合企业在开展经营管理中的实际需要。

2022 年 12 月 8 日，经上级检察机关核准，静安区人民检察院向该证券公司制发检察建议书，并宣告送达。针对公司对业务结算费用审核不严、外包员工工资发放缺乏监管、部分业务的价格变动未按照规定流程、员工的监督有所欠缺等问题提出四方面建议：一是严格审核把关机制，对业务结算费用进行实质、细致审查，针对业务合作单位制作的结算单及本公司员工制作的付款通知书、情况说明等材料，公司应当变形式审查为实质审查，保证公司钱款支出的合理性、必要性。二是规范薪资发放制度，将外包员工的聘用、考核、福利发放等纳入监管范畴，完善事前审批、事中知情、事后备案的配套监督机制，全方位杜绝公司员工利用职权擅自给外包员工涨工资的情况出现。三是强化全面动态监督，进一步规范合作方的准入及业务开展流程，确保招标评选过程客观、中立、公正。在实际业务开展过程中，如合作方确有提高业务价格等需求，应当通过重新招投标程序。四是加强员工教育培训，通过组织观摩庭审，组织与检、法沟通，组织员工对法律法规的学习等活动，发挥反面案例的警示、教育作用，提升法律意识、自律意识、底线意识，引导员工规范开展业务，用好手中职权。

【被建议单位回复和采纳情况】

该证券公司对检察建议高度重视，公司党委多次召开会议，专题讨论整改相关事宜，针对检察建议的内容作出整改：一是坚持问题导向，全面查找存在的问题。由公司党委主要负责同志亲自抓整改，开展专项审计，重点在内控机制健全性、采购制度完善性、采购过程规范性等方面查找漏洞，并成立公司档案管理专项工作小组，建立问题台账，加快查清问题。二是严肃追责问责，积极落实整改。公司党委积极会同派驻纪检监察组严肃开展追责问责工作，经研究决定严肃追究相关单位的主体责任和领导责任。党委组织部、人力资源部、行政办公室按程序启动了后续整改问责工作。派驻纪检监察组对该案件中应承担领导责任的人员依纪依法启动了立案追责程序。公司行政办重点做好对涉案供应商的整治、外借人员的清理、非公司档案的清退、案件后续问题处置等相关工作。三是加强制度建设，努力形成长效机制。针对案件暴露出的公司管理漏洞和监督空白，公司召开了监督工作联席会议，从加强制度规范、预算管理、采购验收机制建设、服务采购结算、对供应商的监督管理、对外包人员的管控力度等方面堵漏建制。四是重建作业流程，改进档案管理工作，整改虚构工作量的管理漏洞，进一步完善复核工作机制和监督机制，推进档案管理数字化转型，推动公司档案管理服务提升与管理质效变革。五是强化风控问责，加强廉政文化建设和案例警示教育，发挥“底线防守”作用，警醒员工恪守底线，不越红线。

【跟踪督促和落实情况】

静安区人民检察院持续做好检察建议制发后的“回头看”督促工作，并组织承办人员对该证券公司落实检察建议情况进行跟踪回访。静安区人民检察院副检察长带队跟进开展“回头看”，明确公司治理改进进度，开展专题座谈，此外，结合本案组织开展法治宣传、廉政警示教育、组织庭审观摩等。该证券公司已积极查找问题，严肃落实整改相关问题，并对历年来各部门服务采购情况开展了专项审计，对业务结算费用的报销推行双人双岗复核制度，成立了档案管理专项工作小组，同时继续推进供应商库的建设，建立外包人员信息报备机制，多措并举加强制度建设，实现了公司内控有效管理。

【效果和意义】

该份检察建议属于针对个案暴露出财物管理不严格、监督机制不完善问题的企业，提出加强管理制度建设，及时弥补监督漏洞的检察建议。公司治理结构的完善对国有大型企业的可持续发展起支撑作用，推进公司治理对实现我国经济快速、健康、稳定发展至关重要。检察机关办理职务犯罪案件中应当坚持全面审查，用好调查核实等手段方式，深挖犯罪线索，聚焦社会治理漏洞，精准开展监督，促进堵漏建制、完善治理。一方面，要立足国有大型券商治理结构的特殊性和较高的治理要求，深入查找企业内控体系建设存在的突出问题，切实加强风险防范，促进完善内部治理。要综合考虑企业长远经营发展和检察办案效果，综合研判企业经营人员、人大代表、监管机构等各方意见，在审核流程、薪资发放、岗位督查、教育培训等诸多方面增强检察建议的针对性。结合国有企业实际，针对性加大重点部门和敏感岗位职务犯罪的预防，加强干部廉政教育。另一方面，要注重前延后伸治理，促进公司完善制度、行稳致远。在社会治理检察建议发出前，探索监检衔接、行刑衔接的路径，推动国家工作人员廉政监察、国有资产管理部门总体监管与检察机关办理案件以及企业自身廉政教育警示相结合；在社会治理检察建议发出后，积极开展“回头看”，明确公司治理改进进度，并组织开展法治宣传、廉政警示教育、组织庭审观摩等，打造大型国有企业公司治理新路径，促进完善现代企业制度，提升企业市场竞争力。

第三节　制发主体

一、实务指引

以往对检察建议的制发主体往往缺乏明确规定，造成实践中出现基层检察机关对上级行政机关、全国省级知名企业制发检察建议或者上级检察机关对下级行政机关制发检察建议的情况，这种层级不对等的问题经常成为困扰实践部门的一大难题。对此，《检察建议工作规定》和《检察建议工作解答》的出台一定程度上解决了相关问题，如向涉案单位直接制发、向非涉案单位对应制发、向异地单位制发社会治理检察建议进行了规定，但仍有一些问题值得研究，包括直接制发、对应制发、异地制发的划分依据、层报要求、涉外程序等等。由于我国幅员辽阔，各地的情况千差万别，尤其是省、自治区、直辖市、兵团一级，以及分、州、市一级检察机关名称不一，为便于表述，本节以直辖市为例，以作说明。

（一）划分依据

根据《检察建议工作规定》第 3 条的规定，“人民检察院可以直接向本院所办理案件的涉案单位、本级有关主管机关以及其他有关单位提出检察建议。需要向涉案单位以外的上级有关主管机关提出检察建议的，应当层报被建议单位的同级人民检察院决定并提出检察建议，或者由办理案件的人民检察院制作检察建议书后，报被建议单位的同级人民检察院审核并转送被建议单位。需要向下级有关单位提出检察建议的，应当指令对应的下级人民检察院提出检察建议。需要向异地有关单位提出检察建议的，应当征求被建议单位所在地同级人民检察院意见。被建议单位所在地同级人民检察院提出不同意见，办理案件的人民检察院坚持认为应当提出检察建议的，层报共同的上级人民检察院决定”。《检察建议工作解答》“二、在向涉案单位以外的被建议单位制发检察建议时，如何贯彻必要审慎原则”中规定，“在向涉案单位以外的被建议单位制发检察建议时，应当坚持必要审慎原则，对于在履行法律监督职责中发现的、与检察业务紧密关联、确有监督必要的事项按程序制发检察建议。特别应当注意制发检察建议的人民检察院级别与被建议单位的级别、规模等相对应”。

上述规定明确了直接制发、对应制发、异地制发三种不同情形，并明确了不同情形划分的依据，即“被建议单位是否属于涉案单位、人民检察院的级别与被建议单位的级别、规模等是否相对应、是否符合人民检察院地域管辖的规定”。其中，是否属于涉案单位是是否可以直接制发的关键，而对应制发中需要特别注意的是“人民检察院的级别与被建议单位的级别、规模等是否相对应”，同时，“是否符合人民检察院地域管辖的规定”又是异地制发的关键。可见，上述划分依据从不同侧面反映了直接制发、对应制发、异地制发的核心要义。

（二）直接制发

所谓直接制发是指直接办理案件的人民检察院可以直接向有关涉案单位制发社会治理检察建议的情形。同时直接制发包括人民检察院直接向有关单位提出社会治理检察建议，需要由上级人民检察院转送这一情形。而以下情形不属于直接制发：报告上级人民检察院，并由上级人民检察院制发的；指定下级人民检察院，并由下级人民检察院制发的；被建议单位在异地，需要事先经被建议单位所在地同级人民检察院同意方才制发的。

现行《检察建议工作规定》第 3 条规定，“人民检察院可以直接向本院所办理案件的涉案单位、本级有关主管机关以及其他有关单位提出检察建议”。《检察建议工作解答》“一、社会治理检察建议中，如何确定涉案单位及制发程序”中规定，“根据《检察建议工作规定》第三条第一款和第十一条规定，人民检察院发现本院所办理案件的涉案单位存在制度不健全不落实、监督管理不到位、风险隐患突出等社会治理问题的，可以直接向其提出检察建议”。上述条文中“人民检察院可以直接向本院所办理案件的涉案单位提出检察建议”以及“根据《检察建议工作规定》第十一条规定”的表述，就“社会治理检察建议的直接制发”作了清楚明确的规定。要准确地理解向涉案单位直接制发社会治理检察建议，需要明确以下几点：

首先，“何为涉案单位”。一般情况下，检察机关可以向本院所办理案件的涉案单位直接制发检察建议，那么“涉案单位”的概念就十分重要。根据《检察建议工作解答》“一、社会治理检察建议中如何确定涉案单位及制发程序”规定，“涉案单位包括两种情形：一是本院所办理案件的当事人，比如单位犯罪案件被告人，刑事案件被害人为单位的，行政诉讼监督案件中案涉行政机关，等等；二是本院所办理案件当事人所在的单位，并且案件事实与单位存在的制度漏洞、管理疏漏等问题具有紧密联系，比如犯罪嫌疑人利用其所在单位会计制度漏洞实施犯罪，其所在单位也属于涉案单位。企事业单位、人民团体和社会组织的分支机构符合上述情形的，也属于涉案单位”。可见，涉案单位包括案件当事人或者与案件事实存在紧密联系的当事人所在单位。

关于涉案单位还有两个问题值得关注。一是分支机构是否可以作为制发检察建议的对象？有关单位的分支机构虽然在民事法律层面不是独立法人，但是由于此类机构的总部往往影响较大，且一旦将总部作为涉案单位，很容易造成总部案件集中、工作沟通不便的问题，故涉案单位属于办理案件的人民检察院管辖范围内的企事业单位、人民团体和社会组织的分支机构的，办理案件的人民检察院应当向该分支机构制发检察建议。二是如果当事人系劳务派遣人员，“当事人所在的单位”应当如何确定？对此，我们认为，当事人属于劳务派遣人员的，劳动合同签订单位、实际用工单位均可作为涉案单位。理由在于：一方面，“当事人所在的单位”并没有明确排除劳动合同签订单位或者实际用工单位。另一方面，在劳务派遣人员系当事人的情况下，无论是劳动合同签订单位，还是实际用工单位，都可能存在社会管理方面的漏洞。此外，将劳动合同签订单位和实际用工单位一并视为涉案单位看待，并非绝对地一并制发社会治理检察建议，是否需要一并制发或者针对其中一家单位单独制发或者均不制发主要取决于单位管理方面是否存在需要制发社会治理检察建议的对应情形。

其次，“如何批准转送”。针对司法实践中基层人民检察院向全国知名、影响较大的单位制发检察建议效果不佳，且出于“必要审慎”原则考虑，现行规定在直接制发程序中对此情形增加了“批准转送”的程序。根据《检察建议工作解答》“一、社会治理检察建议中如何确定涉案单位及制发程序”规定，“市、县级人民检察院办理案件的涉案单位属于全国或者本省知名的大型公司、企业总部，或者国家级和省级人民团体，或者在国务院和省级人民政府登记管理机关登记的社会组织的，办理案件的市、县级人民检察院应当层报省级人民检察院批准后制作检察建议书，并由省级人民检察院转送被建议单位”。至于具体由哪个部门承担批准转送职责，上海市人民检察院综合司法实际情况和上下一体的检察机关业务协作实践，参考北京等兄弟省市检察机关的做法，明确了“基层检察院办理案件的涉案单位属于全国或本市知名大型公司、企业总部，或者国家级和省级人民团体，或者在国务院和省级人民政府登记管理机关登记的社会组织的，应层报市检察院对口业务部门批准后制作社会治理检察建议书，并由市检察院对口业务部门负责转送被建议单位。市检察分院办理案件的涉案单位属于上述范围的，应报市检察院对口业务部门批准后制发”。一方面，细化批准转送的主体是对口业务部门，防止省级院批准转送工作中责任不清、归口不明。另一方面，考虑到直辖市检察分院作为市级机关管理的实际情况，以及直辖市人民检察院需要对向部分影响较大的单位制发社会治理检察建议工作进行整体统筹，故要求直辖市检察分院办理案件的涉案单位属于全国或本市知名大型公司、企业总部，或者国家级和省级人民团体，或者在国务院和省级人民政府登记管理机关登记的社会组织的，应报市检察院对口业务部门批准后制发，不需要由市检察院对口业务部门转送。

（三）对应制发

所谓对应制发是指在向非涉案单位制发社会治理检察建议时，人民检察院只能向本级有关主管机关以及其他有关单位提出社会治理检察建议。由于非涉案单位并不涉案，故向非涉案单位制发社会治理检察建议在把握“必要审慎”原则上应当更为严格，向非涉案单位制发社会治理检察建议应当注意与被建议单位的级别、规模等相对应，从严把握制发的必要性。

现行《检察建议工作规定》第 3 条前 3 款规定，“人民检察院可以直接向本院所办理案件的涉案单位、本级有关主管机关以及其他有关单位提出检察建议。需要向涉案单位以外的上级有关主管机关提出检察建议的，应当层报被建议单位的同级人民检察院决定并提出检察建议，或者由办理案件的人民检察院制作检察建议书后，报被建议单位的同级人民检察院审核并转送被建议单位。需要向下级有关单位提出检察建议的，应当指令对应的下级人民检察院提出检察建议”。《检察建议工作解答》“二、在向涉案单位以外的被建议单位制发检察建议时，如何贯彻必要审慎原则”规定，“在向涉案单位以外的被建议单位制发检察建议时，应当坚持必要审慎原则，对于在履行法律监督职责中发现的、与检察业务紧密关联、确有监督必要的事项按程序制发检察建议。特别应当注意制发检察建议的人民检察院级别与被建议单位的级别、规模等相对应”。如前所述，“在履行法律监督职责中发现”“与检察业务紧密关联”“确有监督必要的事项”三个方面属于衡量“必要审慎”原则的标准，而“特别应当注意制发检察建议的人民检察院级别与被建议单位的级别、规模等相对应”的表述直接确定了“对应制发”中的层级对应原则，可以说对应制发是层级对应原则的直接体现，也是《检察建议工作规定》的重要内容。

实践中，关键的问题在于被建议单位的性质复杂多样，如何确定被建议单位的级别就成为确定制发主体的关键。《检察建议工作解答》“二、在向涉案单位以外的被建议单位制发检察建议时，如何贯彻必要审慎原则”规定，“对于涉案单位以外的国有企业，根据对其履行出资人职责的部门级别或者其实际控制人的级别，确定由对应的人民检察院制发检察建议。比如，对于由国务院国有资产监督管理委员会履行出资人职责的国有企业，一般应由省级人民检察院制发检察建议。对于涉案单位以外的民营企业，由省级人民检察院根据实际情况，从企业的规模、知名度、机构属性（总部或者分部）、与所涉案件的关联性、存在问题的范围、检察建议制发的‘三个效果’等方面进行综合分析研判，确定由适宜的检察院制发检察建议。对于涉案单位以外的人民团体，根据其级别由同级人民检察院制发检察建议。对于涉案单位以外的社会组织，由省级人民检察院根据其登记管理机关级别、业务主管单位或者行业管理单位情况、注册资金规模、业务范围、活动地域、与所涉案件的关联性、检察建议制发的‘三个效果’等方面进行综合分析研判，确定由适宜的检察院制发检察建议”。据此，在被建议单位系人民团体、国有企业、民营企业、社会组织时，检察建议制发主体的确定原则为：非涉案单位属于人民团体的，根据其级别由同级人民检察院制发社会治理检察建议；属于国有企业的，根据履行出资人职责的部门或者实际控制人的级别，确定由对应的人民检察院制发社会治理检察建议；属于民营企业、社会组织的，由省级人民检察院综合分析研判，确定由适宜的人民检察院制发社会治理检察建议。

关于对应制发的理解，根据《检察建议工作解答》“二、在向涉案单位以外的被建议单位制发检察建议时，如何贯彻必要审慎原则”规定，可以从以下几个方面展开：一是同级制发，即非涉案单位属于本级有关主管机关及其他有关单位的，可直接制发。二是报请制发，即办理案件的人民检察院认为需要向涉案单位以外的上级有关主管机关提出检察建议的，应当提出意见，层报被建议单位的同级人民检察院，由其决定并制发检察建议；也可以由办理案件的人民检察院制作检察建议书后，

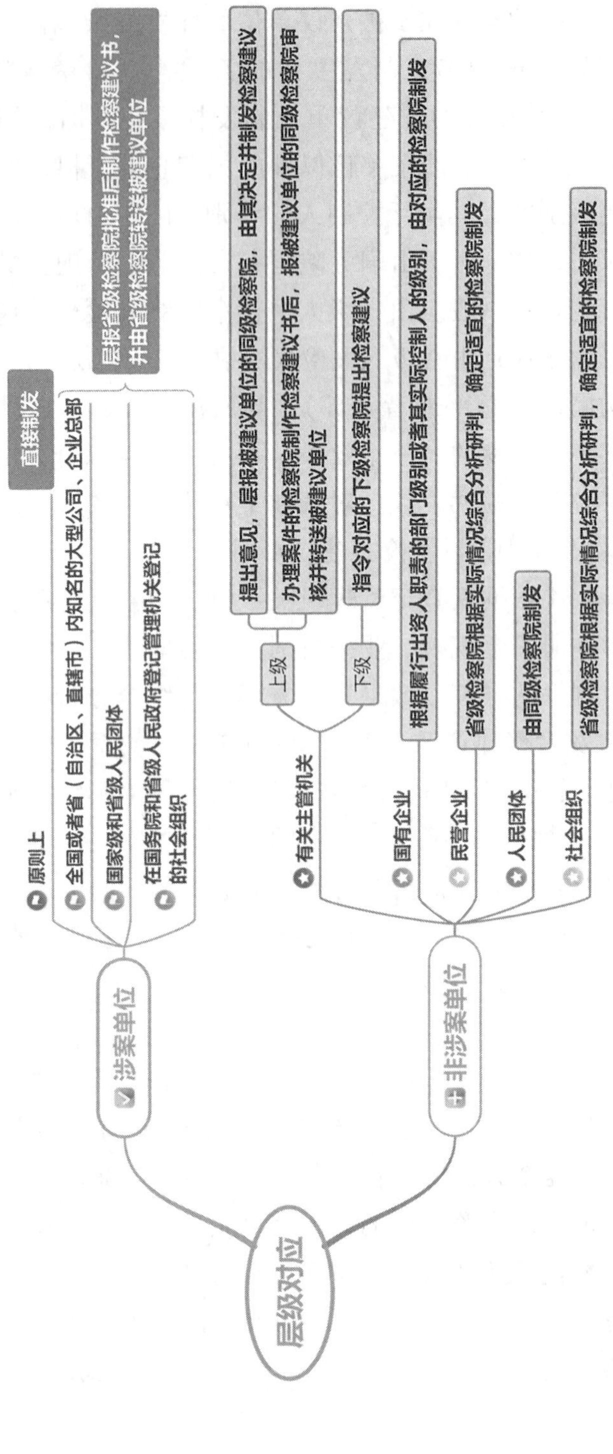
层级对应
涉案单位
原则上
直接制发
全国或者省（自治区、直辖市）内知名的大型公司、企业总部
国家级和省级人民团体
在国务院和省级人民政府登记管理机关登记的社会组织
层报省级检察院批准后制作检察建议书，并由省级检察院转送被建议单位
非涉案单位
有关主管机关
上级
提出意见，层报被建议单位的同级检察院，由其决定并制发检察建议
办理案件的检察院制作检察建议书后，报被建议单位的同级检察院审核并转送被建议单位
下级
指令对应的下级检察院提出检察建议
国有企业
根据履行出资人职责的部门级别或者其实际控制人的级别，由对应的检察院制发
民营企业
省级检察院根据实际情况综合分析研判，确定适宜的检察院制发
人民团体
由同级检察院制发
社会组织
省级检察院根据实际情况综合分析研判，确定适宜的检察院制发

报被建议单位的同级人民检察院审核并转送被建议单位。三是指令制发，即办理案件的人民检察院认为需要向下级有关单位提出检察建议的，则应当指令对应的下级人民检察院提出检察建议。

关于报请制发的具体程序，需要注意以下几点：一是鉴于直辖市“两级行政、三级司法”特殊情况，《上海市检察机关社会治理检察建议工作指引》一方面明确了检察分院对市级有关主管机关制发或转送社会治理检察建议的权力；另一方面明确非涉案单位属于市级有关主管机关的，基层检察院应报市检察分院决定并由市检察分院制发，或者基层检察院制作社会治理检察建议书报市检察分院审核并转送，具体由各对口业务部门负责。上述市级有关主管机关包括市政府部门、市政府直属特设机构、市政府直属机构以及其他市级机构。二是考虑制发与转送的差别，需要注意二者在社会治理检察建议制发主体上的差异。在办案检察院层报被建议单位的同级检察院决定提出检察建议的情况下，检察建议的制发主体为被建议单位的同级检察院；在办案检察院制作检察建议书后报被建议单位的同级检察院审核的情况下，检察建议的制作主体为办案检察院，被建议单位的同级检察院仅负责将检察建议书转送被建议单位。三是明确市检察院在工作中发现由市检察院制发或转送更为合适的，可通知基层检察院、市检察分院层报市检察院制发或转送，从而更好地体现了“审慎必要”的原则，同时，确保了社会治理检察建议的质量和效果。

关于指令制发的具体程序，《上海市检察机关社会治理检察建议工作指引》明确非涉案单位属于下级有关单位的，市检察院、市检察分院可指令对应的下级检察院制发。指令时，应发出指令函，并附检察建议意见、调查终结报告或其他案件材料，下级检察院收到指令函后，应及时制发社会治理检察建议。这一规定细化了指令制发中的相关文书材料，包括“指令函、检察建议意见、调查终结报告或其他案件材料”。

（四）异地制发

所谓异地制发是指人民检察院向本院管辖范围以外的有关单位制发

社会治理检察建议的情形。根据《检察建议工作规定》第3条，“需要向异地有关单位提出检察建议的，应当征求被建议单位所在地同级人民检察院意见。被建议单位所在地同级人民检察院提出不同意见，办理案件的人民检察院坚持认为应当提出检察建议的，层报共同的上级人民检察院决定”。上述系对异地制发的权威规定。根据规定，结合上海市实践，现就异地制发中的有关问题，说明如下：

1. 关于“异地”的理解。根据《检察建议工作解答》“三、向异地制发检察建议时如何正确适用征求意见程序和开展督促落实工作”规定，“异地是指制发检察建议的检察院管辖范围以外的地方，不同省（自治区、直辖市）之间、同一省（含自治区，不含直辖市）内不同市、不同县之间均属于异地。跨行政区划检察院所在地与其管辖范围内的其他市、县之间不属于异地”。可见，异地是基于“司法管辖”的概念，而并非一个行政辖区的概念，指制发检察建议的人民检察院管辖范围以外的地方。这就意味着：一是不同省（自治区、直辖市）之间、同一省（含自治区，不含直辖市）内不同市、不同县之间均属于异地。需要说明的是，考虑到《检察建议工作解答》中已将“同一市内不同县”规定为不属于异地，故此处“同一省内不同市、不同县”应当理解为“同一省内不同市、不同市所属县”，从而排除同一市内不同县。二是跨行政区划检察院所在地与其管辖范围内的其他市、县之间不属于异地，需要向其管辖范围内的其他市、县有关单位制发检察建议，可以不征求被建议单位所在地同级人民检察院意见。三是异地制发检察建议也应当遵循层级对应，不能由下级人民检察院向异地上级单位制发检察建议。

2. 关于“事先征求意见的程序”。根据《检察建议工作解答》“三、向异地制发检察建议时如何正确适用征求意见程序和开展督促落实工作”规定，“根据《检察建议工作规定》第三条第四款规定，向异地有关单位制发检察建议，应当书面征求被建议单位所在地同级人民检察院意见。被建议单位所在地同级人民检察院一般应在十五个工作日内书面回复制发检察建议的人民检察院，表明是否同意制发检察建议并说明理由。被建议单位所在地同级人民检察院提出不同意见，办理案件的人民检察院坚持认为应当制发检察建议的，层报共同的上级人民检察院决定。在共同的上级人民检察院决定之前，不得制发检察建议”。上述规定，对事先征求意见的方式、回复期限、回复内容、回复不同意后的处理都作了详细的规定，据此，可以明确其程序为：向异地有关单位制发社会治理检察建议的，应当书面征求被建议单位所在地同级人民检察院的意见，一般应要求被建议单位所在地同级人民检察院在15个工作日内书面回复，载明是否同意及理由。回复内容为不同意但办理案件的人民检察院认为应当制发的，层报共同上级人民检察院决定，在决定前不得制发。需要说明的是，征求意见过程中，异地同级人民检察院同意制发的，并不意味着异地人民检察院要承担督促落实的主体责任，向异地有关单位制发检察建议仍应当遵循“谁制发，谁督促”的原则，由制发检察建议的人民检察院负责检察建议的督促落实，但考虑到异地同级人民检察院与被建议单位空间距离较近，制发社会治理检察建议的检察院可以商请被建议单位所在地同级人民检察院予以协助，被建议单位所在地同级人民检察院应当提供协助。

3. 关于“关于事先征求意见的例外”。根据《检察建议工作解答》“三、向异地制发检察建议时如何正确适用征求意见程序和开展督促落实工作”规定，“符合下列情形的，可以不征求被建议单位同级人民检察院意见，但制发检察建议后应抄送被建议单位所在地同级人民检察院：（一）同一省（自治区、直辖市）内一市、区、县人民检察院经省级人民检察院批准后向另一市、区、县的涉案单位制发检察建议的；（二）同一市（含直辖市）内一区、县人民检察院向另一区、县的被建议单位制发检察建议的；（三）涉及指定管辖、集中管辖、异地交叉管辖的案件，办理案件的人民检察院向其所在地外的被建议单位制发检察建议的”。对此，一是如前所述，异地是基于“司法管辖”的概念，因此，针对指定管辖、集中管辖、异地交叉管辖的案件，办理案件的人民检察院向其所在地外的被建议单位制发检察建议的，不属于异地。二是考虑到检察机关上下级之间系领导与被领导的关系，在省级人民检察院批准的情况下，同一省（自治区、直辖市）内一市、区、县人民检察院向另一市、区、县的涉案单位制发检察建议的，虽然属于异地，但不需要征求意见。三是考虑到同一市内不同区县之间地域较近、生活圈不大，实践中跨区县案件数量不少，如果都需要事先征求意见，不利于提高司法效率，故规定不需要征求意见。以上海市为例，明确上海市管辖范围以内的各区之间或者涉及跨省（自治区、直辖市）指定管辖、集中管辖、异地交叉管辖、专门管辖的案件，办理案件的人民检察院向其所在地以外的被建议单位制发社会治理检察建议的，均不属于异地。从而使“专门管辖中办理案件的人民检察院向其所在地以外的被建议单位制发检察建议的，不属于异地”的规定更为明确具体。此外，司法实践中，经常出现企业注册地与主要经营活动地不一致的情况，为扩大社会治理检察建议的效能，我们认为，办理案件的人民检察院向注册在外地但主要经营活动在本地区的被建议单位制发社会治理检察建议的，不属于异地。

4. 关于“关于征求意见前层报审批”。根据《检察建议工作解答》“三、向异地制发检察建议时如何正确适用征求意见程序和开展督促落实工作”规定，“向本院所办理案件的异地涉案单位制发检察建议，该涉案单位属于以下情形的，应当先层报省级人民检察院审批。省级人民检察院同意制发的，再书面征求该涉案单位所在地同级人民检察院意见：（一）全国或者省内知名的大型公司、企业总部；（二）国家级和省级人民团体；（三）在国务院和省级人民政府登记管理机关登记的社会组织”。层级对应原则不仅体现在对非涉案单位的对应制发中，而且体现在对涉案单位和非涉案单位的异地制发中，异地制发检察建议也应当遵循层级对应，不能由下级检察院向异地上级单位制发检察建议。对有影响力的企业、人民团体、社会组织，也应该坚持“必要审慎”的原则，异地涉案单位属于全国或省内知名大型公司、企业总部，或者国家级和省级人民团体，或者在国务院和省级人民政府登记管理机关登记的社会组织的，应当层报省级人民检察院同意。

层级对应原则不仅适用于检察建议制发主体，也应当适用于被征求意见主体。当基层人民检察院收到拟对全国或省内知名企业、团体组织制发社会治理检察建议的征求意见函时，所反馈的意见是否需要层报省级人民检察院？虽然最高人民检察院对此并未作出规定，但结合社会治理检察建议制发原则性要求和已经具有明确规定的程序，我们倾向于被征求意见单位在反馈意见前应当层报省级人民检察院同意。理由有三：第一，遵循必要审慎原则的需要。当被建议单位是全国或者省内具有一定知名度和影响力时，对其提出社会治理检察建议影响范围更广、治理层面更深，应当更加审慎。第二，层级对应的需要。制发检察建议的人民检察院在征求意见前，需要层报省级人民检察院同意。相应的，在被征求意见单位反馈意见前，也需要对应层级的人民检察院对反馈意见进行审核。征求意见和提出意见均经省级人民检察院同意，这样程序上才是对称的，层级上也是对应的。第三，程序统一的需要。《检察建议工作规定》要求，对本地区全国或省内知名的公司、团体组织提出检察建议时，应该层报省级人民检察院。那么，对于其他省市人民检察院拟对上述对象提出检察建议的，仅是提出检察建议的主体有所不同，但对象不变，依然应当遵循检察建议工作原则性要求，保持程序上同等的严格度，由省级人民检察院对是否可以提出检察建议的意见进行审核把关。如此，才能在程序上保持逻辑统一，否则将会出现本地人民检察院提出检察建议需要经过省级人民检察院同意，而其他省市人民检察院提出检察建议却仅由基层或者地市级人民检察院同意即可，这样“内外有别”、程序设计不严谨的情况。

此外，实践中部分地区规定“原则上不得向本市以外的异地被建议单位制发检察建议。在办案中发现本市以外异地涉案单位涉嫌违法的，应当将违法线索移送被建议单位所在地的同级人民检察院”。这就基本意味着完全放弃了异地制发的做法。对此，我们认为，尽管异地制发社会治理检察建议工作的难度不小，但考虑到检察一体化建设逐步得到强化，以及社会治理检察建议对于社会治理法治化的重要意义，还是应当为异地制发留下足够的工作空间，防止办案检察机关和异地检察机关之间相互推诿的问题。

（五）涉外制发

司法实践中，部分基层检察机关提出对于涉外单位是否可以制发社会治理检察建议的问题。对此，我们认为，一方面，社会治理检察建议是检察机关提升法律监督能力水平，助推社会治理法治化的创新举措，从平等提供检察服务保障的角度讲，不宜绝对排除涉外单位。另一方面，常驻我国的涉外单位本身也是整个社会的一部分，涉外单位及其成员在我国开展业务活动也需要遵守我国的法律法规，从这个意义上讲，社会治理法治化也应该包括涉外单位治理的法治化，那么社会治理检察建议的制发对象也不应绝对排除涉外单位。虽然检察机关可以向涉外单位制发社会治理检察建议，但在贯彻“必要审慎”原则上应当更加严格，在具体程序上应当参照最高人民检察院有关办案的规定执行。

“向涉外单位制发社会治理检察建议的，参照办案的有关规定执行。”目前检察机关办理涉外案件的有关规定主要是外交部、最高人民法院、最高人民检察院、公安部、安全部、司法部《关于处理涉外案件若干问题的规定》（以下简称《涉外案件规定》），最高人民法院、最高人民检察院、公安部、国家安全部《关于依法限制外国人和中国公民出境问题的若干规定》，最高人民法院、最高人民检察院、公安部、外交部、司法部、财政部《关于强制外国人出境的执行办法的规定》，最高人民法院、最高人民检察院、公安部、国家安全部、司法部《关于外国人犯罪案件管辖问题的通知》等。其中涉及检察机关的规定主要包括如下内容：

1. 刑事案件管辖。外国人犯罪案件的侦查，由犯罪地或者犯罪嫌疑人居住地的侦查机关负责。需要逮捕犯罪嫌疑人的，向侦查机关所在地同级人民检察院提请批准逮捕；侦查终结需要移送审查起诉的，向侦查机关所在地的同级人民检察院移送。人民检察院受理同级侦查机关移送审查起诉的案件，按照管辖规定，认为应当由上级人民检察院或者同级其他人民检察院起诉的，应当将案件移送有管辖权的人民检察院审查起诉。第一审外国人犯罪案件，除刑事诉讼法第 21 条至第 23 条规定的以外，由基层人民法院管辖。外国人犯罪案件较多的地区，中级人民法院可以指定辖区内一个或者几个基层人民法院集中管辖第一审外国人犯罪案件；外国人犯罪案件较少的地区，中级人民法院可以依照刑事诉讼法第23条的规定，审理基层人民法院管辖的第一审外国人犯罪案件。

2. 内部通报工作。人民检察院遇有下列情况之一，应当将有关案情、处理情况，以及对外表态口径于受理案件或采取措施的48小时内报上一级主管机关，同时通报同级人民政府外事办公室：对外国人实行行政拘留、刑事拘留、司法拘留、拘留审查、逮捕、监视居住、取保候审、扣留护照、限期出境、驱逐出境的案件；外国船舶因在我国内水或领海损毁或搁浅，发生海上交通、污染等事故，走私及其他违法或违反国际公约的行为，被我国主管部门扣留或采取其他强制措施的案件；外国渔船在我国管辖水域违法捕捞，发生碰撞或海事纠纷，被我国授权执法部门扣留的案件；外国船舶因经济纠纷被我国人民法院扣留、拍卖的案件；外国人在华死亡事件或案件；涉及外国人在华民事和经济纠纷的案件；其他认为应当通报的案件。

3. 通知外国驻华使领馆工作。人民检察院依法对外国人作出监视居住，取保候审决定的，或者在检察环节羁押期间死亡，由有关省、自治区、直辖市人民检察院通知有关外国驻华使领馆。通知工作按双边领事条约、《维也纳领事关系公约》或者互惠对等原则办理。通知内容包括外国人的外文姓名、性别、入境时间、护照或证件号码、案件发生的时间、地点及有关情况，当事人违章违法犯罪的主要事实，已采取的法律措施及法律依据。通知时限不应超过7天。

4. 提供材料工作。在检察阶段，外国驻华使领馆提出索要其公民被取保候审、拘留审查、监视居住、拘留或逮捕等有关材料的，应向省、自治区、直辖市人民检察院提出，凡公开的材料或者法律规定可以提供的材料，应予提供。

5. 探视工作。在检察环节，外国驻华外交、领事官员要求探视被监视居住、拘留、拘留审查、逮捕或正在服刑的本国公民的，应向省、自治区、直辖市人民检察院提出，由其按双边领事条约或有关规定予以安排。具体安排工作，在侦查终结前的羁押期间，探视的有关事宜由立案侦查的人民检察院安排；侦查终结后移送人民检察院审查起诉的羁押期间，探视的有关事宜由审查起诉的人民检察院安排；人民法院将案件退回人民检察院补充侦查的羁押期间，探视的有关事宜由补充侦查的人民检察院安排。人民检察院需要就探视事宜同有关外国驻华使领馆联系时，应当分别经过各省、自治区、直辖市人民检察院进行。

结合上述涉外案件办理规定，向涉外单位制发社会治理检察建议工作，需要注意以下几点：

1. 准确认定“涉外单位”的范围。根据《涉外案件规定》，“涉外案件”是指在我国境内发生的涉及外国、外国人（自然人及法人）的刑事、民事经济、行政、治安等案件及死亡事件。可见，现行规定对“涉外”的理解即涉及外国、外国自然人、外国法人。由于社会治理检察建议的制发对象只能是“有关机关和单位”，外国、外国人均不属于制发对象的范围，故社会治理检察建议制发对象的涉外单位就仅限于“外国法人”。考虑到《检察建议工作解答》中规定，企事业单位、人民团体和社会组织的分支机构符合有关情形的，也属于涉案单位，故“外国法人驻华分支机构”也属于涉案单位。如此，社会治理检察建议制发对象中的涉案单位就仅限于“外国法人及其驻华分支机构”。实践中，有基层人民检察院提出外资全资企业、外资控股企业、外资参股企业是否属于涉外单位的问题。对此，我们认为，根据我国现行《外资企业法》《中外合资经营企业法》《中外合作经营企业法》的规定，前述所谓外资全资企业、外资控股企业、外资参股企业均属于依据中国法律成立的企业法人，属于中国法人，而非外国法人，故均不属于涉外单位。实践中，对于此类单位制发社会治理检察建议，仍需严格把握“必要审慎”的原则，并应积极向上级检察机关汇报。

2. 妥当确定“涉外制发”的管辖。就办案规定看，原则上基层检察机关均可办理涉外案件，只是为确保涉外案件办理质量，法院探索开展了基层集中管辖和上级提级管辖的尝试。由于社会治理检察建议工作还在进一步深化，建议在实践中，确实需要向涉外单位制发社会治理检察建议的，为体现“必要审慎”原则，也可以在考虑社会治理检察建议工作任务的前提下，开展提级管辖的探索。就直辖市而言，至于由检察分院制发还是市检察院制发，建议结合具体案件的情况以及涉外单位的具体情况确定。可以参考“对于涉案单位以外的民营企业制发社会治理检察建议时的做法”，由省级人民检察院根据实际情况，从企业的规模、知名度、机构属性（总部或者分部）、与所涉案件的关联性、存在问题的范围、检察建议制发的“三个效果”等方面进行综合分析研判，确定由适宜的人民检察院制发检察建议。值得注意的是，如果涉外单位系涉案单位，且属于全国或者本省知名的大型公司、企业总部，或者在国务院和省级人民政府登记管理机关登记的社会组织的，办理案件的市、县级人民检察院应当层报省级人民检察院批准后制作检察建议书，并由省级人民检察院转送被建议单位。

（六）层报程序

上述直接制发、对应制发、异地制发中均涉及“层报”的问题，《上海市检察机关社会治理检察建议工作指引》对此予以了细化和明确，具体如下：

1. 直接制发中的层报。基层检察院办理案件的涉案单位属于全国或本市知名大型公司、企业总部，或者国家级和省级人民团体，或者在国务院和省级人民政府登记管理机关登记的社会组织的，应层报市检察院对口业务部门批准后制作社会治理检察建议书，并由市检察院对口业务部门负责转送被建议单位。市检察分院办理案件的涉案单位属于上述范围的，应报市检察院对口业务部门批准后制发。

2. 对应制发中的层报。非涉案单位属于市级有关主管机关的，基层检察院应报市检察分院决定并由市检察分院制发，或者基层检察院制作社会治理检察建议书报市检察分院审核并转送，具体由各对口业务部门负责。市检察院在工作中发现由市检察院制发或转送更为合适的，可通知基层检察院、市检察分院层报市检察院制发或转送。

3. 异地制发中的层报。回复内容为不同意但办理案件的检察院认为应当制发的，层报共同上级检察院决定。异地涉案单位属于全国或省内知名大型公司、企业总部，或者国家级和省级人民团体，或者在国务院和省级人民政府登记管理机关登记的社会组织的，市检察分院、基层检察院办案部门应层报市检察院对口业务部门同意后再书面征求涉案单位所在地同级检察院的意见。

如上可见，层报包括一级层报和二级层报，前者要求报上一级，后者要求上报两级，无论哪一种层报，层报的要求基本一致，即层报具体由各对口业务部门负责；基层检察院层报时，应经分管院领导审批后报送相关请示、社会治理检察建议书，并附调查终结报告或其他案件材料；市检察分院收到层报请示后应在 15 日内审核完毕，经审核不同意制发的，应说明理由，并经分管院领导审批后报市检察院决定。具体的工作要求如下：

一是确定具体负责的业务部门，将具体工作落实到部门，从而更加具有操作性。

二是确定了基层检察院、检察分院三级审批的流程，考虑到需要层报的社会治理检察建议往往是制发对象影响较大的情况，并严把层报的质量，故规定了三级审批的流程。

三是确定了层报中具体的层报材料，包括层报请示、社会治理检察建议书（拟稿）、调查终结报告、其他案件材料，以便于实践操作。

四是对于基层检察院提出的二级层报中，检察分院经审核不同意制发的，由于二级层报本身就要求由市检察院决定，故可由分院说明理由并经分管院领导审批后，报市检察院决定。

五是对于基层检察院提出的一级层报，市检察分院经审核不同意制发的，考虑到这类情形下基层检察院和市检察分院的分歧明显较大，以及社会治理检察建议关系社会治理、层报类的社会治理检察建议往往影响较大，故从更为稳妥的角度考虑，由市检察分院说明理由并经分管院领导审批后，报市检察院决定，而不是直接将不同意的决定发回基层检察院。

需要说明的是，对于市检察分院审核的时限，考虑到市检察分院审核工作一般不需要进行调查核实，以及市检察分院审核后另设有市检察院决定的环节，故设置了“15 日”的审核期限。另外，对于市检察院办理期限和是否开展三级审批的程序，实践中没有设置固定的期限，主要是考虑到层报类的社会治理检察建议影响较大，应当更重质量、更重效果，以及为社会治理检察建议工作积累经验的角度考虑，故专门作了留有空白的规定。

二、典型案例

（一）上海市松江区人民检察院就高校建筑工程建设存在漏洞隐患向上海某高校制发检察建议

【基本情况】

2022 年，上海市松江区人民检察院受理某公司与松江大学城某高校联营合同纠纷民事生效裁判监督一案。该案中，某公司与松江大学城某高校下属二级学院就该校内高尔夫球场优化改建签订《投资合作协议》，协议中包含“项目优化改造后所有成果……所有权均归甲乙双方共同所有，所有权期限均为 60 年”“优化与改造后的高尔夫练习场的管理权由甲乙双方共同享有，期限 40 年”“对社会开展有偿服务”“取得的收益、亏损，按照甲方 30%，乙方 70% 的比例分成”等内容。相应工程由第三方公司进行施工，但未履行报批手续，亦未进行竣工验收。后双方产生纠纷并引发诉讼。在案件审查过程中，松江区人民检察院发现案件的起因与该高校在二级学院管理、合同风险管控、校内工程建设等方面存在的违法情形及隐患漏洞密切相关。

【制发过程】

松江区人民检察院于 2022 年 8 月 25 日立案。由于该高校属于在省级人民政府登记管理机关登记的社会组织，故松江区人民检察院将监督线索层报至上海市人民检察院第六检察部。在市检察院、检察分院的指导下，松江区人民检察院围绕三个方面充分开展调查核实工作：一是仔细梳理民事裁判案卷材料、听取涉案各方当事人意见，查明系争联营合同签订的背景、过程和后果；二是实地走访调查联营合同对应校内工程，查明该工程实际建设情况和现状；三是赴区房地产交易中心、区城市建设档案馆调阅相关资料，查明上述工程关联土地的性质，以及工程相关手续是否齐全。

在调查核实的基础上，松江区人民检察院总结形成调查核实报告，严格按照《检察建议工作解答》第一项的规定层报市检察分院批准。依据调查核实的情况并经三级人民检察院联动讨论，认定该高校在管理方面存在三类问题：内部管理存在重大漏洞、疏于合同管理造成经济损失、建设工程未依法报批及竣工验收。并有针对性地提出三方面治理建议：一是加强学校内部管理，完善规章制度，强化对二级学院民事行为的管控，维护法人独立财产权和管理权；二是严格遵守《民办教育促进法》《民办非企业单位登记管理暂行条例》等，加强合同管理，禁止违反法律规定变相开展营利活动；三是严格遵守《城乡规划法》《建筑法》等法律法规，校内建设工程应当履行报批手续并经竣工验收合格后投入使用，避免引发安全隐患。

上述检察建议经松江区人民检察院申请后，由上海市人民检察院批准同意转送该高校。随后松江区人民检察院承办检察官赴该高校宣告送达检察建议书，并邀请区人大代表、听证员到场监督。该校高度重视，指派校长助理及校办公室、后勤处、财务处等职能部门参会，充分认可检察机关查找的问题漏洞和建议对策。

【被建议单位回复和采纳情况】

该高校高度重视检察建议，积极落实各项整改措施并按期回复，针对检察机关提出的三方面治理建议逐一列明整改落实情况：一是制定《关于加强二级学院建设的实施意见》，既保障二级学院工作的积极性，又确保学院各项工作严格依法依规开展；二是制定《合同管理办法（试行）》，明确学校合同管理要遵循防范风险和责权利相统一的原则，实行统一指导、归口管理、各负其责的制度，与《落实“三重一大”制度实施办法》《印章（证）使用管理暂行规定》等形成规章制度体系；三是制定《建设项目审批规程》并配套“基建项目管理流程图”，明确所有校内建设工程均需做到流程规范、手续齐全。真正做到了举一反三，以建立健全规章制度实现学校长效治理。

【跟踪督促和落实情况】

收到回复后，松江区人民检察院在上级人民检察院指导下再次邀请区人大代表共同赴该高校，通过实地走访、交流座谈、阅看相应台账材料等方式评估落实整改成效。区人大代表对检察机关依法延伸职能，督促该高校建立健全长效治理机制的做法给予了充分肯定。

【效果和意义】

该份检察建议体现了社会治理检察建议直接制发中的批准转送程序。基层人民检察院办理案件的涉案单位属于省级人民政府登记管理机关登记的社会组织，经层报批准，由省级人民检察院转送。高校建筑工程建设直接关涉到在校师生的人身安全，更关涉到社会公共安全。松江区人民检察院立足紧邻松江大学城的区位特点，针对案件中反映出的高校管理中存在的漏洞隐患，在上级人民检察院一体指导下以综合治理检察建议的方式堵漏建制，为高校的健康稳定发展和区域安全稳定贡献检察智慧。

（二）上海市浦东新区人民检察院就部分侨胞擅自买卖外汇问题向某市侨办制发社会治理检察建议

【基本情况】

党的十八大以来，以习近平同志为核心的党中央统筹国内国际两个大局，对做好侨务工作、凝聚侨心侨力为实现中国梦而努力作出重要部署。上海市浦东新区人民检察院认真贯彻落实党中央要求，积极参与推进侨胞权益保护。2023 年，浦东新区人民检察院在办理一起非法经营案中发现，长三角地区部分侨胞在从事跨境贸易时，涉外汇法律意识淡薄，擅自买卖外汇或者随意找他人买卖外汇的行为常见、多发。此种行为不仅扰乱了我国外汇管理制度，也使侨胞的财物处于极大风险，甚至可能让侨胞身陷囹圄，需引起高度重视。为促进侨办更好地维护侨胞权益、做好为侨服务工作，提升侨胞在从事跨国贸易、跨境支付等对外经济交往过程中的风险防范意识，浦东新区人民检察院充分依托“长三角检察一体化”协作机制，兼顾案件办理与属地管辖的因素，异地联合浙江省某市人民检察院向某市人民政府侨务办公室（以下简称某市侨办）制发检察建议并持续跟踪落实。

【制发过程】

2023年3月，浦东新区人民检察院在办理一起非法买卖外汇案件中发现，被告人是华侨并原系罗马尼亚某市同乡会秘书长，其多次利用在罗马尼亚经商之便，未经国家有关主管部门批准，非法为在罗马尼亚的多名同乡提供罗马尼亚货币与人民币、美元等货币的兑换业务，涉案金额巨大，涉案人数众多。经查阅案卷，浦东新区人民检察院还发现，部分侨胞反映在境外持有现金不安全，希望尽快转回国内，但受限于对当地银行政策的不了解以及语言水平等因素，其最终选择兑换手续便捷、费用更低的“换汇黄牛”。

为全面深入了解相关情况，浦东新区人民检察院对此开展了调查核实。一是通过与公安机关沟通，了解到此类问题存在普遍性。近年来，公安机关办理的案件中，除本案的罗马尼亚外，土耳其、新加坡、澳大利亚、加拿大等地都存在华侨聚集地擅自买卖外汇的情况。二是以检察开放日为契机，召开七家银行、保险公司参与的座谈会，就侨胞结、售汇问题开展调研，了解现有政策与机制。三是依托长三角检察一体化协作机制，积极与某市人民检察院沟通联系。被告人作为某市籍华侨，此前因相同行为已被某市人民检察院处理。此次与某市人民检察院沟通中，浦东新区人民检察院进一步了解到某市作为“侨民之乡”的特殊地位，以及侨务办公室在侨民管理中的职责地位，确立了制发检察建议的可行性。四是规范程序，于现有机制中探索优化路径。浦东新区人民检察院严格落实检察建议相关工作要求，书面征求被建议单位所在地同级人民检察院——某市人民检察院的意见并获书面同意回复；依照沪苏浙皖联合制发的《长三角区域检察协作工作办法》，书面向某市人民检察院制发《跨区域检察协作申请函》并及时层报上海市人民检察院；多方咨询、自行组织调研、委托某市人民检察院走访某市侨办，与侨胞进行座谈调研，夯实调查核实措施，确保建议的切实可行，并全面规范落实异地检察建议的制发流程。此外，浦东新区人民检察院充分考虑到案件承办地与被建议单位所在地相分离的因素，积极联合某市人民检察院，创新探索“跨省联合制发模式”，以“二家单位、一份建议、一次送达”的方式为异地检察建议的落实“多加一道锁”“多把一层关”。

2023 年 9 月，浦东新区人民检察院异地联合某市人民检察院向某市侨办制发检察建议，并召开检察建议远程宣告会送达《检察建议书》。检察建议指出非法买卖外汇的社会危害和风险隐患，分析问题形成的原因，并提出相关建议：一是加强法制宣传，引导侨胞侨眷完整了解我国现行的涉外汇管理相关规定，让其充分认识非法买卖外汇的社会危害性和法律风险，倡导依法依规开展换汇活动。二是加强调查研究，保护侨胞合法权益。对侨胞在资金结算、结汇换汇等方面遇到的困难，进行调研走访，下情上达；发挥某市籍海外侨团的矩阵优势，协助建立完善与当地外汇管理部门、金融机构的沟通联络机制，及时收集、转发面对侨胞侨眷推出的便捷服务政策，为有真实贸易背景和外汇兑换需求的侨胞提供更为便捷的服务流程和帮助。三是引导社团规范运作、规范管理，提醒督促相关社团做好侨胞权益保护等工作。

【被建议单位回复和采纳情况】

某市侨办对该检察建议高度重视，该办负责人参加检察建议公开宣告并表示将积极落实检察建议。2023 年 9 月 28 日，某市侨办书面回复，表示全面接受检察建议内容，并做了如下几项工作：一是多渠道开展法制宣传。线上在某市侨商协会、海外青年协会、某市籍海外会长团转发我国外汇管理的相关制度和涉外汇犯罪法律相关内容，以案释法，加强海外侨胞对个人非法外汇交易的风险意识。线下在某市重点涉侨乡镇开展侨法、涉外汇法律宣讲讲座，开展中秋茶话会活动，并邀请某市人民检察院同志为侨民们进行涉外汇法律主题讲座。二是加强调研破解难题。走访 3 个重点侨乡 12 个侨村，广泛了解侨胞侨眷在资金结算、结汇方面遇到的困难，并积极对接市金融服务中心、中国人民银行某市支行等部门，积极开展侨汇结汇便利化服务。三是推行侨团规范运作。对在意大利、西班牙、法国、罗马尼亚等成立的20余个侨团会长进行一对一引导，督促加强侨团会员对非法外汇交易违法行为的提醒，避免造成较大不良影响。

【跟踪督促和落实情况】

为促使检察建议进一步落到实处，浦东新区人民检察院在收到复函后，着眼跟踪督促，建立长效机制。一是浦东新区人民检察院、某市人民检察院共同做好检察建议督促落实“后半篇文章”，并以此次“跨省联合制发检察建议”为契机，探索跨区域检察协作的常态化、机制化建设，共同推进区域检察协作向纵深发展。二是检察机关与侨办探索建立长效合作机制，共同成立为侨胞提供服务的工作驿站，定期安排检察官为侨民、侨胞、侨眷进行法律宣讲、法制宣传。三是检察机关联合侨办多次走访中国人民银行某市支行、国家外汇管理局某市支局，研判侨胞在对外贸易、资金结算方面的困境，研讨解决方案，为侨胞提供更优质、便捷、安心的服务保障。四是加强督促回访，从检察建议调查核实之时起，引导被建议单位即知即改，浦东新区人民检察院联合某市人民检察院通过线上线下相结合的方式，时刻关注检察建议动向，督促社会治理检察建议落地生根。

【效果和意义】

该份检察建议体现了向涉案单位制发社会治理检察建议，以及异地协同开展社会治理等经验做法。浦东新区身处国际金融中心，是防范金融风险的最前线；某市系著名的华侨之乡，侨胞创业海外、贡献故里，是连接中国与世界的重要桥梁。浦东新区人民检察院以“一起案件的办理，一份检察建议的制发”，串起两地检察机关对侨胞换汇问题的关注，携手侨务主管部门加强对侨胞利益的维护。一是把社会治理检察建议“做成刚性”。浦东新区人民检察院针对个案中发现的问题，敏锐地识别其系统性与普遍性，确立社会治理检察建议制发的必要性；以一体两面的思维注意到侨胞这一特殊群体的外汇需求与现状，并依托丰富的核查调研措施，确立检察机关作为的可行性；检察建议详细的释法说理，使得相关建议事实清楚、论据详实，措施可行，获得行政部门的积极回复与落实。二是发挥检察一体化优势，依托长三角检察一体化协作机制，把社会治理检察建议“做到刚性”。联合当地人民检察院进行评估、调研，并充分发挥其属地监管的优势，为异地检察建议的落实“多加一道锁”“多把一层关”。在程序规范上，浦东新区人民检察院严格落实检察协作、检察建议等工作要求，提前沟通加书面征询，确保异地检察建议制发的规范性与严肃性。三是依托个案办理建立两家人民检察院长效联系机制。探索合作优化路径，以“二家单位、一份建议、一次送达”的方式最大限度调动异地协作的积极性，以促成双方共赢。

（三）上海市闵行区人民检察院就网络平台治理问题向北京某科技有限公司制发检察建议

【基本情况】

上海市闵行区人民检察院在办理一起提供侵入计算机信息系统程序案中查明，2021 年 1 月至 2022 年 7 月间，被告人通过网络下载、自行破解及向他人购买的方式，先后获取北京某科技有限公司旗下某短视频平台多个加密算法，在明知该算法可用于侵入他人计算机信息系统、非法获取计算机信息系统数据的情况下，调试成功后向他人出售，违法所得分别为 17.87 万元、1.6 万元。闵行区人民检察院通过审查证据，查明了被告人长期公开出售、持续更新破解该平台加密算法，购买者用该算法侵入平台进行数据抓取、批量点赞的事实，同时发现北京某科技有限公司在数据安全防护意识、数据安全防护管理、平台算法应用技术等方面存在管理漏洞，对用户隐私及平台安全均产生重大隐患，有必要制发检察建议。

【制发过程】

案件线索发现：闵行区人民检察院在办理一起非法侵入计算机信息系统程序案中发现，作为被害单位，北京某科技有限公司平台算法被破解、平台数据被抓取，同时也发现该公司在管理中存在的风险缺失、技术滞后等问题。

立案调查核实：案件办理过程中，闵行区人民检察院向公安机关调取被告人 QQ 聊天记录，明确被告人销售算法后主要用于数据抓取、批量点赞等不法操作；咨询司法鉴定机构核实加密算法的具体功用，即伪造虚假用户，绕过该短视频平台官方验证批量抓取平台数据；联系北京某科技有限公司了解企业在封控管理、数据防护、技术更新的具体情况。闵行区人民检察院查实该公司存在数据安全防护意识薄弱，对数据安全的重要性、敏感性缺乏重视；数据安全防护管理缺位，现有防护措施无法满足安全防护实际需求；平台算法应用技术落后，公司算法技术亟待更新等问题，形成调查终结报告。

提出监督意见：闵行区人民检察院根据相关法律规定向北京某科技有限公司提出检察建议书，建议该公司：一是加强宣传教育，提升数据安全意识，形成“采集有责、传输担责、存储尽责”的安全保护意识；二是完善风控管理，强化数据风险监管，提升风险预警敏感度；三是强化技术支持，筑牢数据安全屏障，加快平台涉密算法更新迭代频率；四是积极沟通协商，发挥共治共管合力，建立案件线索移送反馈工作机制，守护公民网络信息安全。

异地征求意见：针对制发对象为全国知名企业，闵行区人民检察院严格按照《检察建议工作规定》等文件要求，在向北京某科技有限公司制发检察建议前，先层报上海市人民检察院同意后，再向其所在地北京市海淀区人民检察院征求意见，并获得同意。

申请转送并宣告送达：因被建议单位属于全国知名公司，闵行区人民检察院根据《检察建议工作规定》层报上海市人民检察院批准同意后，进行转送。为实现良好的治理效果，采用宣告送达方式，邀请市政协常委、区人大代表及媒体代表参与，由闵行区人民检察院检察长宣读检察建议，并就检察建议的相关规定、办案中发现的问题、建议措施及回复时限进行了详细说明。同时，上海市人民检察院派员参与，就被建议单位整改落实等工作提出要求。

【被建议单位回复和采纳情况】

北京某科技有限公司对检察建议高度重视，成立专项团队，针对检察建议的内容作出及时整改并回复：一是完善算法防护，提高安全防御水平。通过更新软件版本修复漏洞，成立黑灰产观测团队，加强平台异常数据监测维度，制定风控策略等方式提升防护能力。二是落实数据管理制度，提升数据安全意识。通过制定数据安全管理规范，开展员工数据安全及隐私保护培训，确定数据密级、明确责任归属等方式保障用户隐私及平台数据安全。三是加强政企联动，发挥共治共管合力。通过日常系统监测，梳理违规情况，联动司法机关落实线索反馈、数据对接等工作机制，有效打击网络违法犯罪活动。

【跟踪督促和落实情况】

在制发检察建议后，闵行区人民检察院进一步加强与被建议企业沟通联络，做好督促落实工作。一是充分沟通，确保建议落实。多次召开座谈，推动企业制定具体可行的整改措施，包括签名校验参数更新迭代、成立黑灰产观测及攻防团队、涉数据审批流程及保密措施等。二是加强普法宣传，提升企业数据安全意识。积极参与企业后续普法宣传和培训活动，为企业提升员工数据安全意识和完善数据管理制度提供帮助。三是推动横向协作，建立联动监管平台。联合闵行区公安分局、闵行区法院、涉案企业成立沟通协作平台，形成政企联动、线上线下结合的高压打击网络犯罪的态势。联合闵行区工商联发布网络平台企业管理工作指引，引导网络平台企业良性发展。四是促进综合治理，构建行刑衔接机制。完善网络平台综合治理，依托检察办案实践，全面摸排本区互联网平台情况，建立平台数据库，打通行政监管、刑事司法衔接渠道，通过协作共管、双向保护的方式守护网络平台企业健康有序发展，营造自由、公平、诚信、有序的网络营商环境。

【效果和意义】

该份检察建议的制发程序综合了多项特殊要求，体现了基层人民检察院向异地全国知名企业制发社会治理检察建议并宣告送达的规范流程：先就是否可以制发及异地征求意见事宜层报省级人民检察院同意后，向被建议单位所在地同级人民检察院书面征求意见；获同意后，向省级人民检察院申请转发；当转送采用宣告送达方式时，可以由基层人民检察院派员宣读检察建议书，省级人民检察院派员参与并发表意见或者提出要求。网络平台满足了人民对美好生活的需求，但也易于成为黑灰产的滋生地，利用平台、针对平台的犯罪行为给平台企业的管理带来挑战，也考验司法机关的综合治理能力。特别是对于大型网络平台，通过检察建议撬动网络综合治理是一项重要的时代命题。闵行区人民检察院积极发挥检察建议在参与社会治理中的重要作用。一是重视沟通调研，准确梳理企业存在的管理问题，提出具体、可行的建议措施，提升检察建议质量。二是从本案出发拓展治理面，继续挖掘多个网络平台风险防控、数据防护等问题，制发检察建议并获回复，实现“办理一案、治理一片”的社会治理效果。三是发挥案例普法宣传作用，《检察日报》《光明日报》《上海法治报》等多家媒体对案件办理和检察建议进行宣传报道，以案释法、以案促治，提升互联网平台及用户的法律意识，扩大检察建议影响力。该份检察建议的制发，以高质量的检察履职，推动网络平台企业的综合治理，为形成良好网络生态起到了积极助推作用。

第四节　调查核实

一、实务指引

社会治理检察建议作为检察机关推动源头治理的重要方式，第一步就是发现某领域或某地区存在的普遍性、倾向性问题。要精准地发现问题、深入挖掘问题背后的原因，调查核实工作是关键一招。2018 年修改后的《人民检察院组织法》明确，检察机关行使法律监督职权时可以进行调查核实，并据此提出检察建议。[①]《检察建议工作规定》也明确，针

① 《人民检察院组织法》第 21 条：“人民检察院行使本法第二十条规定的法律监督职权，可以进行调查核实，并依法提出抗诉、纠正意见、检察建议……”

对符合提出检察建议的情形，经检察长决定开展调查核实。[①] 2021 年，《中共中央关于加强新时代检察机关法律监督工作的意见》重申检察机关要加强对监督事项的调查核实工作，精准开展法律监督。可以说，调查核实已成为新时代检察机关履行法律监督职能的重要手段和方法。深入调查核实有利于保证检察建议相关事项清楚、准确，有利于发现苗头性、倾向性问题，有效增强社会治理检察建议的准确性、执行性和信服力，避免对不该建议的事项，没有职责的企业、单位（部门）或组织提出检察建议，也有利于减少被建议单位的异议，做到建议精准、监督有力，切实提升检察建议“刚性”。

（一）调查核实的原则

调查核实是检察机关行使法律监督职权的重要方式，也是检察建议制发的基础，应当秉持依法、客观、全面的原则。这既是检察建议严格依法、准确及时、必要审慎、注重质效原则的必然要求，也是承办检察人员履行职责、秉持客观公正立场的义务。一是调查核实要依法依规。这符合检察建议“严格依法”原则的要求，主要体现为调查核实的程序、方式方法合法，承办人不得违反规定程序开展调查核实，不得采取法律法规及《检察建议工作规定》等规范性文件明确禁止的方式进行调查核实。二是调查核实要客观准确。检察机关作为法律监督机关，以保障法律的统一正确实施为目标。在调查核实中必须站在法律监督者的立场，而非当事人的立场，客观行使调查核实权，准确找出问题症结。三是调查核实要全面深入。“全面”是包括了问题全、原因全、职责全、法规全。应当针对案件反映出的问题以及背后的原因进行多维度、全方位地挖掘，对被建议单位的职责和相关法律法规进行全面地梳理。“深入”是指调查核实不能浅尝辄止、浮于表面、停在浅层，而应当找到深

---

① 《检察建议工作规定》第 13 条：“检察官在履行职责中发现有应当依照本规定提出检察建议情形的，应当报经检察长决定，对相关事项进行调查核实，做到事实清楚、准确。”

层次、本质性、根源性的原因，找对症结才能精准施策。

（二）调查核实的主要内容

调查核实是否扎实过硬是决定检察建议是否能精准有效的基础。调查核实应做到事实清楚、准确，其内容主要有四方面：

1. 存在的问题。针对办案中发现的线索，通过调查核实进行深挖细研，查找出涉案单位存在的犯罪隐患，一定时期某类违法犯罪案件多发、频发情况，管理监督漏洞等。要尽可能地多收集相关数据、案事例等，精准描绘出问题“画像”。对于相关单位或者部门不依法及时履职，导致个人或者组织合法权益受到损害或者存在损害危险，需要及时整改消除而提出社会治理检察建议的，则应当查明个人或组织合法权益受到损害或存在损害危险的事实，相关单位或者部门违法履职、拖延履职或者不作为的事实以及两者之间关联性。这种关联性，不一定是直接的因果关系，也可以是一种倾向性和可能性，即查明受损权益属于相关单位或者部门的监管范围，如果其依法及时履职，就可以有效阻止损害的发生或者消除损害危险。对于提出行政处罚、政务处分、行业惩戒或追究司法责任的社会治理检察建议，则应当查明违法违规的行为人和具体行为。

2. 产生问题的原因。为避免“头痛医头、脚痛医脚”，检察建议中不能仅涉及浮于表面的现象和问题，还需要找到并找准问题背后深层次、根源性的原因。如某一类问题多发高发，是否存在监管漏洞，是否需要督促相关单位（部门）、组织加强和改进监管工作，完善相关机制。在调查核实中，可以通过与被建议单位进行沟通交流等方式，充分了解被建议单位的管理流程、规章制度，挖掘导致问题产生的根本原因，确保提出的建议有的放矢。如果调查核实不深入，仅将表面原因作为问题予以反映，不仅难以让被建议单位认可，而且社会治理也会失去焦点。

3. 被建议单位（部门）、组织的职责和权限。要通过调查核实确定被建议单位在监督、管理等方面的法定职责，重点关注被建议单位是否具有监管主体资格、法定监管职权的具体内容和界限、是否具有责任追究或惩处的权利等。根据职权法定原则，认定监管职责的依据应为法律法规、规章。对行政机关，也可以将行政机关的“三定”方案、权力清单、责任清单作为确定职责的重要参考。因为这些文件依据法律法规和规章编制，且根据地方机构设置将法定的职责赋予具体行政机关，有助于确定行政机关的具体监管职责。当法律法规和规章未明确行政机关监管职责时，可以依据“三定”方案、权力清单、责任清单对行政机关进行监督，督促其履行职责或完善监管。此外，还可以参照地区和行业的相关规范性文件确定职责。若法定监管职责未查明，则会导致文书发送对象错误、建议内容超出被建议单位职责范围，为被建议单位增加不应有的额外义务。如某人民检察院在未弄清交通管理局与公路管理局职责范围的情况下，建议公路管理局执行属于交通管理局的职责工作，被建议单位提出异议，检察建议的权威性受到损害。①

4. 相关法律法规等。法律监督应当依法进行，检察建议的提出应当于法有据。因此，调查核实中首先要对涉及的法律法规、规章进行查询、研究。法规包括国务院各部委制定的行政法规和地方权力机关制定的地方性法规，规章包括国务院各部委和地方政府制定的规章，地方性法规和规章仅在该行政区域内适用。此外，为使建议提得更加具有针对性，符合该地区或者该行业的发展需求和规范要求，也应当对地区或者行业内的规范性文件、行业准则规范等进行查阅、研究。

比如，上海市虹口区人民检察院针对一起癫痫病人违规上路引发重大交通事故案件开展调查核实，仅仅是建议交管部门加强对隐瞒癫痫病史取得驾驶资质情形的监管这个层面尚不足够，还要分析导致问题产生的原因及反映的管理漏洞。检察机关在深入分析案件原因的基础上，发现症结主要集中在三个方面：第一，问题发现难。在驾驶证申领的体检环节，针对视力、听力、四肢能力等项目会进行实质性的基础检查，而是否患有癫痫等精神类疾病仅由驾驶员自行申告，而这类疾病往往具有隐蔽性、偶发性和突发性，未发病时即使通过医学检查也难以查明，体检环节存在流于形式，交管部门难以发现问题。第二，信息共享难。在

① 罗晓欣：《社会治理检察建议研究》，兰州大学2021年硕士学位论文，第36页。

对持证人的审核中，由于医疗信息和驾驶证管理分属不同部门，而医疗信息属于个人隐私需严格保密，交管部门也难以获取持证人就诊信息进行审核监管。第三，法规执行难。根据《机动车驾驶证申领和使用规定》等法律规定，癫痫等八类妨碍安全驾驶的疾病是不得申领驾驶证的，但是该八类疾病在医学上细分种类较多，轻症重症差异明显，对于所有病人一律注销驾驶证可能会引发较大的社会舆情和矛盾。通过做实调查核实，才能由表及里，发现癫痫病人违规申领驾驶证背后特殊人员健康信息共享机制不畅通，当事人个人隐私与社会公共利益冲突等问题，从而有的放矢，提出有针对性高质量的检察建议。

（三）调查核实的方式

调查核实需要立足检察职能，积极拓宽工作视野，综合运用多种方式发现问题、挖掘原因。检察建议的调查核实方式与检察监督办案中调查核实方式基本相同，《检察建议工作规定》第 14 条从正反两个方面规定了调查核实的方式。

1. 可以采取的调查核实措施

根据《检察建议工作规定》，承办人可以采取的调查核实措施共七类：

（1）查询、调取、复制相关证据材料。查询、调取、复制证据材料作为调查核实的重要方式，在《人民检察院民事诉讼监督规则》《人民检察院行政诉讼监督规则》中均予以规定。在查询、调取、复制时，操作方式与民事检察、行政检察中行使方式一致。可以向行政机关、司法机关查询、调取、复制有关卷宗、文件、文书材料、视听资料、电子数据等材料，或者向有关单位和个人调取与查明情况有关的物品、文件材料等。

（2）向当事人、有关知情人员或者其他相关人员了解情况。调查核实并非检察机关的侦查权，且涉及的问题并非重大违法犯罪，因此，只能向有关人员了解情况，而非询问。了解情况采用的方式更为温和、无强制性，因此所获得的内容应与其他调查核实方式了解的情况相互佐证，若仅有此方式获得的情况，则不宜作为提出检察建议的依据。

(3) 听取被建议单位意见。这是体现检察建议从“办理”向“办复”转变的一项调查措施。应当与被建议单位做及时、充分的沟通，听取被建议单位对问题的反馈。

(4) 咨询专业人员、相关部门或者行业协会等对专门问题的意见。社会治理问题涉及多领域、多行业、多专业，承办人不可能样样皆通，对于专业性强、技术要求高等问题，可以开展专业咨询。对此，可以进一步阐释如下：第一，对于专门问题的界定。要把握专门问题和专业知识的区别。专门问题涉及的专业知识应当是特定领域或者行业的人员才能知悉或者只在一定范围内的专家掌握的知识，不包括普通知识。专门问题需要通过具有专门知识的人才能解决，且无须进行鉴定。第二，咨询对象的范围。咨询对象既包括个人也包括单位，接受咨询可以是专业人员、具有专门知识的人，也可以是相关的部门、行业协会。第三，咨询方式。咨询方式一般分为口头咨询和书面咨询，《检察建议工作规定》未对此作出明确规定，但根据《人民检察院公益诉讼办案规则》等规范性文件及工作实际，这两种方式都被认可。承办人可以根据案件需要，采取不同的咨询方式，但对于重大事项的咨询采取书面方式为宜。口头咨询的，应当制作笔录，由接受咨询的专业人员签名或者盖章。

(5) 委托鉴定、评估、审计。随着社会生活的日益复杂，通过鉴定、评估、审计对专门问题进行判断，对查明问题和原因具有重要意义。委托鉴定、评估、审计，需要所解决的问题应当是超越检察人员专业能力范围的，采取其他方式不能解决的，或仅咨询专业人士或者相关部门无法解答的，只能通过科学方法才能查明的专门问题。在委托时要注意选择具备资质的机构，否则作出的鉴定、评估、审计意见的效力可能受到影响。承办人应当及时向鉴定、评估、审计人员送交检材、数据和样本等材料，说明有关情况，并提出明确的鉴定、评估、审计目的和具体要求。需要注意的是，对于案件中已经进行鉴定、评估、审计的问题，一般无需再次委托，而应重点审查得出原结论的标准、依据、方法、程序及人员资质。

（6）现场走访、查验。现场走访是深入了解问题、挖掘问题根源的重要且有效的方法。许多问题单从案卷材料或者口头沟通是无法查明的，需要到实地去，通过亲历地走访、查验，对已掌握的事实和情况进行验证，对存疑问题进行探索挖掘。

（7）查明事实所需要采取的其他措施。此为兜底性规定，表明对检察建议中调查核实的方式持开放态度，在依法依规的情形下，可以采用多种方式查明事实，比如还可以通过查阅文献、大数据分析、公开听证等方式进行调查核实。

2. 禁止使用的调查核实措施

根据《检察建议工作规定》，调查核实中不得采用的方式主要有两种：

（1）限制人身自由。根据《立法法》的规定，限制人身自由的强制措施和处罚只能由法律规定，《检察建议工作规定》作为司法解释无权规定限制人身自由的强制性措施。

（2）查封、扣押、冻结财产等强制性措施。在《人民检察院民事诉讼监督规则》《人民检察院行政诉讼监督规则》《人民检察院公益诉讼办案规则》中均对调查核实或调查工作中此类强制性措施作出禁止性规定。在法律法规未明确规定检察机关调查核实中可采取何种强制措施的情况下，与三大诉讼规则保持一致较为适宜。

（四）调查核实的启动

社会治理检察建议是在办案过程中发现社会治理工作可能存在问题而提出的检察建议，根据《检察建议工作规定》，检察建议调查核实工作的启动有两项要求，第一，基于办案发现有应当提出检察建议情形。社会治理检察建议的来源是办理的案件，因此，不可脱离办案、对日常履职中发现的问题开展调查核实。对此，本章第一节“制发原则”中“必要审慎”原则部分已详细论述，此处不再赘述。第二，应当报经检察长决定。此处的“检察长”实践中可以为业务条线的分管副检察长。《人民检察院组织法》第36条规定，“人民检察院检察长领导本院检察工作，管理本院行政事务。人民检察院副检察长协助检察长工作”。最高人民检察院《关于完善人民检察院司法责任制的若干意见》第16条规定，“检察长统一领导人民检察院的工作，依照法律和有关规定履行以下职责：……（三）决定是否提出抗诉、检察建议、纠正违法意见或提请抗诉，决定终结审查、不支持监督申请；……副检察长、检察委员会专职委员受检察长委托，可以履行前款规定的相关职责”。根据以上规定及检察一体原则，作为检察长的助手，副检察长可以经过检察长授权委托，行使提出检察建议及启动调查核实的决定权力，并承担相应的责任。

（五）调查核实的时限

《检察建议工作规定》第15条第1款明确“检察官一般应当在检察长作出决定后两个月以内完成检察建议事项的调查核实。情况紧急的，应当及时办结”。由此可知，调查核实最长时限为检察长作出决定后的两个月内。如遇紧急情况，则不可一味用足时限，而应及时办结。

（六）调查核实的结论

通过调查核实，可以查明相关单位部门的问题和职责，对是否提出检察建议具有重要意义。调查核实结束后，承办人应当及时制作《调查终结报告》，并根据查明的事实作出相应的处理：如果认为存在违法事实、监管漏洞等，需要提出检察建议的，则应当起草检察建议书，并由检察长或者经检察委员会讨论决定是否提出检察建议。如果查明相关单位不存在需要纠正或者整改的违法事实或者重大隐患，或者相关问题已经得到解决和整改的，则可以决定不提出检察建议，并将《调查终结报告》连同相关材料卷宗存档。如果发现相关问题根据管辖或者层级对应原则，应当由上级、下级或者同级其他人民检察院制发检察建议，则应当制作《移送函》，报经分管院领导决定后，将《移送函》与相关材料一并移送上级人民检察院或者同级其他人民检察院，或者指令下级人民检察院制发检察建议。

《调查终结报告》主要分为五个部分，一是事项来源，应写明监督线索来源。二是调查核实过程，应写明调查的方式方法、具体工作及时间，调取材料的内容。三是调查认定的事实及依据，要写明具体问题及其原因，阐述认定被建议单位是否存在违法行为或者重大隐患，并列明所收集的佐证材料。四是处理意见，承办人应当明确提出是否需要制发检察建议及其他相关措施的意见。需要发出检察建议书的，简要写明纠正违法、治理防范的具体意见；不需要发出检察建议书的，也应说明理由。五是其他需要说明的问题。与该检察建议有关的、需要向检察长报告的其他事项或情况。如上级部门、领导交办、转办、关注等情况；涉及需要移交其他机关、部门办理的相关线索；是否存在信访隐患，是否容易引起网络舆情关注或炒作等。

二、典型案例

（一）上海市人民检察院就涉助贷业务金融监管问题向某金融监督管理部门制发检察建议

【基本情况】

大力发展普惠金融是满足人民群众日益增长的美好生活需要的必然要求。党的十九届五中全会及“十四五”规划纲要提出全面增强金融普惠性的国家战略。党的二十大报告提出“要加强和完善现代金融监管，强化金融稳定保障体系，依法将各类金融活动全部纳入监管”。近年来，随着网络借贷风险专项整治有力推进，P2P 网贷机构清零，部分网贷平台向助贷业务转型，助贷业务进入爆发期，虽有效增强了金融普惠性，但也给金融监管带来挑战。上海市人民检察院对 2019 年以来全市检察机关办理的涉助贷业务案件进行专项调研，发现涉助贷业务违法犯罪案件增幅明显，该类案件中普遍存在虚构交易内容、资金用途、伪造资信证明、保险赔付等欺诈行为，直接侵犯金融机构合法权益，破坏金融管理秩序和市场形象，威胁金融安全及社会稳定，有必要向监管部门制发检察建议，进一步规范助贷业务，提高金融机构监管水平，推动信贷业务健康发展。

【制发过程】

上海市人民检察院于2022年8月立案调查。为保证检察建议的针对性、必要性和可操作性，开展了三方面特色工作：

首先，合力推进，寻求共赢。依托上海金融检察联席会议机制与上海市某金融监督管理部门对此问题进行专门沟通，在了解到监管部门也关注到助贷机构和助贷业务存在一定问题需要治理，与检察机关通过办案实现源头治理的目标一致后，提出双方合作治理助贷业务的建议，受到该部门的欢迎。双方均将该项工作作为重点项目，在项目推进过程中保持充分沟通。

其次，充分调研，切中要害。一是专项分析提炼问题。对2019年以来全市检察机关办理的涉信贷业务违法犯罪案件进行逐案调查核实，并细分经营贷、汽车贷、消费贷、信用贷等不同领域，分析研究特征、总结提炼问题。二是问卷调研实地走访。依托与某金融监督管理部门的合作，对全市55家银行业金融机构进行问卷调研，通过集中座谈形式走访上海市银行同业公会以及全市主要银行金融机构，并重点访谈3家银行，深入了解实际情况。三是专家论证听取意见。为提升检察建议的专业性和可操作性，召开两场论证会，分别听取了全国、上海市人大代表以及上海金融法制研究会、上海社会科学院经济研究所专家的意见和建议。

最后，主动沟通，形成共识。在制发检察建议过程中，先后三次走访及回访上海市某金融监督管理部门，双方就检察建议中的监督事项进行充分沟通，发现现阶段涉助贷业务在业务开展、金融机构风控、金融监管和综合治理效能等方面均存在一定不足，有必要进一步规范助贷业务，提高金融机构规范管理水平，从而推动信贷业务的健康发展。鉴于此，上海市人民检察院经检察委员会讨论决定于2022年12月15日向某金融监督管理部门宣告送达检察建议书，从完善金融监管规范与体系、压实银行金融机构主体责任、多方协同对非法助贷业务持续从严打击、指导银行同业公会加强助贷业务行业自律监管等方面提出具体建议。

【被建议单位回复和采纳情况】

某金融监督管理部门对检察建议高度重视，多次召开专题会议逐条研究检察机关的建议，第一时间决定组织开展清理规范辖内金融中介专项行动，制定《专项行动方案》，并邀请上海市人民检察院参与；向辖内银行业机构下发《关于银行业金融机构与中介合作获客风险提示的通知》，及时提示相关案件风险，并强化对机构数据和网络安全的监管检查；指导银行业金融机构加大对不法中介活动的监测和预警，加强不法中介活动线索的串并、研判，及时移送案件线索，并探索建立健全联动执法司法机制；指导上海市银行同业公会制定《上海银行业与中介机构合作自律规范》，更好发挥行业自律作用；将有关工作举措向国家金融监督管理部门汇报，获得会里批示肯定。2023 年 2 月 14 日，某金融监督管理部门党委委员、分管副局长一行专程到访，上海市人民检察院党组成员、分管院领导当面接受了检察建议回函，并就下一步持续深化落实检察建议进行了会商。

【跟踪督促和落实情况】

上海市人民检察院从三个方面积极开展跟踪落实工作：一是共同开展专项行动，合力治理金融中介。双方经会商，形成专项合作计划，得到国家金融监督管理部门充分肯定，并于 2023 年 3 月 15 日开始在全国部署不法贷款中介专项治理行动。目前通过检察机关提前介入、共同研判，某金融监督管理部门已将部分线索移送公安机关立案侦查，抓获到案 20 余人。二是联合发布专业白皮书，引导行业合法经营。与某金融监督管理部门联合发布银行保险领域行政执法与刑事司法白皮书和典型案例，推动信贷资金服务实体经济，持续优化本市营商环境。三是建立协作长效机制，维护金融市场安全。为进一步建立健全银行保险领域违法犯罪活动的执法司法体制和协调配合机制，有效保护金融市场安全，双方签订协作意见，建立联席会议机制、线索双向移送机制、办案协作支持机制等工作机制，并确定通过联合开展专项行动、联合调研、联合普法宣传等，共同深入推进银行保险领域源头治理。

【效果和意义】

该份检察建议在制发前沟通协调、接收回复、督促落实等环节均具有示范意义。其中，制发前围绕发现的问题，反复、充分与被建议单位沟通，获得被建议单位对整改工作的认同；在接收回复时，是上海市第一起被建议单位主动上门进行回复，共同研商整改落实工作；在督促落实环节，通过双方联合专项行动、会签协作意见、发布白皮书等方式，推动金融领域长效治理。近年来，涉助贷业务违法犯罪案件呈多发之势，给金融机构造成巨大经济损失。此类案件覆盖面广、涉及产品类型多，直接侵犯银行金融机构的合法权益，破坏正常的金融管理秩序和市场形象，威胁金融安全和社会稳定。检察机关通过制发检察建议督促监管部门解决上述问题，既是落实党的二十大报告“要加强和完善现代金融监管，强化金融稳定保障体系，依法将各类金融活动全部纳入监管”要求的检察作为，也是持续深化落实最高人民检察院“三号检察建议”，以防范化解金融风险的实际行动，有助于及时回应社会关切，敦促行业规范自律，促进优化助贷业务监管模式，提高金融机构规范管理水平，推动信贷业务健康发展。上海检察机关通过深化与金融监管部门的深度协作，创新助贷业务监管模式与机制，最大程度降低中小微企业综合融资成本，挤压不法金融中介生存空间，助推普惠金融切实服务实体经济，对推动上海国际金融中心建设与持续优化营商环境，具有非常重要且积极的意义。

（二）上海铁路运输检察院就某电商平台对商户及所售食品药品未履行管理责任问题向上海某信息技术有限公司制发检察建议

【基本情况】

2022 年起，上海铁路运输检察院发现被告人利用网络平台销售假药、有毒有害食品案件频发，随后立即启动“网络平台食品药品专项治理”项目。经过类案梳理发现，部分被告人通过上海某信息技术有限公司（以下简称某公司）旗下某电商平台销售各类不安全食品药品。某公司作为国内特大型网络购物平台的经营者，食品药品经营商户云集，对平台商户和经营行为有法定的管理职责，但其在平台商户资质审查、商户经营行为管理、违规店铺及人员处置等方面存在管理疏漏，导致部分经营者利用平台对外销售不安全食品药品，侵害消费者合法权益，危及人民群众身体健康安全。为有效打击、预防网络食品药品犯罪，维护网络经营秩序，推动电商行业源头治理，从源头守护人民“舌尖”及用药安全，上海铁路运输检察院向某公司制发检察建议。

【制发过程】

上海铁路运输检察院启动立案调查后，开展了一系列调查核实工作，并形成专项调研报告为检察建议制发奠定基础。一是分析类案共性。摸排近三年来上海铁路运输检察院集中管辖的涉某平台食药案件情况，发现有20多名被告人开设30余家商户销售各类不安全食品药品，通过梳理涉案店铺经营模式、食品药品种类、涉案罪名、经营者信息及资质情况，实时检索平台相关商户、商品，分析总结该类案件频发暴露出的网络平台管理漏洞，明确症结所在。二是明确平台监管义务。梳理网络交易管理规范，明确电商平台法定义务及相应管理职责，如对身份、资质核实、对网络交易行为及信息监控、对违法犯罪行为及时制止报告、对消费者正确引导等，明确制发依据。三是实地调研沟通。走访某公司，调取公司相关信息材料，通报近年涉某平台类案梳理情况，与相关负责人座谈，并通过后续多次沟通，持续了解该公司网络监管机制、经营者资质审核规定、重点人员及敏感字眼防控识别模型运行情况及网络食品药品销售日常监管情况，明确建议方向。

上海铁路运输检察院在与某公司深入沟通、听取意见的基础上，考虑某公司属于全国知名大型企业，依托检察一体化机制，特形成专项调研报告及检察建议初稿呈报上海市人民检察院同意后，经市人民检察院同意于2022年12月13日向某公司制发并送达检察建议书，从完善经营主体身份资质审核、公示制度，重点防控食药犯罪前科人员；提升经营行为管理力度，强化食品药品安全日常管理；建立交易风险警示制度，创新多元宣传方式，引导健康科学消费观三个方面提出建议。

【被建议单位回复和采纳情况】

某公司对检察建议高度重视，组建专项团队多次召开专题会议对相关问题进行分析、研讨，按期书面回复，针对检察建议内容作出整改：一是持续提高技术手段，开发和优化涉食品药品类的人工智能识别模型，不断提升违法违规行为的识别能力，在上架审核环节及时拦截相关不安全食品药品；二是持续提升人工审核力度，不断提高人工审核的效率，并根据数据模型推送的有害样本线索，做好前端搜索推荐、内容详情的筛查巡检工作；三是构建多样化协作，通过司法机关通报等方式，提升店铺及经营主体的涉罪信息收集水平，将食药犯罪前科人员纳入重点监控范围，提升商户的风险级别和巡检频率，并对涉案店铺动态管理及时处置，净化网络营商环境，保障食品药品安全。

【跟踪督促和落实情况】

上海铁路运输检察院在制发检察建议后积极动态跟踪落实情况，一是实地走访、开展座谈，深入了解落实难点堵点。通过多次实地走访某公司，了解建议的落实情况及电商平台食品药品综合治理中的难点、痛点，围绕如何联合打击涉网食药品犯罪、构建检企协作、维护网络经营秩序进行专项研讨，并协商构建定期联络、双向咨询、联合法制宣传等协作制度，维护消费者的合法权益，共同守护网络食品药品安全。二是积极移送线索，推动平台及时查处违规店铺。某公司已根据检察建议落实整改，根据涉案产品风险点建立人工智能防控模型，第一时间阻断可疑产品。加大日常动态巡查、抽检力度，结合抽检和消费者评价反馈机制，及时排查下架不安全食品药品。同时，依据上海铁路运输检察院移送的店铺、人员信息及时处置违规店铺，更新 OCR 屏蔽词库，将涉食药案件违法人员纳入特别监控范围，加大重点食药品的监管力度。三是动态跟踪，推动形成治理长效。上海铁路运输检察院指派专门检察官与某公司对接，及时动态跟踪某公司落实进度和情况，密切保持联系，随时就相关专业问题进行线上、线下沟通，督促企业整改建制落到实处，使检察建议在社会治理过程中取得实效。截至 2023 年 3 月 15 日，某公司共计关停涉案店铺 35 家，对 21 个涉食药案件违法人员按照严重违法失信人员进行从严管控。

【效果和意义】

该份检察建议在调查核实、制发程序、督促落实等环节均具有示范意义，其中调查核实围绕类案情况、被建议单位职责义务及实际工作情况，深入挖掘问题背后的管理漏洞，提出精准建议；制发程序涉及层级对应问题，通过请示和转发，规范制发流程；督促落实具有针对性、主动性，不仅“治标”，查处违规店铺，更“治本”，推动双方建立机制、完善监管。问题食品药品安全关系人民群众切身利益，关乎社会和谐稳定。习近平总书记指出“要加强平台各市场主体权益保护，督促平台企业承担商品质量、食品安全保障等责任”。近年来，涉网食药品犯罪成为新趋势，部分经营者利用电商平台监管漏洞和网络的隐蔽性、便利性，销售不安全食品药品，破坏网络营商环境，危害人民群众身体健康。上海铁路运输检察院坚持以人民为中心，治罪治理并重，依托对食品药品安全刑事案件集中管辖的优势，以个案办理为基础，针对类案反映出的普遍性、共性问题，开展某平台食品药品安全专项治理，提出专业化“靶向治疗”建议，强化落实电商平台主体监管责任，推动构建事前审查、事中监控、事后处置监管闭环，有效预防犯罪风险，提升网络平台食品药品安全水平，达到“制发一件、治理一片”的综合效果，为网络营商环境和人民群众身体健康、生命安全提供有力检察保障。

第五节　文书制作

一、实务指引

社会治理检察建议往往涉及某一行业或者专业领域，其推动源头治理的作用要求社会治理检察建议需找准“病灶”，“对症”开出“良方”。《检察建议工作规定》第 16 条第 1 款对检察建议书作出概括性规定，“检察建议书要阐明相关的事实和依据，提出的建议应当符合法律法规及其他有关规定，明确具体、说理充分、论证严谨、语言简洁、有操作性”。优秀的社会治理检察建议应当文书规范、论证严密、详略得当、语言简洁、注重实效；指出的问题应当事实清楚、客观精准，适用法律恰当准确；提出的建议应当内容明确、要求具体、说理充分、于法有据、操作性强。

（一）主题

一份优秀的检察建议文书，首先需要具备好的主题。主题可以从以下几方面把握：

第一，服务经济社会发展大局。要主动围绕党和国家工作大局与经济社会发展需要，聚焦中国式现代化建设的重要领域，针对执法司法、行政监管、行业治理中具有区域性、普遍性、倾向性的深层次问题，通过社会治理检察建议努力消除隐患、防控风险，全力维护国家安全和经济社会稳定，展现检察机关在服务保障完善中国特色社会主义制度、推动经济社会高质量发展、推进国家治理体系和治理能力现代化中的担当作为。

第二，聚焦民情民生民利。社会治理检察建议要把积极回应人民群众的现实关切放在首位，针对性提出一系列改进工作、加强监管、完善治理的对策建议。比如围绕互联网个人信息保护、未成年人保护、食品安全、基层治理、安全生产等领域中人民群众反映强烈的突出问题、共性问题，通过检察履职促进保障和改善民生，展现司法温度。

第三，契合检察工作重大任务部署和中心任务。最高人民检察院制发的检察建议或者部署的重大任务、专项行动等，往往围绕经济社会发展大局、涉及检察工作重点，是一段时期内的重点工作。各地检察机关可以应势而动，在落实过程中有意识地关注社会治理监督线索。比如在最高人民检察院建议的贯彻落实中，或者落实“检察护企”“检护民生”等专项行动中，针对发现的可能涉及社会治理的问题，可以开展类案梳理或者问题普遍性调查，切实将检察工作重大部署和中心任务在本地做实做优。

第四，对新兴行业产业予以关注。在办理案件中要敏于发现社会治理的新情况、新问题，特别对新兴行业产业予以重点关注。比如上海市检察机关针对密室剧本杀、直播平台、助贷业务、人工智能等领域的监管问题，向相关单位和监管部门制发检察建议，推动新兴行业的规范、健康、长远发展。

（二）文书内容

社会治理检察建议书需要说清楚问题，论证好职责，明确法律规定，提出合理合法、科学有效、具有可操作性的建议。按照《检察建议工作规定》第 16 条第 2 款、《检察建议工作解答》以及实践需要，社会治理检察建议书分为以下部分：

1. 文书题目。题目应为“××人民检察院检察建议书”，应写明人民检察院的全称，如“上海市人民检察院检察建议书”“上海市人民检察院第一分院检察建议书”“上海市黄浦区人民检察院检察建议书”。

2. 文书文号。社会治理检察建议的文书文号为“×检建〔20××〕×号”，与类案纠违检察建议书、其他类检察建议书是同一个文号，在检察业务系统中自动连续编号。因此，单从文号无法区分纠正违法检察建议和社会治理检察建议，应通过所涉问题是否为堵漏建制、完善治理予以区分。

3. 被建议对象。一份社会治理检察建议只能有一个被建议对象，在文书抬头位置写明被建议对象的规范化全称。对于被建议单位的确定，首先应当严格遵循层级对应原则，其次应当根据发现的问题、确定的单位职责、整改落实可能性等确定适当的被建议对象。[①] 当问题涉及多个监管部门或者多个涉案单位时，则应以每个被建议单位为对象，单独制发文书，独立生成文号，并结合各个单位的问题和职责，撰写“个性化”的检察建议文书；或者确定一个牵头单位，其他单位作为抄送单位。若仅为与问题关涉或者后期推动整改的单位，则不宜作为被建议对

① 米蓓：《优秀检察建议制发与落实的实践启示》，载《中国检察官》2023 年第 21 期，第 71 页。

象，而应当作为抄送对象，在落款之后注明。此外，对于公司、企业出现的问题，应当区分是个性问题还是具有一定普遍性的问题。对于个性问题，直接向该公司企业制发，问题点出更加直接和明确，整改落实完成度高，治理效果更好；对于共性问题，则应牢牢把握“行政机关履行行政管理职能，是社会治理的主力军，社会治理检察建议更应进一步明确重点，着眼推动行政机关提升监管治理水平”的要求，着重向行业主管部门制发，推动行业完善治理。

4. 案件或者问题的来源。说明问题来源，对某个或某类案件的案情进行简要概括。在实践中，检察建议开篇可以“高开”，写明时代背景、行业发展现状等，或是对被建议单位在该领域的工作予以肯定后，再指出在办案中发现的问题。

5. 依法认定的案件事实或者经调查核实的事实及其证据。主要是调查核实的过程、结果和相应的证据。调查核实的过程应写明调查核实进行的时间、方式。支撑结论所用证据、材料、相关信息的来源应当是合法、正当的，因此，必要时应当对证据、材料、相关信息的来源、途径作出说明。

6. 存在的违法情形或者应当消除的隐患。此部分为检察建议的重点内容之一。行文时应注意两点：一是对违法情形或者隐患及其原因进行详细论述，要多角度、深层次，有理有据，充分详实，通过数据、案事例等做支撑为宜。应当秉持全面、客观、公正立场，运用系统思维、针对风险隐患的不同层面、不同环节，分层分类予以论述说明。① 二是需要对被建议单位的法定职责予以论述，说明其具有纠正违法情形、消除隐患、加强管理等的职责。实践中有部分社会治理检察建议文书，特别是涉及金融、科技等专业领域或者数字产业等新兴行业时，存在原因分析不透彻、问题症结找不准，分析的专业性、精准性、说理性、严谨性不足，措施的针对性、科学性、可行性不强，建议偏“空洞化、口号

① 华锰、顾广绪：《抓好“六个节点”提升社会治理检察建议质效》，载《检察日报》2023 年 8 月 29 日，第 3 版。

化”等问题，影响社会治理检察建议发挥实效。比如有的建议停留于纠正表面问题和工作瑕疵，发现和纠正深层次、普遍性、规律性问题不够；有的检察建议描述问题仅用“制度不完善”“管理不到位”等概括性词语，没有明晰存在问题的关键节点和具体细节；有的检察建议对问题的分析不够透彻，理由阐述不充分，未说明建议依据的相关法律法规；有的检察建议照搬其他地方的经验，提出的措施形式单一，没有“因地制宜”进行变通，缺乏可操作性。论证说理是检察建议的灵魂，离开了论证说理，检察建议就难以立足、难以被人接受、难以发挥应有的作用。最高人民检察院制发的第一至十一号检察建议以及历年评选出的全国优秀社会治理检察建议，都是论证说理的典范，是地方检察机关开展检察建议工作的活样板、教科书，应当以此为榜样，精雕细琢每一份社会治理检察建议，既要“就事论事”，更要综合研判，做到问题剖析得精准、分析论证得严谨、释法析理得透彻、文字表达得精练、建议有理有据提得可行。

7. 建议的具体内容及所依据的法律法规和有关文件等的规定。此部分为检察建议的重点内容之二，也是检察建议书的核心。检察监督不能高人一等，但要技高一筹，提出的建议应当具备合法性、针对性、合理性、可操作性。合法性，是指建议应当有法律、法规、规章等作为依据。检察建议的提出，一般是对于法定职责没有为或者做得不够好的单位，检察机关督促其充分履职，而非单纯对被建议单位增加职责或者义务。针对性，是指提出的建议要精准，应当围绕调查核实发现的问题及其根源“对症开方”“有的放矢”，并根据不同的单位“因材施策”，而不能提出笼统、抽象的建议。如某人民检察院针对公安机关在娱乐场所管理、监督等方面问题，提出的检察建议内容为加大检查监督力度、加强配合、加强禁毒宣传等，过于简单、笼统，没有从体制机制上展开分析。又如，针对森林防火问题，某人民检察院向 12 个乡镇制发内容基本相同的检察建议，并作为 12 件检察建议案件办理，未根据制发对象提出有针对性的措施。合理性，即建议应当科学有效，符合行业或单位的客观实际和发展方向。不能机械办案，罔顾被建议的单位的实际困难，或者直接强搬硬套其他建议的内容，提出“强人所难”或整改成本较大的建议。因此，建议应当立足被建议单位的实际情况，让被建议单位感受到检察机关是在帮助完善机制、推动加强治理。可操作性，即建议要明确具体，不可空、不可大、不可无法实施，可以让被建议单位依照建议进行整改和落实。对于系统性、历史性顽瘴痼疾，整改建议要定时定量、有序推进。[①] 如某人民检察院针对村委会擅自改变林地用途，向自然资源和规划管理部门制发检察建议，建议“在日常执法工作中应加大对生态环境和资源保护的执法力度，做到及时发现、及时处理，通过依法履行法定职责，切实保护绿水青山”，仅要求目标效果，缺少可操作性的措施。缺乏合法性、针对性、合理性、可操作性的建议，既难以获得被建议单位的认可和接受，也无法有效落地落实。

所依据的法律法规等应当在文书中予以明确，不仅写明建议所依据的法律法规或规范性文件，还应当写明依据《检察建议工作规定》第 11 条第几款，提出检察建议。在论述中涉及法律法规等可不用全文罗列，只需注明法律法规的条款项，条文具体内容可附于文末。引用的法律法规等应当具体、完整、准确，不可笼统概括为“根据相关部门法律、法律、行业准则”等，更不可引用已经废止或修订的法律法规。

需要注意的是，对调查核实情况、问题及原因、提出的建议等需要在检察建议书正文中充分论述，不可以附件报告的形式替代。

8. 被建议单位提出异议的期限和形式。根据《检察建议工作解答》，“社会治理检察建议应当在检察建议书中提示被建议单位提出异议的期限和形式。……异议期限应当根据检察建议书的内容和被建议单位实际情况予以确定，但不宜过长，一般可给予七至十五天的异议期限”。在实践中，异议形式一般应当为书面。

9. 被建议单位书面回复落实情况的期限。《检察建议工作规定》第 19 条明确，“人民检察院提出检察建议，除另有规定外，应当要求被建议单位自收到检察建议书之日起两个月以内作出相应处理，并书面回复

---

① 华锰、顾广绪：《抓好“六个节点”提升社会治理检察建议质效》，载《检察日报》2023 年 8 月 29 日，第 3 版。

人民检察院。因情况紧急需要被建议单位尽快处理的，可以根据实际情况确定相应的回复期限”。社会治理检察建议的回复期限也应当遵循此规定，期限最长为二个月，并可视情缩短。同时，回复方式应为书面形式，既需被建议单位正式行文，避免了检察建议回复的随意性，提升了严肃性，也是强化检察建议“刚性”的重要手段。

10. 落款。检察建议书是法律文书，应以人民检察院名义制发，文书落款应为人民检察院的规范全称，加盖院章，并注明日期。

11. 回函信息、相关法律条文等其他需要说明的事项。根据实践需要，在检察建议书结尾应当附上回函信息，即承办检察官的姓名、联系方式和回函地址，以便被建议单位在整改落实中可与承办人及时联系沟通和进行回复。若仅要求被建议单位“将相关情况及时以书面形式函告本院”，没有列明回复期限，则为不符合规范性要求。检察建议书中提及的或者与涉及问题、措施直接相关的法律法规或有关文件等规定，可集中列明，附于文末。

12. 抄送。为推动问题整改或引起有关部门重视，或涉及与被建议单位职责相关的其他部门和单位，或者提出的建议需要其他相关部门和单位配合开展工作、推进落实，检察建议书可以抄送相关部门和单位。抄送单位应在落款之后写明。涉及社会影响大、群众关注度高、违法情形具有典型性、所涉问题应当引起有关部门重视的社会治理检察建议书，可以抄送被建议单位同级党委、人大、政府、纪检监察机关或者被建议单位的上一级机关、行政主管部门以及行业自律组织等。比如最高人民检察院关于强化寄递安全监管的七号检察建议，该检察建议通过对近年来检察机关办理的寄递违禁品犯罪情况的分析，对存在的寄递安全监管与行业发展形势不匹配、寄递新业态存在监管盲区、寄递安全监管力度亟待加强、寄递安全制度执行不到位、寄递从业人员安全防范意识和应对能力不足等五个问题，提出了五条具体的建议。该检察建议在向国家邮政局制发的同时，同步抄送了国家禁毒办、国家市场监管总局等有关部门，有效强化对寄递新业态的监管合力。

13. 封皮。最高人民检察院《检察建议文书格式》中对检察建议的封皮也作出详细规定，在宣告送达时，应当以封皮+文书内容的形式送达。

二、典型示例

典型示例请详见第四章第二节“社会治理检察建议优秀文书示例”。

第六节 制发程序

一、实务指引

程序的规范性对提升检察建议文书质量、增强整改落实实效具有重要意义。《检察建议工作规定》对检察建议的办理进行了规定，主要分为发现问题、调查核实、制作检察建议书、送达检察建议、督促落实等步骤，社会治理检察建议办理的基本流程框架也如此。但由于社会治理检察建议是在办理案件中发现涉及社会治理工作相关问题时制发的检察建议，其制发过程之中增加了报送研究室审核等特殊规定以保证检察建议书的准确性、合理性。

（一）调查核实

从办案中发现涉及社会治理的相关问题，并开展深入调查核实，是为检察建议书的制发打下的坚实基础。相关内容在本章第四节“调查核实”中充分论述，在此不再赘述。

（二）文书制作

在调查核实结束后，认为有必要提出检察建议的，承办人应当起草检察建议书。检察建议书起草工作在本章第五节“文书制作”详细展开，在此不再赘述。

（三）报送审核

检察建议均以检察院名义制发，因此是否提出检察建议的决定权在检察长或者检委会。《检察建议工作规定》对此也进行了明确，第 15 条第 2 款规定“检察官调查核实完毕，……认为需要提出检察建议的，应当起草检察建议书，一并报送检察长，由检察长或者检察委员会讨论决定是否提出检察建议”。此处的“检察长”也可以是经授权的分管副检察长。同时，由于社会治理检察建议具有立足办案、延伸职能、参与治理的特殊性，《检察建议工作规定》第 17 条第 1 款要求“检察官依据本规定第十一条的规定起草的检察建议书，报送检察长前，应当送本院负责法律政策研究的部门对检察建议的必要性、合法性、说理性等进行审核”。因此，按照《检察建议工作规定》和检察业务系统 2.0 流程，承办人在起草了社会治理检察建议后，应将调查核实报告和检察建议文书一并依次报送部门负责人，本院负责法律政策研究的部门，经检察长授权的分管院领导或检委会审核。

1. 关于本院法律政策研究部门审核。社会治理检察建议与其他检察建议相比，增加了制发前报送本院法律政策研究部门审核的要求。法律政策研究部门应当对检察建议文书的必要性、合法性、说理性和规范性进行审核，并提出审核意见。审核意见可以分为同意制发且无需修改、同意制发但有修改意见、因缺乏必要性或合法性而不同意制发。审核工作应当由负责检察建议工作的检察官进行并承担审核责任；检察官助理可以协助审核，但不可代替检察官进行审核。当法律政策研究部门审核意见与承办部门意见不同时，由承办部门将法律政策研究部门意见报告分管检察长，由分管院领导作出是否制发或者是否修改的决定。

（1）对必要性的审核。必要性是社会治理检察建议审核的首要问题，是一份社会治理检察建议文书存在的前提和基础，同时也是避免检察建议多发、滥发的保障。审核社会治理检察建议的制发必要性可以从以下几个方面进行：第一，审核以社会治理检察建议方式进行监督是否适当。这是从“需不需要提出检察建议”层面进行的考量。一要审核这份检察建议是否能推动促进治理。如果检察建议所提问题正在实施整改或者已整改完成，则无需制发检察建议。二要审核是否需要通过检察建议的方式推动治理。从比例性原则的角度出发，如果采用口头劝诫等其他方式更为合适、效率更高、效果更好的，则应当采用其他方式。三要审核是否已有相关文书提出整改要求。当已有裁判文书、纠正违法通知书等送达被建议对象并提出整改要求时，则无需另行制发检察建议等。第二，检察建议的权利边界把握是否得当。应牢牢围绕检察机关“法律监督机关”的定位，针对被建议单位影响法治统一和法律正确实施的行为进行监督，而对于被建议的单位的内部管理细节，或者属于其他行政监管部门的监督管理职责范围，不能以“社会治理”之名予以干涉。[①]第三，审核被建议对象是否适当。对于普遍性、倾向性问题，检察建议应向主管部门制发，以求系统解决某行业或某领域的共性问题，而不能一式多份、无差别地向行业个体多点制发。

（2）对合法性的审核。合法性审核有四层含义：一是检察建议是否严格按照规定情形制发。一方面，要审核线索来源是否是在办案中发现；另一方面，要审核是否属于《检察建议工作规定》第 11 条规定的制发社会治理检察建议的六种情形，不可脱离或超出六种情形的制发情况。检察建议中发现的问题应当属于有违法的精神或者法律规定，应当是被建议单位违法或者未依法行使职权，或者存在法定监管职责却疏于监管或者存在监管漏洞的情形。二是被建议对象是否具有法定的监管督促职责。社会治理检察建议的制发对象应当是对涉及问题具有实际管理、实施、指导、监督等具体职权的单位或部门，不应对无监管职责的单位制发检察建议。三是指提出的建议于法有据、切实可行。建议中的举措应当符合法律法规规定和社会主义核心价值观，不能超出被建议单位的职权范围或者提出“强人所难”的要求。四是检察建议制发过程是否依法依规。除了内容的合法性，还要确保检察建议程序的合法性。可以通过检察建议文书、调查核实报告等材料对调查核实采取的措施、检察建议书的研究论证过程等环节进行审核，确保实体和程序都符合法律规定。

（3）对说理性的审核。强化说理性是社会治理检察建议质量之根

① 参见罗晓欣：《社会治理检察建议研究》，兰州大学 2021 年硕士学位论文，第 46 页。

本。检察建议文书说理应逻辑结构严谨、观点科学有据、论证充分有力。检察建议书的说理总体由三部分构成：一是事实部分。应当着重陈述被建议单位在制度、机制、管理等方面存在的问题和隐患。该部分是体现建议是否“有的放矢”的关键，因此，陈述必须客观、真实、准确。二是论证部分。说理可以采取多种形式，既可以以被建议单位已经发生的案件来论证对存在的问题采取相关措施的必要性，也可以以其他单位内发生的案例来说明其存在隐患的危害性。这部分是连接“事实”与“建议”的桥梁，说理是否透彻关系到被建议单位是否可以理解和接受“建议”的内容。这要求承办人必须具备良好的法律功底、充分的调查研究能力、严密的论证能力以及丰富的办案经验。三是建议部分。这是一份检察建议的关键和最终落脚点，主要是立足前面的问题和分析提出预防犯罪、强化管理的整改措施。这里所提出的建议必须与前面的事实部分与论证部分有紧密的联系，使事实、论证、建议能够形成一个完善的说理体系。

(4) 对规范性的审核。这是法律政策研究部门审核的应有之义，要审查文书格式是否规范、要素是否齐备、审查语句是否通顺、表述是否准确、文字是否精炼、法规引用是否准确。

但实践中，大多数法律政策研究部门仅停留在形式规范性审核上，对文书内容必要性、合法性、说理性的审核力度较弱。调研发现，经审核后对检察建议合法性、说理论证充分性提出实质性修改意见的情况并不多，认为无制发必要性、不符合制发要求等而提出不宜制发的更是寥寥无几。因此，法律政策研究部门审核要实质与形式并重，通过审核职能的发挥，把好检察建议的“出口关”。

2. 关于重大社会治理检察建议提请检委会审议。为了提升检察建议质量，加强对类案问题的有效解决，上海市检察机关设立重大社会治理检察建议提请检委会讨论决定制度，在《上海市人民检察院检察委员会工作规则》[①] 和《上海市检察机关社会治理检察建议工作指引》[②] 中均予以明确。对于拟制发的重大社会治理检察建议，应当提交检委会讨论决定。这里的重大社会治理检察建议，指的是针对在某地区、行业、领域具备普遍性的类案问题，或者具有重大社会影响、群众关注度高、办案中突出的问题，而制发的社会治理检察建议。

此外，在制发之前有两项工作需要注意：第一，若向异地有关单位提出检察建议的，应当在制发前征求被建议单位所在地同级人民检察院意见，此为必经环节，相关要求在“制发主体”一节已详细论述，在此不再赘述。第二，在制发前就检察建议文书内容可以征求被建议单位意见。此项工作为“自选”动作，可以根据检察建议工作实际进行。在实践中，为保证检察建议提出的科学性、合理性，增强被建议单位对检察建议的接受程度，在制发前，通常会专门就检察建议文书内容征求被建议单位意见。

（四）文书送达

经检察长或者检委会讨论决定提出检察建议的，承办人应当以人民检察院的名义送达有关单位，《检察建议工作规定》规定的送达方式为书面送达和宣告送达，同时规定了对于向上级有关单位（部门）、组织制发的，则应当由对应级别的人民检察院转送。实践中，上海检察机关对电子送达予以探索。

1. 书面送达。此为《检察建议工作规定》规定的送达方式之一，通过机要或者邮寄方式进行送达，与其他法律文书送达无殊。

2. 宣告送达。此为《检察建议工作规定》规定的送达方式之二，有关单位负责同志共同在场的情况下，检察官向其宣读检察建议文书，并

① 《上海市人民检察院检察委员会工作规则》第9条：“本院办理下列事项，应当提交检察委员会讨论决定：……（八）本院拟制发的重大社会治理检察建议，或者重大类案监督检察建议；……”

② 《上海市检察机关社会治理检察建议工作指引》第16条：“……重大的社会治理检察建议应由检察委员会讨论决定。”

进行示证、释法说理、听取被建议单位意见等工作。《检察建议工作规定》明确了宣告送达的前提和场所，即“应当商被建议单位同意，可以在人民检察院、被建议单位或者其他适宜场所进行”。相较于“文来文往”的书面送达，宣告送达通过面对面的释法说理增强被建议单位对检察建议的理解、认可和配合。宣告送达制度由上海市金山区人民检察院于2013年首创并试点运行，上海市人民检察院于2018年7月出台《上海市检察机关关于开展检察建议公开宣告工作的规定》，在全市正式施行该制度，并建立“三方+三化”宣告送达模式，后被《检察建议工作规定》吸收并确定为必要时可以邀请第三方在场。“三方”是指检察机关，被建议单位，人大代表、政协委员或者特约检察员、人民监督员等第三方人员全程参加；“三化”是指宣告送达场所化、仪式化、公开化。“三方+三化”模式的宣告送达进一步增强了检察建议实效、增强了法律监督权威、提升了监督效果，同时加强了法制宣传。宣告送达一般以公开宣告为原则，以不公开宣告为例外，对涉及国家秘密、商业秘密和个人隐私等情况的检察建议，可以不公开宣告。宣告送达主体一般为检察建议的承办检察官，重大社会治理检察建议可以为检察长或检委会专职委员。宣告送达的场所可以是检察机关的检察建议宣告室等司法办案场所，也可以是被建议单位，或者双方商定的其他适宜场所，如双方商定的工业园区、街道办事处、学校等。实践中，为体现宣告送达的庄严度和权威性，多在检察机关宣告送达室或听证室进行。宣告送达的程序主要包括：宣布会场纪律；宣布参加人员身份；宣读检察建议，并进行示证、说理；送达检察建议，经被建议单位代表核对后签字确认；听取被建议单位代表意见；听取其他参会人员意见；制作宣告送达笔录，经被建议单位代表和其他参会人员核对后签字确认；宣布结束。检察机关应当对宣告送达活动全程记录并统一归档备查。

对于由基层人民检察院制发但需由省级人民检察院转送的检察建议，因被建议单位多是全国或者省内知名的公司企业或者团体组织，实践中常常会采用宣告送达的方式，以增强双方沟通、强化释法说理，加强接受度和公信力，提升治理实效。在这种情况下，为实现最佳效果，可以由制发检察建议的基层人民检察院和负责转送的省级人民检察院一同派人进行宣告送达，并在任务分工上各有侧重。基层人民检察院的检察人员可以侧重于与检察建议书有关的部分，如宣读检察建议书，介绍案件基本情况，并从检察建议的必要性、法律依据等方面进行释法说理；省级人民检察院的检察人员则可以从更高层面、更深层次进行释法说理，如阐明制发检察建议以及宣告送达的目的和意义，对整改落实提出要求，对建章立制、协作联动、共建共治等助推长效常治的举措进行交流研商。

3. 电子送达。随着信息化、数字化发展，电子送达的相关探索也越来越丰富和深入。相较传统的送达方式，电子送达更加简便、高效并可全程留痕、利于监督管理，电子送达已成时势所趋。近年来，上海市人民检察院与上海市高级人民法院共同探索通过法检专用安全数据交互通道实现检察建议的电子送达，并互认了电子院印与实物院印、电子文书与纸质文书具有同等法律效力，明确了电子文书达到对方系统时即为送达。

4. 转送。根据层级对应原则，当向涉案单位为全国或全省（市、自治区）知名大型企业、公司总部、国家级和省级人民团体、在国务院和省级人民政府登记管理机关登记的社会组织，或非涉案单位属于省级行政主管机关制发社会治理检察建议时，承办案件的区县级或者地市级人民检察院制作检察建议文书后不可直接送达，而应当由省级人民检察院转送。省级人民检察院经审核认为可以提出检察建议的，应制作《转送函》，检察建议书随函送达。转送工作由省级人民检察院对口业务部门负责。转送工作相关要求在“制发主体”一节已详细论述，在此不再赘述。

（五）备案审查

为加强上级人民检察院对检察建议的内容把关和监督情况的总体把握，《检察建议工作规定》第21条对检察建议发出后的备案工作作出规定：“在检察建议制发后，应当于五日内报上一级人民检察院对口业务部门和负责法律政策研究的部门备案。”对于社会治理检察建议的报备对象，上海市检察机关实行“双备案”机制，即向上一级人民检察院的对口业务部门和法律政策研究部门备案。向上级对口业务部门报备，有利于条线内的业务指导和对辖区内社会治理问题的及时掌握；向法律政策研究部门报备，有利于发挥其审核把关职能，对检察建议的规范性、必要性、合法性和说理性等进行审查。经审查，发现确有不当且需要变更或撤回的，应当指令下级人民检察院变更或者撤回，并及时通知有关单位，说明理由；发现存在瑕疵或其他不属于需要变更或者撤回的问题的，可以提出意见，督促下级人民检察院在今后工作中注意避免出现类似问题。上海市检察机关对于基层人民检察院制发的重大社会治理检察建议，实行"四报备"机制，即向上一级人民检察院（市检察分院）报备的同时，还应当向市人民检察院对口业务部门和法律政策研究部门报备。

上级人民检察院对口业务部门和法律政策研究部门收到报备的检察建议后，应及时进行审查。这里的审查应当是对文书内容的实质性审查。然而实践中，审查多侧重于语句是否通顺、表述是否准确、文字是否精炼，对于内容必要性、合法性、说理性的审查力度还相对较弱，审核后对建议合法性、说理论证充分性提出实质性修改意见的检察建议并不多，认为无制发必要性、不符合制发要求等而提出不宜制发的亦是寥寥无几。备案审查绝不仅仅是简单的文书格式把关，而是内容质量的多一重保障，是上级检察机关在社会治理检察建议工作中对下指导的重要抓手，更是及时了解掌握辖区内社会治理检察建议制发情况，发现普遍性、倾向性问题的重要途径。因此，下级人民检察院要重视报备工作，制发之后及时向上报备；上级人民检察院要重视审查工作，及时反馈意见，形成上下一体联动的良好工作格局。

（六）异议复核

为保证被建议单位提出异议权利，《检察建议工作规定》对异议程序予以规定。被建议单位如有异议，应在检察建议书明确的异议期内提出。被建议单位提出的异议应当是明确的，如制发主体不适格、送达对象错误、调查核实结论有误、建议内容不当等。仅不予回复或不进行整改的，不作为异议处理，应当按照规定进行督促落实。

对于被建议单位提出的异议，检察官应当立即复核。经复核，异议成立的，应当报经检察长或检委会讨论决定后及时对检察建议书作出修改或撤回；异议不成立的，应当报经检察长同意后，向被建议单位说明理由。

（七）回复接收

被建议单位应当在检察建议书明确的回复期限内，以单位名义通过书面形式进行回复，内容包括但不限于整改落实方案、采取的具体措施等。为进一步增强检察建议落实效果，推动社会治理取得实效，上海检察机关探索推行公开接收机制，即被建议单位在检察院、被建议单位或其他适宜场所，当面向检察人员宣读回复意见。公开接收可以采取“三方＋三化”模式，邀请人大代表、政协委员、特约检察员、人民监督员等第三方人员参与。主要流程包括：宣布会场纪律；宣布参加人员身份；被建议单位代表宣读回复意见，介绍落实整改措施及实际效果等情况；检察人员就被建议单位落实整改情况发表意见建议；第三方人员发表意见建议；检察机关接收被建议单位回复函；制作公开接收笔录，经被建议单位代表和其他参会人员核对后签字确认；宣布结束。

（八）督促落实

检察建议不能“一发了之”，应当“没完没了”抓落地落实，及时跟进了解被建议对象整改落实情况。对于回复采纳的，也应当跟踪问效，确定其整改到位；对于不回复或回复不采纳的，应当按照规定进行督促落实或进行通报、报告。具体督促落实有关内容详见本章第七节“督促落实”。

二、典型案例

（一）上海市奉贤区人民检察院就职业技能培训补贴核拨不严等问题向某区人力资源和社会保障局制发检察建议

【基本情况】

上海市奉贤区人民检察院在办理一起行贿、受贿、玩忽职守案中发现，职业技能培训机构通过向行政监管人员行贿，采取压缩课时、规避督导、考试舞弊等弄虚作假方式骗取国家职业技能培训补贴，造成国有资产流失，社会影响恶劣。相关职能部门在办理此类案件中，发现职业技能培训行业均不同程度存在上述类似问题，既不利于国家职业教育健康发展，也严重损害党和政府公信力。某区人力资源和社会保障局作为行政监管职能部门，在对职业技能培训机构依法履行监管职责中，存在项目审批不严、监督管理不实、廉政教育松软等问题。为进一步促进依法行政，保护国有资产不受侵害，服务保障国家职业教育高质量发展，奉贤区人民检察院向某区人力资源和社会保障局发出检察建议。

【制发过程】

一是深入分析案情，紧盯关键环节找准问题症结。奉贤区人民检察院在办理上述案件过程中，围绕职业技能培训中机构申办、项目审批、招生教学、督导考评、补贴核拨、人员管理等关键环节，全面准确审查案件事实和证据，梳理发现培训行业发展和行政监管中新旧项目审批不严，针对考勤松散、考试舞弊、违规委托培训等开展督导考评和日常监管不力，审查核拨培训补贴流于形式，对行政监管人员监督管理存在疏漏等问题，深入分析背后深层次原因，精准把握社会综合治理目标方向。

二是广泛听取意见，聚焦瓶颈难点靶向提出建议。奉贤区人民检察院采取实地走访、专题座谈、个别访谈等多种形式，全面听取人大代表、政协委员、人民监督员以及纪委监委、公安机关、人社部门和涉案单位教员、学员等意见建议，依托专家咨询、研判会商等机制，聚焦上述痛点堵点问题，研究提出严把培训机构准入关、严格落实督导考评制度、完善日常监督管理、强化法治宣传和廉政警示教育等对策建议，切实提升检察建议针对性和可操作性。

三是公开宣告送达，强化跟踪问效督促整改落实。2022 年 12 月 14 日，奉贤区人民检察院以公开宣告方式向某区人力资源和社会保障局送达检察建议，以“三方 + 三化”形式督促其及时全面履行职责，采取切实有效措施积极整改，在规定时限内整改到位并及时回复，实现监督治理、释法说理和法治宣传有机融合，全面提升检察建议实效性。检察建议制发后，通过列席会议、定期会商等形式，强化对被建议单位整改落实情况的跟进监督，推动检察建议落地落实。

【被建议单位回复和采纳情况】

某区人力资源和社会保障局收到检察建议后，多次召开专题会议研究，采纳全部检察建议并书面回复，从三个方面积极落实整改：一是严格培训机构资质审核，细化资质验证流程、完善退出机制、强化日常检查监督等；二是强化补贴资金核拨监管，通过保证督导考评科学公正、审批责任落实到人、补贴公示接受监督等机制落实全流程、多方位监督管理；三是落实监管权力运行制约，健全内部廉政风险防控、关键岗位人员轮岗等制度，加强行政监管人员廉政警示教育。

【跟踪督促和落实情况】

一是督促建章立制，完善行业监管制度供给。某区人力资源和社会保障局围绕检察建议提出的问题及对策建议，细化整改任务清单，研究制定《关于开展就业培训资金管理问题专项整治工作的实施方案》《职业培训机构（职业项目）网络化定期核检工作方案》《就业促进中心就业培训资金常态化抽检办法》《企业职工线上职业培训补贴操作细则》等文件，进一步明确监管原则，细化补贴标准，严格职责分工，规范监管措施，加强行业自治等，持续夯实检察建议整改制度基础。

二是推动专项整治，确保行业治理举措落地。某区人力资源和社会保障局部署开展专项行动，采取资质排摸、实地检查、资金稽核、廉政教育等多种方式，对培训行业重点领域、关键环节违法违规问题进行监督整治。健全第三方督导机制，增列外区第三方机构参与督导，完善补贴拨付前委托第三方审计等机制，有效解决第三方督导机构角色不中立、履职不客观等问题。奉贤区人民检察院联合区纪委监委、公安机关开展违法犯罪线索专项排查，持续打击培训机构骗取补贴不法行为。

三是开展警示教育，促进行业发展行稳致远。奉贤区人民检察院邀请人大代表、政协委员、人民监督员以及纪委监委、相关行政监管人员旁听案件庭审，各方围绕培训行业发展现状、主管部门监管漏洞、监管权力运行制约等开展座谈评议，为检察建议堵漏建制积极建言献策。同时，联合某区人力资源和社会保障局，面向辖区二十余家培训机构开展法治宣讲，结合检察建议、典型案例强化释法说理，推动培训机构及其从业人员提升法律风险防控意识能力，促进依法依规经营管理。

【效果和意义】

该份检察建议在制发程序规范、完整，具有示范意义。其中宣告送达采用“三方＋三化”模式，有效增强被建议单位对检察建议的理解度和接受度；被建议单位出台系列规章制度、开展专项整治行动等方式进行整改落实，有效推动问题解决；检察机关采用邀请旁听庭审、开展法治宣讲、定期会商等方式，持续推动提升整个行业的法治意识，有力加强治理效果。党的二十大报告提出，统筹职业教育、高等教育、继续教育协同创新。职业教育是国民教育和人力资源开发的重要组成部分，承担着培养技术技能人才，服务经济社会发展的重要使命。为更好发展职业教育，国家投入大量资金补贴职业技能培训，推动培训行业快速发展。然而实践中，培训机构弄虚作假骗取国家补贴现象呈现滋生蔓延态势，严重影响职业教育健康发展，亟待依法打击治理。奉贤区人民检察院在办理涉职业技能培训犯罪案件中，坚持双赢多赢共赢理念，积极开展调查核实，深挖案件背后内外勾结、骗取补贴等行业乱象和监管漏洞问题，深入分析原因症结，精准研究对策建议，依法向行政监管部门制发检察建议，督促其建章立制、优化监督管理，引导职业技能培训机构依法依规经营，促进行政监管人员、培训机构从业人员不断增强法律意识、强化风险防控，通过凝聚各方力量形成齐抓共管职业技能培训行业发展格局，以检察履职服务保障职业教育高质量发展。

（二）上海市长宁区人民检察院就不良儿童图书向某区文化行政执法部门、某区文化主管部门和某镇政府制发检察建议

【基本情况】

2020年6月15日，长宁区未成年人检察社会服务中心“云”平台接到举报，同时有家长通过法治副校长反映：《淘气包马小跳》（漫画升级版）系列丛书的《天真妈妈》（2014年6月第一版）一书中有涉及自

杀方式讨论等内容，且该系列书籍深受未成年人喜爱，系长期热销的知名读物。长宁区人民检察院经调查核实发现，某镇社区图书馆、区图书馆、区少年儿童图书馆均藏有上述不良儿童图书，并处于可借阅状态。区文化行政执法部门对辖区实体书店进行全面巡查后，未对线上图书销售平台、公共图书馆进行排查，不良童书仍在销售、出借。少儿阅读是全民阅读的基础，"线上""线下"儿童图书市场应当向未成年读者提供积极健康、高品质的知识信息，培养未成年人积极向上的阅读兴趣。本案虽尚未致使未成年人合法权益受到实际损害，但根据未成年人身心发育一般规律可合理预见，该行为将会对未成年人健康成长造成无法挽回的损害，行政机关未全面查处问题童书给未成年人健康成长带来了现实风险，存在妨害未成年人身心健康成长的隐患。长宁区人民检察院为保护未成年人权益，先后向区文化行政执法部门、区文化主管部门、某镇政府制发三份检察建议。

【制发过程】

一是积极稳妥开展调查核实。长宁区人民检察院未检部门对线索进行初步审查评估，认为上述童书中确实存在涉及自杀的内容，可能对未成年读者造成不良影响，经报请检察长决定立案。6 月 16 日，长宁区人民检察院成立由分管院领导牵头，未检部门负责人、业务骨干参加的专案小组，对全区儿童图书"线上""线下"两个市场开展调查核实工作。首先核实线索真实性。长宁区人民检察院调取、查阅了线索涉及的童书，发现：该图书有"拴根绳子在脖子上，再找棵树吊死""那就从楼顶上像鸟儿一样张开双臂飞下来"等文字，有诱发未成年读者模仿的风险。虽然 2015 年该书再版已将上述内容进行删减和修改，但老版书籍仍在销售。其次，征询专业意见。长宁区人民检察院将童书中涉及自杀方式讨论的内容作为证据及时固定，并向区文化主管部门、区文化行政执法部门征询行政执法专业意见。经征询确认，相关书籍存在妨害未成年人身心健康的内容，根据《出版管理条例》第 26 条，应予以查处。最后，彻查销售情况。长宁区人民检察院从实体书店、公共图书馆、线上书店入手，开展全面调查。经对辖区实体书店抽查，未发现上述童书在售；

经对辖区所有公共图书馆排查，确认前述3家馆藏有上述童书；对一注册地在该区的电商平台30余家线上书店抽查，发现多家有上述童书在售。

二是精准施策，区分情况制发不同类型的检察建议。2020年6月17日，针对上述情况，长宁区人民检察院就电商平台不良童书销售问题向区文化行政执法部门制发检察建议，要求对相关电商平台在售有碍未成年人身心健康的图书及时下架，并上报上级部门进行出版物内容鉴定，根据鉴定结果采取相应的处罚措施。次日，针对某镇社区图书馆、区图书馆、区少年儿童图书馆藏有不良儿童图书的问题，分别向某镇政府和区文化主管部门制发检察建议，督促相关图书馆的主管部门改进管理监督工作，提出加强公共图书馆的日常管理、全面排查馆藏儿童书籍等建议举措，最大限度减少对未成年人身心健康的影响。

三是采取宣告送达方式，推动检察建议举措落实落地。2020年6月，长宁区人民检察院先后至三家被建议单位宣告送达了检察建议书，通过当面释法说理，使行政机关消除认识误区和抵触情绪，主动接受并认真履行职责。既充分体现了检察建议的严肃性、权威性和公开性，又加强了与被建议单位的沟通和交流。通过宣告送达的方式对案件中凸显的问题及风险进行法律监督，推动相关涉案单位和部门堵漏建制，进一步增强检察机关与行政机关的良性互动，强化了检察建议的刚性和实用性，促进检察建议落地有声，较好地实现双赢多赢共赢的目标。

【被建议单位回复和采纳情况】

2020年6月19日，区文化主管部门立即对区图书馆、少年儿童图书馆进行了排查并作出检察建议的书面回复，涉事图书均已作下架处理。同年7月10日，某镇政府书面回复了检察建议，并针对检察建议的内容作出整改：一是对镇图书馆馆藏书籍进行全面摸排，及时下架不良儿童图书。二是在今后工作中更为谨慎地采购青少年图书。三是加大宣传力度，努力营造和维护青少年良好的学习和生活环境。某区文化行政执法部门收到检察建议后，就检察建议书提出的问题研究整改措施并进行了书面回复，采纳并积极落实长宁区人民检察院提出的检察建议，表示将继续加强对辖区内出版物市场的监管，发挥职能部门的核心主渠道作用，切实落实属地监管责任，整体推进本区出版物市场监管和保护未成年人工作的有效落实。

【跟踪督促和落实情况】

检察建议送达之后，长宁区人民检察院专案小组与被建议单位保持密切联系与沟通，推动积极稳妥落实检察建议。长宁区人民检察院当场监督 3 家图书馆对不良童书进行处理，并联合区教育局通知辖区学校对校内图书馆开展自查，发现不良图书立即撤架整改。先后对涉案电商平台、线下实体书店、公共图书馆等进行回访和抽查，均未发现上述不良童书在架。此外，长宁区人民检察院联合区教育局、区执法大队向全区所有中小学生家长制发《给家长的一封信》，建议已经购买不良童书的家长以恰当方式阻止孩子继续阅读，充分实现检察建议的预期目标。

【效果和意义】

该份检察建议步骤明细、流程规范，在调查核实阶段，对负有行政监管职能的单位或部门的履职情况进行充分了解；在送达阶段，采用宣告送达方式充分与被建议单位沟通，加强对检察建议的理解和认同；在督促落实阶段，不仅推动监管部门对已发生问题进行彻查彻改，还通过多种方式助推社会共同关注。健康的青少年阅读是培育未成年人形成健全人格，引导下一代践行社会主义核心价值观的重要途径。虽然尚未发现涉案童书中关于自杀行为的描写造成未成年读者身体损害或精神痛苦的实际案例，但青少年阶段是情绪成长的不稳定时期，未成年人长期接触此类信息，会对其心理健康、道德观养成等造成不良影响，有诱发未成年人自残的可能性。不良儿童图书对未成年人产生误导，影响青少年健康成长。检察机关根据未成年人身心发育的一般规律对损害后果进行合理预判，对于不加干预将会对未成年人健康成长造成无法挽回损害的，综合运用行政公益诉前检察建议、社会治理检察建议等方式督促行政机关加强和改进管理监督工作。本案系全国首例检察机关针对不良儿童图书开展公益诉讼的案件。检察机关通过社会网络监督平台及“法治进校园”等活动构筑的常态化信息联动机制，及时接收关于不良童书的举报线索并迅速反应，精准研判监督切入点和必要性，积极开展调查核实并锁定侵害事实，在征询行政执法专业意见的基础上制发检察建议，并通过抽查回访确保整改措施落实到位，切实推动未成年人保护法律落实到位，为未成年人营造积极健康阳光的阅读环境，帮助未成年人形成正确的价值取向，为青少年蓬勃向上成长创造良好条件。

第七节　督促落实

一、实务指引

检察建议的生命力在于落实。提出检察建议并非该项工作的结束，检察机关既是问题的发现者，也是问题的推动解决者，需要对被建议单位的整改落实情况进行实时跟踪督促，确保问题整改落实到位，切实延伸监督效果、推动完善治理。

（一）加强跟踪督促，从办理到办复

社会治理检察建议主要以回复的形式体现落实整改情况，实践中有部分检察机关以收到被建议单位采纳回函作为工作结束点，未进一步“回头看”了解真实的整改落实情况。同时，还存在就同一个问题反复制发社会治理检察建议，屡发屡犯、屡犯屡发的现象，也说明了有的被建议单位虽然回函采纳检察建议，但问题实际上未得到彻底解决。出现这一现象也反映出社会治理检察建议督促落实工作尚不到位，存在一定的“重制发轻落实”倾向。因此，要常抓不懈加强检察建议督促落实工作，对于回复采纳的建议，承办人应牢树跟进监督理念、案结事了的办案思维，通过询问、走访、不定期会商、召开联席会议、大数据分析等多种方式，及时了解掌握被建议单位的整改落实情况，关注整改措施是否落实到位、是否建立长期性或常态化机制，避免“只回不改”“表面整改”。对于在落实中存在问题和困难的，要主动帮助其分析原因、商

量对策，及时提出意见建议，不断完善整改措施，并及时提供相应的支持配合，帮助被建议单位协调、解决相关问题，推动与被建议单位建立良性、互动、积极的工作关系。

此外，被建议单位是跟踪督促的对象，而相关配合单位、抄送单位也同样是责任单位，要推动配合单位、抄送单位共同加入问题整改中。有时问题整改涉及多个层面单位的，就需要依据相关职责向不同主体制发内容不同的检察建议。例如上海市闵行区人民检察院就“敲墙党”案件背后反映的新开盘小区物业管理问题分别向物业公司、街道办事处和房管部门制发检察建议。涉案物业公司对相关责任人给予了严厉处罚，并采取有效措施，进一步加强员工培训、规范信息公开、加大对外包物业服务的监管力度。街道办事处成立治理工作专门办公室，集中处理居民投诉、举报情况，发现涉黑涉恶线索及时移送公安机关。房管部门组织召开了全区物业行业扫黑除恶专项斗争大会，并与街道办事处进行对接，根据调查情况对涉案物业公司作出相应处理。此外，房管部门还会同绿化和市容管理部门、城管执法部门、市场监督管理部门等共同制定了新建住宅小区物业管理相关行为有关规定，完善新建住宅小区装修管理、垃圾清运等监管措施。

对于被建议单位无正当理由不回复、不落实的，可以通过交流座谈、组织研商等方式，掌握被建议单位对建议的态度和看法，做好释法说理，获得被建议单位接受和认可；了解落实中的问题和困难，及时帮助解决，协力推动整改。在督促落实过程中，可以邀请权威人士或者专家学者等，借助外脑智慧推动优化治理。对于经督促仍拒不回复、不整改或者整改不到位的，可以根据《中共中央关于加强新时代检察机关法律监督工作的意见》和《人民检察院组织法》中关于检察建议的有关要求，依照《检察建议工作规定》，经检察长决定，将相关情况报告上级人民检察院，通报被建议单位的上级机关、行政主管部门或者行业自律组织等，必要时可以报告同级党委、人大，通报同级政府、纪检监察机关。对于在整改落实中发现的懒政、怠政、不作为等行为，可与纪检监察机关建立线索移送、协查配合等制度，及时移送调查问责。

（二）点线面结合，形成长效机制

社会治理问题往往错综复杂，有的问题甚至是长期存在，为防止检察建议发现的问题再次发生，有必要把社会治理检察建议的督促落实做到久久为功、常抓不懈，推动被建议单位或者相关部门出台相关工作规定、建立长效机制。

可以召集相关人员召开座谈会或者专题研讨会，就相关问题的监管主体、监管责任、监管难点达成共识，以规范性文件的形式固定下来，以制度化、规范化、标准化，助推问题根源性、常态性解决。比如，上海市奉贤区人民检察院就加强马术教练员管理向马术协会制发检察建议，检察建议送达后，为防止问题再次发生，检察机关不仅推动建章立制，协助马术协会制定出台全国首个《马术协会教练员注册和管理办法》，加入强制报告制度、入职查询制度，建立起马术行业内的常态化保护未成年人机制；还提供法治宣传供给，为马术教练员及管理人员量身定制法治课，制作普法宣传品，并为注册教练员统一考试编写相关试题，全方位推动问题长效化解决。

可以与相关监管部门或行业组织形成治理合力，比如与行政机关、行业协会等联合开展专项整治、联合出台文件，共同推动提升整改效果。但是需要注意的是虽然检察建议是履行法律监督职能、推进源头治理的重要方式，但是建议本身既不能包治百病，更不能包打天下。社会治理检察建议的目的在于以“我管”促“都管”，在开展检察建议工作过程中，要特别注意检察权行使的边界问题，不能超越检察机关职能，更不能把检察机关变成“保姆”，不能代行其他司法机关、行政机关、社会组织、单位团体等的管理或者自治行为。

（三）推动多方参与，形成工作合力

当前，社会治理已从单向管理转向双向互动、从单纯的政府监管转向更加注重社会协同治理。办理检察建议，已经不能局限于传统就案办案的模式，而要针对案件反映的某类社会监管漏洞开展源头治理，将案

件办理效果转化为社会治理效能。检察机关通过社会治理检察建议可以将更多法治力量向引导端和疏导端用力，为社会治理引入法治思维和法治视角，为涉案单位及其主管机关的专业化管理注入必要的法治思维，推动形成党委领导、政府负责、社会协同、公众参与、法治保障的社会治理体系，进而实现法治之治、法治自治，促进社会和谐稳定。在督促落实时，要积极借助外力，充分调动多方共推治理实效。

一是注重向党委、人大、政府报告或通报。对于一些社会影响大、群众关注度高、违法情形具有典型性、所涉问题应当引起有关部门重视的问题，主动向党委、人大、政府报告，或者将检察建议书抄送同级党委、人大、政府、纪检监察机关等，一方面为地方党委、政府等部门解决相关问题提供对策建议，另一方面争取党委、人大、政府等的支持，从而推动被建议单位采纳落实检察建议。此外，可以定期就检察建议的制发和办复情况向同级党委、人大进行报告或向相关行政监管部门进行通报，让党委、人大相关部门及时掌握本地区检察建议整改落实情况和成效。

二是推动纳入同级地方党政绩效考核。2023 年，在最高人民检察院的推动下，中央政法委将社会治理检察建议的整改落实情况作为平安中国建设的考核指标之一。同年，上海市应势而动，也将社会治理检察建议整改落实情况作为平安上海考核指标之一，并给予检察机关该项指标的排名权力。此外，2020 年起，上海市依法治市委就将检察建议的落实情况作为法治上海建设的指标之一，对全市各区和各市级机关进行考核，并每年对指标予以调整优化，从一开始单纯以回复数为指标，根据不回复数量进行扣分的考核规则，调整为综合回复、落实情况，以回复、落实质量为核心综合评判和不回复数量为硬性扣分指标相结合的考核规则，切实为社会治理检察建议做成刚性提供助力。

三是推动第三方全程参与。让第三方全过程、沉浸式参与检察建议工作，不仅可以借助外脑智慧，增加检察建议专业性，还更容易取得社会各界的认可、理解和支持，从第三方视角帮助、监督被建议单位整改落实。因此，上海市检察机关推行第三方全程参与机制，在调查核实、文书制发、宣告送达、督促落实等检察建议办理的各环节中，邀请人大代表、政协委员、特约检察员、行业专家等共同参与、研究论证、公开见证，让社会各界为社会治理检察建议工作提供智力支持。

（四）评估落实效果，强化内生动力

根据《检察建议工作规定》《督促落实统管办法》的规定，各级检察机关应建立检察建议落实工作分析督导小组，定期对社会治理检察建议落实工作进行督促检查，对落实情况和存在问题进行分析研判，解决落实中的问题。同时，各级检察机关检委会也应当定期对本院社会治理检察建议落实效果进行评估。上海市人民检察院于2020年3月印发《上海市检察机关加强检察建议督促落实统管工作实施细则》，明确全市各级人民检察院应当成立检察建议落实工作分析督导小组；细化了检察建议落实工作责任，形成承办检察为责任主体、业务部门为指导主体、案件管理部门为统计分析主体、法律政策研究部门为统管主体的督导模式；建立了定期检查分析、检委会审议评估、典型检察建议通报等多项工作机制。

二、典型案例

（一）上海市奉贤区人民检察院就加强马术教练员管理向某马术协会制发检察建议

【基本情况】

被告人系上海某马术俱乐部有限公司（以下简称某公司）的一名马术教练员（非正式注册），其对一名未成年女学员实施了强制猥亵的犯罪行为。上海市奉贤区人民检察院经进一步调查发现，十余年前，被告人在其他马术运动场工作时，就曾因性骚扰未成年女顾客的问题被辞退。在某公司工作时，也多次因性骚扰、毛手毛脚等劣习被女职员或女客户投诉反映。目前，被告人已被上海市奉贤区人民法院以强制猥亵罪被判处有期徒刑二年。奉贤区人民检察院在办理上述案件时发现，某马术协

会在对马术教练员管理、会员单位管理等方面存在行业监管漏洞，不利于未成年人合法权益的保障，也不利于马术行业持续、健康、规范地发展，因此有必要向某马术协会提出社会治理类检察建议。

【制发过程】

根据中国马术协会的章程规定，某马术协会承担着拟定马术教练员管理制度、组织马术教练员培训、会员单位管理等职责。某公司作为协会会员单位，虽然被告人系协会非正式注册教练员，但某马术协会对会员单位内部的管理、马术从业人员侵害未成年人合法权益的行为，也缺乏有效的预防机制、发现机制、处罚手段，亟须行业协会高度重视并加强监管。奉贤区人民检察院通过主动走访某马术协会，协商召开专题座谈会；多次现场调查被告人曾工作过的马术俱乐部；邀请人民监督员参与调查；讯问被告人、询问某公司相关负责人等方式，历时半年，查明了相关事实。为加强马术教练员队伍的规范管理、促进马术俱乐部规范运营，推动马术行业的健康发展，切实保障未成年人合法权益，奉贤区人民检察院向某马术协会制发检察建议，以通报该案为支点，建议某马术协会树立最有利于未成年人的基本原则；落实入职查询制度、强制报告制度；加强法律道德教育和监督管理等措施。2022 年 7 月 29 日上午，承办检察官至某马术协会召开检察建议公开宣告送达会，邀请人民监督员对检察建议宣告送达过程进行全程监督。某马术运动管理中心主任、党支部书记，某马术协会常务副会长、秘书长等参会。

【被建议单位回复和采纳情况】

某马术协会认为虽然被告人系非正式注册的马术教练员，但案件暴露出的问题对于加强正规马术教练员队伍的管理以及会员单位的监管都是一种警示。因此，协会高度重视该检察建议，逐条研究建议并积极贯彻落实，并向奉贤区人民检察院书面回复，提出了整改举措：一是在上海马术行业树立最有利于未成年人的基本原则，引导马术俱乐部充分认识自身在未成年人保护工作中的职责。二是推动和落实上海地区马术教练员资质评定和入职查询的规定，协会将于 2022 年底前全面开展上海地区马术教练员注册和资质评定工作，并在《上海市马术协会教练员注册和管理办法》中增加青少年保护条款。三是推动和落实侵害未成年人强制报告制度。协会拟组织开展针对马术教练员的普法培训，促使马术俱乐部、马术教练员了解自己的报告义务，并积极履行报告义务。四是建立健全马术教练员注册备案、培训考评、处罚监管等制度。五是发挥协会监管作用，确保行业有序发展，协会将进一步完善章程及其他规章制度，监督会员单位依法依规经营。

【跟踪督促和落实情况】

检察建议送达后，奉贤区人民检察院多次跟踪督促落实，以“督”促落实、以“帮”促落实，“没完没了”抓好落实。一是制度先行，增设未成年人保护内容。与某马术协会共同商讨上海地区马术教练员注册和资质评定工作，并派专人参与规定起草工作，协助协会制定出台全国首个《马术协会教练员注册和管理办法》，其中专门设置了未成年人保护条款，加入强制报告制度、入职查询制度，建立起马术行业内的常态化保护未成年人机制，以行业规范的形式落实对未成年人的特殊、优先保护。二是加强培训，增强未成年人保护意识。2022 年 9 月，某马术协会邀请检察官为全市注册马术教练员开展培训，以提升马术教练员保护未成年人的意识。2022 年 10 月，检察官为马术教练员及管理人员量身定制《强制报告解读》及《未成年人保护相关法律解读》两门法治课，在线上开展普法讲座，并为注册教练员统一考试编写相关试题，上海市 179 名在册教练员全员参与。三是定制绘本，营造保护未成年人的氛围。奉贤区人民检察院向某马术协会赠送《强制报告与法律知识》普法宣传册，发放至每一位注册教练员，让法律规范真正常伴身侧、入脑入心。

【效果和意义】

该份检察建议体现出检察机关对督促落实“一抓到底”“长抓不懈”，不断推动被建议单位完善监管，形成制度规范的“硬”要求和教育宣讲的“软”影响并行并重的治理方式。马术行业作为新兴业态正在迅猛发展并不断壮大，越来越多的未成年人参与其中，但其中存在一定的监管盲区和隐含的未成年人保护风险也应引起重视。检察机关坚持最有利于未成年人原则，办理案件、开展监督、参与社会治理，鲜明地体现出给予孩子特殊优先保护的司法理念和价值导向。同时，检察机关贯彻落实新修订《未成年人保护法》《预防未成年人犯罪法》，围绕强制报告制度和入职查询制度两大监督重点，以制发检察建议、公开宣告送达等方式，督促作为密切接触未成年人行业的马术行业依法履职尽责，并协助行业协会探索空白领域的管理办法，推动建章立制。在检察建议制发后，检察机关持续对整改情况予以跟踪监督，并通过开展未成年人保护宣传教育、制作宣传手册等方式，多措并举，共同推进检察建议落实。

（二）上海市徐汇区人民检察院就医疗机构对医保专项基金未尽妥善管理责任问题向医疗保障部门制发检察建议

【基本情况】

上海市徐汇区人民检察院在办理蒋某某诈骗案件中发现，医保领域存在犯罪分子通过捡拾、“租借”等方式获得他人医保卡后以“代配药”名义在部分医疗机构频繁、大量配购贵重药品，套取国家医保统筹资金的问题，引起了上海市委主要领导的高度关注，作出专门批示，要求对医保流程进行全面分析研判，查漏补缺，防范风险，并多措并举，从严惩处盗取医保金的不法分子。徐汇区人民检察院切实落实市委要求，对医疗保障机构和相关医疗机构开展了充分的调查核实，查明部分医疗机构存在未能及时识别犯罪分子以“代配药”为名套取国家医保统筹资金，以致医保专项基金受损的情况，侵害人民群众合法权益。

【制发过程】

徐汇区人民检察院于 2021 年 7 月 27 日立案调查，通过审查涉案医保卡结算明细、代配药登记簿等材料、走访多家案发地医疗机构等方式，调查有关案件事实。同时查阅《医疗保障基金使用监督管理条例》等法律规定，对照本市医疗机构在日常工作中是否严格落实相关规定。经调查发现，存在部分医疗机构执行代配药登记制度不严、门诊医师怠于审核把关、就诊和医疗费预警阻断机制被不法分子有意规避等问题。

根据《基本医疗保险用药管理暂行办法》《医疗保障基金使用监督管理条例》《关于医疗保险定点医疗机构门诊委托代配药有关规定的通

知》等相关法律法规，检察机关向医疗保障部门制发了检察建议书，建议其协同本区司法机关建立对违法犯罪行为的联动查处机制，严厉打击冒用医疗保险卡、套取国家医保统筹资金的违法犯罪活动；组织动员本区各街镇、所辖各定点医药机构广泛深入开展法治宣传教育，在全社会形成一种共识，自觉抵制出借医疗保险卡牟利的诱惑；协同某卫生健康主管部门建立和完善全区统一的委托代配药管理制度，对于代配药次数和频率、使用他人医疗保险卡次数、代配药物种类和数量等进行更为科学的限制，使医疗机构执行有据可依。

【被建议单位回复和采纳情况】

该医疗保障部门对检察建议高度重视，多次召开专题会议开展研讨，并针对检察建议的内容作出整改：一是通过制定代配药管理细则、建立多部门联动查处制度、畅通医疗机构预警报送渠道来健全完善制度举措，着力加强委托代配药规范管理；二是通过开展机构自查纠正、协同某卫生健康主管部门联合监管来夯实医疗机构主体责任，严控委托代配药管理环节；三是通过开展医保“政府开放日”活动、运用网络媒体、发放医保政策宣传折页等方式加大政策法律宣传力度，扩大委托代配药制度知晓度。

【跟踪督促和落实情况】

徐汇区人民检察院多次与被建议单位召开联席会议，就如何落实检察建议进行探讨，同时将检察建议抄送某卫生健康主管部门，协调其配合医疗保障部门共同开展整改工作。徐汇区人民检察院还会同医疗保障部门、公安机关、人民法院等 8 家单位联合制定了加强医疗保险欺诈案件信息互通、线索移送的工作机制，形成了行政执法、刑事司法紧密衔接、互相配合的工作格局。目前，医疗保障部门已根据检察建议落实整改，与某卫生健康主管部门联合制定了《关于进一步加强徐汇区医保定点医疗机构门诊委托代配药管理的通知》，并根据上述工作机制向徐汇区人民检察院移送了一批涉嫌医保卡诈骗的信息。

【效果和意义】

该份检察建议不仅制发给直接管理部门，还同时抄送相关职能部门，并推动相关职能部门建立工作联动机制，形成了对所涉问题的全链条、全方位解决合力。医保基金是人民群众的救命钱，具有专款专用的属性。在冒用他人医保卡诈骗医保基金的犯罪中，提供医保卡开药套现的参保人、以“代配药”为名诈骗医保基金的“黄牛”、收购药品牟利的药贩往往会“抱团”行动，三者形成的犯罪产业链大量骗取医保基金，严重扰乱了国家社会保障管理秩序，危害了人民群众医疗保障切身利益。检察机关在依法打击此类犯罪的同时，还应肩负参与社会治理创新的担当，充分发挥监督者的作用。针对医疗机构执行制度不严、门诊医师怠于审核把关、预警阻断机制被规避等情况，检察机关通过制发检察建议，督促被建议单位强化日常监管制约，并能向司法机关及时移送犯罪线索，在医疗机构内部敲响警钟，促进其自我整改，及时回应社会关切，充分体现了检察机关保护民生、司法为民的履职尽责精神。同时会同多家单位联合制定了打击医保基金诈骗的工作机制，彻底斩断犯罪产业链，保护好群众看病用药的保障金。

第八节 监督管理

一、实务指引

（一）强化一体指导，提升检察建议整体质效

针对一些需要治理的系统性问题，仅仅依靠基层检察机关对基层职能部门提出社会治理检察建议，有时难以有效解决问题，需要加强内部各部门之间的横向融合、纵向上下一体发力。这都要求检察机关通过检察一体形成合力，不仅是在治罪上发挥检察一体效能，而且在治理上也要体现检察一体。

第一，积极响应部署，上下级检察机关一体落实最高人民检察院检察建议。最高人民检察院制发检察建议后，上海市各级检察机关均第一时间展开学习研究，结合工作实际，“没完没了”持续抓好落实。通过

专项行动、调研座谈、文件会签、召开新闻发布会等一系列有针对性、富有成效的工作，与有关部门协同推动落地落实。

第二，加强线索研判，上下级检察机关一体畅通线索报送渠道。建立全市社会治理检察建议监督线索报送、分析研判机制。各检察分院、基层检察院定期向市检察院报送社会治理问题监督线索，市检察院在全市层面对线索进行分析汇总后，开展分析研判，及时发现全市层面、跨区域或问题集中领域的线索，并供市检察院相关业务部门分析研判。每个检察院内部也可以建立监督线索移送机制，对社会治理检察建议一案一评估，并定期开展集体研商，汇总分析监督线索，督促办案部门深入挖潜，进一步提升制发质效。

第三，强化统筹联动，上下级检察机关一体提升社会治理效能。充分发挥检察一体化优势，上海市人民检察院做好牵头抓总，坚持问题导向，实化工作举措。“四大检察”各部门发挥条线优势，及时总结梳理本条线办案中普遍性、倾向性问题，发动三级检察院力量，充分整合资源，在建议线索的排查发现、前期调研、沟通协调、后期督促落实、放大社会治理检察建议效果等方面，调动各方力量协作配合，形成检察系统工作合力。

（二）建立项目化机制，推动制发高质量建议

社会治理检察建议的制发需要建立全局思维，由专门部门牵头统筹或者作为系统工程予以部署，发挥统筹协调和集思广益作用，这样也能避免对同一个被建议对象重复监督、反复治理的问题。而实践中大量社会治理检察建议是针对办案中发现的个案问题制发，涉及某领域、某行业共性问题的综合性的检察建议较少，制发数量增长与影响力扩大未能同步实现，社会治理效果未能充分显现。究其原因，一是此类检察建议制发难度较大。高质量的社会治理检察建议需要做大量的调查核实工作，深入开展调研、广泛掌握信息，才能归纳、提炼存在的问题，提出系统、全面的建议措施，且制发该类检察建议可能会涉及多个检察业务部门合作，甚至需要跨单位、跨区域的沟通协调，流程环节多、运作周期长。

二是类案线索统筹管理机制不健全。根据最高人民检察院要求，社会治理检察建议应更注重“治理一片”的类案监督成效。但某一个行业或者领域的案件，常常分散在不同办案主体甚至不同部门之中，监督线索条块分割、难以归口汇总，导致了监督线索无法及时被发现、汇总、提取，类案监督缺乏抓手，同时也易导致重复监督、多头监督，降低监督效果。三是上级检察机关“头雁效应”发挥不够。上级检察机关因指导功能、管辖范围，往往比基层检察机关更能及时发现和掌握某区域、某领域的普遍性、倾向性问题，制发对象也是省级或市级行政主管部门、在全国或本地区具有影响力的企业或社会组织，检察建议的辐射面、影响力更大，也应当是产出具有广泛影响力的社会治理检察建议的“主力”。然而实际情况上，省级或市级检察机关制发数量占较低比例，示范引领作用还有待进一步发挥。由此可见，高质效办好一份社会治理检察建议，比办好一件疑难复杂案件的难度还要大、战线还要长、投入还要多。因为，办理社会治理检察建议不仅涉及事实证据判断、法律政策适用、“三个效果”评估等，还涉及行政监管、市场管理、行业自律、基层自治等社会治理的方方面面，属于更高层次的司法检察办案。这些都要求社会治理检察建议从个案监督转向类案深层治理，项目化办理也呼之欲出。

为提升社会治理检察建议的质量和实效，推动制发工作有重点、有计划地开展，上海市人民检察院探索建立项目化运作机制。项目化就是用管理项目的方式来落实任务，一般包括制定计划、项目立项、任务执行、结果评估等环节，以有效整合内部资源、及时应对外部变化。项目化办理贯穿在启动立项、调查核实、制发建议等各个主要环节。法律政策研究等专门部门在定期对社会治理检察建议监督线索研判的基础上，向相关业务部门提供相关情况和研判意见。相关业务部门结合重点工作和办案实际，立足服务发展大局、聚焦人民关切，就某个行业、领域共性难点问题，提出拟制发的社会治理检察建议项目计划，并通过检委会审定后确定为年度重点项目。比如上海市检察机关就建立重大社会治理检察建议项目化运作机制，对重点领域、重点方面有意识地重点关注、重点挖掘，确定向金融监管、个人信息保护、特殊群体管理、网络平台监管等领域制发检察建议，由检委会审议通过年度计划，并定期对推进情况进行督查。通过上下一体的联动调查核实、深度研究分析，制发有深度、有精度、有力度的检察建议。在项目化办理过程中，需要更加重视法律政策研究部门的作用发挥。一方面，法律政策研究部门有必要从立项开始就与办案部门携手落实，引导办案部门发现真问题、聚焦真问题，提出合法合情合理的建议，切实提升检察建议的针对性、精准性和系统性。另一方面，法律政策研究部门要进一步发挥实质化审核作用，审查检察建议主体和对象规范、事项范围规范、建议内容规范、建议格式规范，确保检察建议合法、规范、有效。

（三）抓好过程化管理，增强检察建议工作规范

社会治理检察建议工作是一项系统工程，并非一个部门之力可做好，而是需要各部门协同，并发挥检察一体化优势，共同推动检察建议质效提升。

作为线索的主要来源和最主要的制发主体，业务部门应当做好类案线索的收集梳理，及时发现有价值的监督线索，若涉及其他业务条线，则应当做好线索移送和工作对接。上级人民检察院业务部门应当加强对本条线社会治理检察建议工作的对口指导、业务培训，及时通报情况，帮助解决工作中的问题，与相关执法司法机构沟通协调，推动强化各执法司法领域的社会治理检察建议统筹管理。

法律政策研究部门在做好审核审查工作的同时，应当全面了解本院及本辖区社会治理检察建议工作开展情况，督促重大社会治理检察建议项目化推进，定期开展社会治理检察建议评选评查工作。

案件管理部门应当对社会治理检察建议进行流程监控和数据统计分析，定期组织对本院或者下级人民检察院制发社会治理检察建议进行质量评查。

（四）健全能力培养和激励机制，激发检察建议质效增长动力

1. 系统强化理念、增强能力。加强检察建议的学习培训，推动检察人员牢树治罪与治理并重、从“办理”向“办复”转变等理念，从案内审查向案外治理延伸，从个案办理向类案监督延伸，提升建议质量、做实整改效果，积极推动监管部门、行业协会的系统治理，切实通过检察建议“抓前端、治未病”，助推源头治理。将检察建议实务技能培训等内容纳入各条线培训，重点对线索发现、深挖问题能力进行强化，对检察建议的合法性、必要性、说理性和督促落实效果进行提升，增强全体检察人员规范、高效开展检察建议工作的能力和水平。

2. 构建科学合理的考核评价机制。对检察机关、检察人员的考核机制，既是对特定组织或者人员进行有效管理的一种方式方法，也是加强一体指导、引导辖区检察机关和检察人员统一理念、明确工作导向的重要措施。最高人民检察院对社会治理检察建议的考核体现在两个方面。其一，作为案件质量主要评价指标。最高人民检察院对社会治理检察建议工作高度重视，将社会治理检察建议回复率作为检察机关案件质量主要评价指标，体现出从“办理”向“办复”转变的鲜明导向。其二，对各省社会治理检察建议工作考核。指标设置包括：（1）基础指标：制发规模指标。结合办案数量、地方经济发展水平等，考查地区整体制发总数；省级人民检察院制发数量；市级人民检察院制发检察建议数量，以占本省（市、自治区）制发总数的占比进行考核。回复情况指标，即回复率，是制发社会治理检察建议中回复数量的占比。采纳情况指标，即采纳率，是回复的社会治理检察建议中采纳数量的占比。（2）加分指标：包括获评全国社会治理检察建议情况，推动地方党委、人大、政府、纪委监委出台支持检察建议工作的专门文件，地方党委、人大、政府、纪委监委对被建议单位不回复、不落实情况予以通报批评或者追责，直接推动出台法律法规、规章条例。（3）减分项：包括送达时被建议单位无正当理由拒不接收的，落实和考评工作中弄虚作假的。考核体系设计体现出对检察建议工作既要“有数量的质量”，也要“有质量的数量”，

最终在“高质效”要求上实现统一。

各地检察机关可以结合最高人民检察院考核指标，设置本地区社会治理检察建议考核。一是纳入基层人民检察院建设评价指标。为落实最高人民检察院加强检察建议工作的有关要求，可将社会治理检察建议制发和回复情况纳入基层人民检察院业务考核范围。考核可以分为两种形式，第一种是作为业务数据指标纳入业务工作考核，将重点关注内容，如制发数、回复率、采纳率等作为指标，引领各基层人民检察院社会治理检察建议工作，积极参与社会综合治理。但此考核方式因只涉及指标数据，容易引起“数据冲动”而出现滥发的情况，因此设置的指标，应当注重体现质效、较难“注水”，而非直接对数量的反映。第二种是单独作为一个项目予以专门考核，从制发情况、流程规范、工作成效、特色工作四个方面进行评价，这种考核方式更为全面，不仅有数据，更有成效，可以全面、综合地对各基层人民检察院社会治理检察建议工作情况进行评估。二是纳入检察官绩效考评指标。为充分发挥考核指挥棒作用，上海市各级检察院将社会治理检察建议工作纳入检察官履职绩效考核，从调查核实开展情况、文书质量、督促落实工作、落实效果等方面予以考察。考核不是目的，而是理念传导、推动工作的重要抓手。在具体落实中，要根据中央、最高人民检察院对检察建议工作的部署和本地区工作实际，不断优化考核指标，引导检察人员树立正确政绩观和法律监督工作理念，切实通过检察建议工作提质增效助推高水平社会治理。

二、典型案例

上海市人民检察院就加强点播影院行业治理问题向行业主管部门制发检察建议

【基本情况】

点播影院是近年来新兴的大众文化娱乐产业，以其个性化、私密化的观影体验，吸引了大量青少年消费者。上海市多家基层人民检察院在办案中发现多起侵害未成年人的案件发生在点播影院内，遂将情况上报至上海市人民检察院。上海市人民检察院经调查核实发现，涉案点播影院普遍存在无证经营、未依法登记备案、包间高度私密、违规接纳未成年人过夜等问题，在一定程度上为性侵犯罪提供了便利条件，不加以治理可能引发更为严重的社会治安问题，也影响了点播影院这一新业态的健康有序发展。

【制发过程】

上海市人民检察院于2021年6月16日立案，并开展相关调查核实工作。通过对全市检察机关办理的发生在点播影院内的性侵未成年人案件进行逐案分析，查找犯罪诱因，总结办案、监督经验；选取浦东、静安、长宁、奉贤四区的31家点播影院进行摸排，了解行业发展现状；走访多家行政职能部门了解行业监管情况。经调查发现，本市点播影院行业存在登记备案制度落实不到位、治安消防措施不完善、行业监管机制不健全等问题。虽然相关办案基层人民检察院已经推动相关职能部门开展了区域性的专项整治活动，但无法取得整体治理的效果，有必要在市级层面开展源头治理。

根据《未成年人保护法》《点播影院、点播院线管理规定》《娱乐场所管理条例》等相关法律法规，经上海市人民检察院检察委员会讨论决定，上海市人民检察院于9月10日向行业主管部门制发检察建议书，并同步抄送其他具有行政监管职能的单位，建议相关单位深入推进点播影院市场规范整治活动，加大对未成年人保护法律、政策的宣传力度；就点播影院营业时间、包厢设置、未成年人保护措施等制定统一规范，最大限度地消除治安隐患；指导成立行业协会、出台行业标准，促进点播影院行业规范有序发展。

上海市人民检察院分管领导主持召开检察建议公开宣告活动，邀请被建议单位、被抄送单位相关部门负责人以及部分市人大代表、政协委员，上海市人民检察院人民监督员、特邀监督员共同参与，听取相关单位关于整改方案及初步落实情况的介绍，并共商治理措施。

【被建议单位回复和采纳情况】

被建议单位及被抄送单位高度重视检察建议，分别作出书面回复，并牵头相关职能部门共同开展整改工作：一是在全市范围内开展点播影院市场规范整治活动，全面推进登记备案及电影放映经营许可证核发工作。二是明确将点播影院纳入“歌舞娱乐放映游艺场所”管理，并建立多部门会商及信息沟通机制，形成监管合力。三是指导上海市电影发行放映行业协会成立全国首个点播影院专业管理委员会，并出台行业规范，就场所治安管理、未成年人保护措施、强制报告制度落实等统一规范，补齐法规空白。

【跟踪督促和落实情况】

检察建议制发后，在检察机关推动下，相关职能部门深入推进点播影院市场规范整治活动，累计检查相关场所1400余家次，立案处罚11件、关停240余家不合格影院，点播影院市场规范程度显著提升。其中奉贤区人民检察院联合区公安分局、新闻出版和电影管理办公室、区文旅执法大队制定《奉贤区未成年人出入点播影院五项规定》，创新未成年人观影保护措施；浦东新区人民检察院推动区公安分局制定点播影院凌晨2点后不得营业、包厢内须安装透明玻璃、不得设置躺卧设施、公共区域配备监控设备等细化规范；长宁区人民检察院联合区文化执法大队向全区点播影院经营者发放经营风险提示，引导商户提高守法意识，强化未成年人保护。

【效果和意义】

该份检察建议充分体现检察一体化在检察建议制发中的巨大优势：基层检察院发现线索后，及时上报至市检察院；市检察院在全市开展情况排摸，并指导问题突出地区制发检察建议，进行区域治理；最终对全市层面的问题，向行业主管部门制发检察建议，推动全市范围的整改。同时，该份检察建议抄送多家职能部门，有效形成治理合力。性侵未成年人犯罪严重侵害未成年人合法权益，必须加以严厉打击，同时也要注重从源头上预防和减少犯罪。检察机关通过对性侵未成年人犯罪类案的剖析，敏锐发现点播影院行业由于行政监管、制度建设相对滞后而引发的社会治安风险，通过制发检察建议、跟踪督促等方式，推动行业主管部门、经营企业各司其职、各尽其责，大力规范点播影院行业秩序，既实现了对性侵未成年人犯罪的源头治理，又为新业态发展保驾护航。

第九节 数据赋能

一、实务指引

随着信息化、数字化与检察工作的深度融合，在检察建议工作中可以充分运用大数据、人工智能等技术手段，最大限度释放数据要素价值，有效提升检察机关在检察建议工作中的监督能力和效果。

（一）数据赋能促进检察建议工作理念与方式转变

数据赋能是通过对大量数据的收集、整理、挖掘和分析，发现潜在问题线索、规律和趋势，从而使检察建议工作更加科学化和精准化，这也是检察工作现代化的重要体现。社会治理检察建议是检察机关依法履职的重要体现之一，要求承办人从案件办理延伸至案外治理，数据赋能正与社会治理检察建议的发展相契合，也带动了检察人员工作理念和方式的转变。传统的社会治理检察建议调查核实可能仅能掌握本部门、本单位所办理案件的情况，调查核实的案件范围有限，一些普遍性问题难以及时发现。经过数据赋能，将极大提升调查核实的效率和效果，办案人可以在办理案件的同时，对类案情况进行大数据筛查检索，及时发现异常特征的案件，深挖案件背后可能隐藏的行业监管漏洞或薄弱环节，打破“只见树木不见森林”的困境，推动办案人员强化类案监督、主动参与治理的理念和意识。

（二）数据赋能加大线索发现力度、调查核实深度

《人民检察院组织法》第 52 条规定，“人民检察院应当加强信息化

建设，运用现代信息技术，促进司法公开，提高工作效率”。随着数字检察的日益兴盛，大数据监督模型逐渐成为检察建议调查核实的重要手段。大数据和人工智能可以有效弥补现有调查核实方式的局限性，通过数据碰撞分析，发现问题、明确症结。结合检察业务现有数据基础，通过大数据监督模型充分发掘监督线索，通过将原有单独分布的数据，融合在信息化系统中，变传统逐“点”发现为以“面”分析发现，推动线索的精准发现、检察建议的高效办理。

社会治理检察建议大数据监督模型构建可以遵循三个逻辑层次：第一层是要素提取。全面筛选案件中出现的各类要素，既包括当事人的姓名、年龄、职业等自然人或单位信息，也包括案件的案由、涉及领域、发生地点等案件信息。第二层是比对分析。按照一定标准将筛选出的要素分门别类并进行数据碰撞，从中发现异常点。对于存在高关联性的要素，模型对其自动抓取、比对、分析。第三层是线索核查。承办人可以通过其他调查方式获取的信息材料，对大数据排摸出的线索及分析结果进行核查验证。

此外，在模型建设中还要注意两个要素：一是大量的样本。样本量越大，越容易发现同类型案件中存在的共性问题、规律或趋势，因此，样本量的大小会直接影响模型的应用效果。可以对检察机关自身“富矿”予以开发，如全国检察业务应用系统等，通过利用现有平台和统计系统，盘活检察机关已有的内部数据，为检察建议类案分析提供基础。二是类型化的对象。虽然社会治理关注点较为丰富且不断有新的领域出现，但未成年人保护、食品药品安全、互联网安全、个人信息、金融监管等都是社会治理的常见领域。可以对相关案件进行类型化处理，对于常出现问题的方面进行总结归类，并建立各自领域的监督子模块，有助于提升问题发掘的针对性和有效性。

（三）数据赋能加强工作流程监管监控

在检察业务应用系统中，社会治理检察建议同类案纠正违法检察建议、其他检察建议一样，均需要单独建立案卡，[①] 全流程在线办理、全过程留痕、全过程监督。社会治理检察建议的调查核实、文书制作、审核审批、签发转送、异地征求意见、备案审查等流程均应在检察业务应用系统中操作；检察建议文书在检察业务应用系统中统一编号并加盖院印；督促落实情况、回复采纳情况等应在检察业务应用系统中记录。如果是在办案过程中制发的，可以在检察业务应用系统内将所办案件与社会治理检察建议相关联。各级人民检察院的案件管理部门要用足用好检察业务应用系统，通过对社会治理检察建议开展流程监控和数据统计分析，做好过程管理，及时发现堵点和问题，及时反映工作趋势走向，助推检察建议工作提质增效。

（四）数据赋能强化对接外联、创新送达方式

随着电子送达应用范围的逐渐扩大，上海市人民检察院与上海市高级人民法院探索开展检察建议工作中相关法律文书和材料的电子送达和移送。为此，双方合作建设全流程在线办理检察建议平台，打通法检双向数据传输通道，统一检察建议工作中的文书材料“出口”和“入口”，实现检察建议工作的全流程在线办理和全程监管，以数字化、智能化、信息化助推检察建议“做成刚性、做到刚性”。全流程在线办理检察建议平台可以作为全流程办理监督文书工作的切入口，后续可以不断加强监督办案工作的数字化建设，逐步推动全流程在线办理模式适用于所有法律监督文书。

二、典型案例

上海市虹口区人民检察院就癫痫病患者违规申领驾驶证问题向某卫生健康主管部门制发检察建议

【基本情况】

上海市虹口区人民检察院在办理一起重大交通事故案件中发现，被告

① 其他类型的检察建议或随案制发或作为结案方式。

人明知其患有癫痫无法申领机动车驾驶证，仍向车管部门隐瞒癫痫病史，据此取得驾驶资质。后深入调查发现此案并非个例，常州“7·17”特大事故、吉林“5·13”特大事故均系癫痫病人违规上路引发重大交通事故的案件。从获取的数据来看，全市乃至全国均有一定数量癫痫病患者持有机动车驾驶证，对人民群众生命和财产安全产生隐患。为加强驾驶证申领监管，推进监管部门特殊人群信息共享和预警，消除“病驾”隐患，维护公共安全，上海市虹口区人民检察院向某卫生健康主管部门发出检察建议。

【制发过程】

虹口区人民检察院立足检察机关法律监督职能，以“案件化”的流程规范检察建议办理的全过程。

一是数据赋能，深挖类案问题。为摸清此类情况底数，虹口区人民检察院建立特殊群体违规驾驶机动车防治监督模型，利用交管部门机动车驾驶证持有人信息与某卫生健康主管部门癫痫病人病史信息两类数据，通过数据的比对碰撞，筛查出本区患有癫痫病的驾驶员基本信息，并对该类人员信息、申领驾驶证、患病情况等进行大数据对比和深入分析，发现此类问题症结主要集中在问题发现难、信息共享难、法规执行难三个方面。

二是实地走访，深入调研研究。在院领导的带领下，多次走访某卫生健康主管部门、区公安分局、街道等部门并召开座谈会，并查阅文献资料，梳理法律法规，借鉴国内外先进经验，形成详实的调研报告。

三是宣告送达，提升建议刚性。在充分调研和实践探索取得初步成效的基础上，根据《人民检察院组织法》《检察建议工作规定》等相关法律规定，向某卫生健康主管部门制发检察建议书，第一，建议与交管部门建立信息数据共享机制，实现职能部门之间的信息比对排查；第二，建议增加医院诊疗、体检的提示提醒，督促驾驶证申领人履行申告义务；第三，建议推动不适宜驾驶机动车的疾病分级目录的细化，并设置重新申领驾驶证须具备的诊断要求和标准，赋予患者重新申领驾驶证的权利。并以公开宣告的方式送达，提升检察建议的落实力度，强化法律监督的效果。

【被建议单位回复和采纳情况】

某卫生健康主管部门对检察建议高度重视，多次召开专题会议开展研讨，并针对检察建议书中提出的问题做出整改：一是提高思想认识，加强“禁驾”疾病的宣传引导；二是推进互联互通，建立病史信息数据的共享机制；三是探索评估标准，细化特殊疾病的分级目录。

【跟踪督促和落实情况】

检察建议制发后，虹口区人民检察院始终与某卫生健康主管部门等主管部门保持密切联系，及时掌握检察建议执行情况并细化完善工作举措。同时做好经验总结和请示报告，着力拓展治理工作覆盖面。

一是通过大数据法律监督模型，针对机动车驾驶员基本信息和癫痫人员病史信息，建立清存量、防增量治理模式。针对存量数据，通过数据进行比对筛查，发现存量“病驾”人员后提供给公安机关对相应的驾驶证进行注销；针对增量数据，由某卫生健康主管部门在体检机构建立数据接口，在申领驾驶证过程中由体检机构进行实时查询，从源头杜绝“带病领证”。

二是组织开展针对癫痫病患者违规申领驾驶证问题的专项治理行动。牵头成立了市交警总队车管所、某卫生健康主管部门、区公安分局交警支队、试点医院共同参与的工作专班，研究制定了告知程序、提示发布、信息排查、驾驶证注销、释法说理、重新申领、宣传引导等七项行动流程。对排查出 221 名患有癫痫病的驾驶证持有人，在检察机关的推动下，部分正在办理驾驶证注销手续或被强制注销。

三是推动搭建信息交换通道。与相关监管部门共同制定“主动发现、发布提示、强制注销、释法说理”四步走的策略。第一步，检察机关作为第三方法律监督机关，通过数据撞库筛查出本区患有癫痫病的驾驶证持有人；第二步，发送短信，提示“病驾”人员主动前往公安机关注销驾驶证；第三步，通过电话通知、上门走访的方式再次劝导，在充分说理和劝导无效后，强制注销；第四步，持续跟踪注销情况，并依据相关规定，对“病驾”人群做好释法说理工作。

四是组织开展“病驾治理”专项工作研讨。虹口区人民检察院多次与某卫生健康主管部门立足相关法律法规，协商研究相关疾病目录和医学标准。同时，针对检察建议落实过程中产生的新情况、新问题，诸如实时信息共享机制存在的当事人个人隐私与社会公共利益冲突问题，强制注销环节存在的行政复议或行政诉讼的证据采信和法律适用问题等，虹口区人民检察院积极走访法学教授、法院行政庭法官，组织召开相关研讨会，理论联系实际，研究解决专项工作中的实际问题。

五是探索建立长效机制并提升工作能级。虹口区人民检察院在总结本区情况的基础上，对全市“病驾”情况予以调研总结，并向上级院进行报告。现上海市人民检察院正开展推进完善特殊人员健康信息共享机制专项工作，着力在市级层面推动解决卫生健康主管部门与驾驶申领部门信息共享不通畅的问题。虹口区人大和虹口区委政法委对“病驾治理”工作高度肯定，相关工作情况获《今日政法动态》和市委办公厅《信息快报》录用，已得到市委重视，相关工作举措及配套机制转化为市人大提案，推动修改完善相关法律法规，着力扩大治理举措的覆盖面。

【效果和意义】

该份检察建议在调查核实和督促落实过程中，均运用法律监督模型，通过大数据发现案件反映的问题具有普遍性，确定制发必要性；使用大数据辅助筛查不符合法律规范的情况，推动问题快速解决；利用大数据跟踪检测整改效果，确保治理取得实效。目前全社会对酒驾、毒驾的危害有了普遍认识，但对于患有癫痫等疾病的患者违规领证上路的问题还未形成共识，而“病驾”人群每一次行车上路，都有可能引发重大交通事故，对人民群众的生命和财产安全都是巨大的隐患。为贯彻落实党的二十大报告提出的“完善公共安全体系，推动公共安全治理模式向事前预防转型”的要求。虹口区人民检察院扎实开展调查核实工作，邀请相关领域的专家全程参与调研，积极探索工作举措，提出了切实可行的检察建议，得到某卫生健康主管部门的回复和采纳，并联合相关部门开展“病驾”专项治理行动，及时研究解决检察建议执行过程中产生的新情况、新问题，推动市级层面完善相关法律法规及机制建设，在检察建议的质量上、落实上都力求“做到刚性”，助推治理体系与治理能力现代化，切实提升人民群众的幸福感和安全感。

第四章　社会治理检察建议文书

第一节　社会治理检察建议文书格式样本

一、格式样本

样式1：检察建议调查终结报告

××××人民检察院

检察建议调查终结报告

××年××月××日，本院决定办理××（被建议单位）××（检察建议类别）检察建议监督事项，承办人×××依法进行了调查核实，现已调查完毕。

一、事项来源

写明该检察建议监督事项的来源。

二、调查核实的过程

写明承办人做了哪些具体的调查核实工作及日期，分别调取了哪些证据材料。

如：承办人××先后采取了调取相关证据材料、询问办案人、犯罪嫌疑人（被告人）等调查核实工作，具体如下：

1. ××年××月××日，在××看守所提取了犯罪嫌疑人××入所的体检报告和入所身体检查监控视频资料；

2. ××年××月××日，询问了××公安机关办案人××，并形成了询问笔录；

3. ……

三、调查认定的事实及依据

写明承办人经调查核实查明的相关事实情况，阐述认定被建议单位是否存在违法行为或者重大隐患的具体事实及证据。

四、处理意见

写明针对认定的事实和证据是否需要向被建议单位发出检察建议书。需要发出检察建议书的，简要写明纠正违法、治理防范的具体意见；不需要发出检察建议书的，写明理由。

五、其他需要说明的问题

其他需要说明的问题，如：是否有上级部门、领导交办、转办、关注等情况；是否涉及需要移交其他机关、部门办理的相关线索；是否存在信访隐患；是否容易引起网络舆情关注或炒作等。

承办人：×××

20××年×月×日

制作说明

本文书根据《人民检察院检察建议工作规定》第十五条制作。为承办人对检察建议事项调查终结后制作调查终结报告时使用。调查终结报告应当全面、客观、公正地叙述调查核实的过程和查明的相关事实情况，依据法律、法规及其他相关规定提出处理意见。

样式2：检察建议书（社会治理检察建议）

×××× 人民检察院

检察建议书

×检建〔20××〕×号

一、写明主送单位的全称

二、案件或者问题的来源

写明本院在办理案件或者履行法律监督职责中发现该单位存在的问题以及需要提出检察建议的有关情况。

三、依法认定的案件事实或者经调查核实的事实及其证据

写明依法认定的案件事实或者经过调查核实后查清的事实及证据。对事实的叙述要求客观、准确、概括性强，要归纳成几条反映问题实质的事实要件，然后加以叙述。

四、存在的违法情形或者应当消除的隐患

阐明该单位存在的违法情形或者隐患，包括刑事诉讼活动或者执行活动中存在的普遍性、倾向性违法问题或者其他重大隐患；制度不健全、不落实；存在管理监督漏洞；民间纠纷问题突出；不依法及时履行职责；需要给予有关人员行政处罚、政务处分、行业惩戒或者追究司法责任等问题。

五、建议的具体内容及所依据的法律、法规和有关文件等的规定

写明建议的具体内容及依据。意见的内容应当具体明确，切实可行，要与以上列举的问题紧密联系。检察建议引用依据有两种情况，一种情况是检察机关提出建议的行为所依据的有关规定，另一种情况是该单位存在的问题不符合哪项法律规定和有关规章制度的规定。

六、被建议单位提出异议的期限

告知被建议单位可以提出异议及提出异议的期限。

七、被建议单位书面回复落实情况的期限

八、其他需要说明的事项

20××年×月×日
（院印）

制作说明

一、本文书根据《人民检察院检察建议工作规定》第九条第四项和第十一条的规定制作。为人民检察院针对执法、司法机关在刑事诉讼活动或者执行活动中存在的普遍性、倾向性违法问题或者其他重大隐患，以及有关单位社会治理工作中存在的问题提出检察建议时使用。

二、本文书一式三份，一份附卷，一份发送被建议单位，一份报送上一级人民检察院备案，并可根据抄送对象增加印制份数。

三、本文书加盖人民检察院印章。

二、填写要求

1. 文书标题中的人民检察院名称应当与人民检察院院印的文字一致，但基层人民检察院应当冠以省、自治区、直辖市名称。

2. 文书文号。对有关单位社会治理工作中存在的问题的监督：×检建〔20××〕×号。

3. 当事人、被建议单位简称。在案件或者问题来源部分用当事人或者被建议单位全称，第二次出现时，在其全称之后用“（以下简称××）”的形式设定简称。如“深圳市科中大交通建材有限公司（以下简称科中大公司）”，不使用“申请人”“其他当事人”“一审原告”“上诉人”等代称。出现次数不超过两次的当事人或者被建议单位不必使用简称。

4. 人民法院名称一般不使用简称，可以根据案件实际情况用“一审法院”“二审法院”“再审法院”等代称。

5. 文书中指代本院的，一律使用“本院”，不使用“我院”表述。

6. 法律援引。引用法律或者司法解释的，应当写明全称，不使用简称。引用法律条文的，要写明条、款、项、目，如“《中华人民共和国行政诉讼法》第八十九条第一款第三项”。引用法条的顺序是先上位法后下位法，先法律、法规后司法解释。

7. 数字。文书结构层次序数：第一层为“一、”，第二层为“（一）”，第三层为“1.”，第四层为“（1）”。5位和5位数以上的阿拉伯数字应连续写，不加空格或分节号，如“34152元”；尾数零多的，可以万、亿为单位，如“456000000”可以写作“4.56亿”。涉及新的计量单位应以国家法定计量单位为准。

8. 成文日期。填写批准人的批准日期。用阿拉伯数字将年、月、日标全，年份应标全称，月、日不编虚位。如“2014年12月6日”。

9. 印章的使用。对外使用的文书，应当在成文日期上加盖有关单位印章。

三、文书印制标准

标题居中，其中“××人民检察院”字体为宋体小二号，文书名称字体为宋体二号加粗，文书文号为楷体_GB2312四号，居右。正文内容字体为仿宋_GB2312三号。文书打印时统一用国际标准A4（297mm*210mm）纸张打印。所有文书上空37mm，下空35mm，左空（订口）28mm，右空（翻空）26mm。正式打印时，文书样本中标明的“样式”、“院印”、相关注释、制作说明等不要打印。

四、封皮印制标准

1. 成品尺寸：210mm*297mm。

2. 底色蓝色色值：Y0 M89 C100 K0。

3. 检徽：尺寸54.5mm*56.2mm，标准检徽图样，彩色，距天头41mm，左右居中。

4. 字体：正面第一行“检察建议书”字体为方正小标宋_GBK，大小：68pt，距天头140mm，左右居中；正面第二行（院名）字体为汉仪中宋简，大小：25pt，距地脚31mm，左右居中；背面“××人民检察院印制”字体为汉仪中宋简，大小：25pt，距地脚31mm，左右居中。

5. 用纸：250g白卡。

6. 各院在印制时，以最高人民检察院下发的电子版为模本，仅院名可改为与印章一致，其他格式不得更改。

7. 检察建议书封皮电子版另行下发。

五、补充说明

本文书格式样本列出的仅是常用的、具有典型代表性的样式。实践中如遇未列出的情形，应当参照常用的样式，根据具体情况适当变通，并将变通情况报告最高人民检察院。

第二节 社会治理检察建议优秀文书示例

1. 上海市人民检察院就涉助贷业务金融监管问题向某金融监督管理部门制发检察建议*

上海市人民检察院

检察建议书

沪检建〔2022〕×号

某金融监督管理部门：

党的十九届五中全会及“十四五”规划纲要提出了全面增强金融普惠性的国家战略，大力发展普惠金融是满足人民群众日益增长的美好生活需要的必然要求。随着网络借贷风险专项整治有序推进，P2P网贷机构正式清零，部分网贷平台开始向助贷业务转型，助贷业务由此迎来爆发期。其快速发展虽有效增强了金融普惠性，但也给金融监管带来了挑战。

本院对近年来全市检察机关办理的涉助贷业务案件进行专项调研，发现涉助贷业务违法犯罪案件增幅明显，该类案件中普遍存在虚构交易内容、资金用途、伪造资信证明、保险赔付等欺诈行为，不仅直接侵犯了金融机构的合法权益，也破坏了金融管理秩序和市场形象，对金融安全、社会稳定造成威胁。主要表现有：一是有助贷机构或人员直接参与甚至起主要作用的案件超过三成，占比较高；二是案件波及的金融机构包括国有银行、股份制银行、城市商业银行、农村中小金融机构等，覆盖面广；三是涉及的业务涵盖汽车贷、信用贷、经营贷等各类信贷业务，

* 2022年度上海市检察机关优秀社会治理检察建议。

产品类型多。

一、助贷业务违法犯罪态势反映的问题

近年来，金融监管部门和公安司法机关通力协作，及时查办了一批涉助贷业务违法犯罪案件，有效防控了金融风险的扩散和蔓延。但案件反映出，现阶段助贷业务的监管机制、方式、手段等方面还存在一定不足，影响了监管质效。

（一）助贷业务乱象丛生，给金融活动带来巨大风险。当前，金融机构欠缺足够的能力和动力对助贷业务进行全面有效地管控。由于部分金融机构自身获客能力不足，一定程度上依赖助贷机构为其拓宽客户资源，尤其是在市场疲软、经济下行、客户资源缺乏的环境下，一些中小银行为了挤占市场，在与助贷机构签订正式合作协议之外，默许客户经理个人与其他助贷机构合作，纵容不当助贷业务开展。同时，市场上还活跃着大量具有较大危害性的黑灰助贷机构，其切入产业链的方式较为隐蔽，难以有效管控。一是助贷业务行业准入门槛低，较易滋生黑灰产业。在低层次同质化竞争激烈的市场环境下，一些黑灰助贷机构假冒银行业金融机构或其合作机构，以办理低利率、高额度的银行贷款为诱饵，误导有资金需求的客户，以帮助申请贷款之名行诈骗之实，侵犯他人财产权益的同时损害金融机构的形象，严重破坏金融活动的整体生态。二是部分黑灰助贷机构已形成“专业化”“公司化”运作模式，内部分工明确、各司其职，对贷款流程按照贷前、贷中、贷后进行了分工，组织架构分销售人员、垫资人员、包装人员、贷款申请员、资金流转员等，在招揽客户、包装增信、申请贷款、转移资金等各个环节均有“专业人员”提供服务，形成完整产业链，增大了打击难度。三是部分助贷机构善于利用各种手法“包装”低资质借款人，谋求达到符合申请贷款要求的目的，给金融机构的风险防控带来挑战。针对借款人因征信差、资质较低无法通过正规途径贷款，助贷机构采取多种多样的包装方式，迎合金融机构对借款人还款能力的要求，且因金融机构往往仅对提供的证明材料进行形式而非实质审查，导致上述“包装”难以被及时察觉。四是部分商户与助贷机构合作密切，甚至产生利益绑定。以汽车贷为例，部

分经销商与助贷机构长期合作，有些甚至完全依靠助贷机构来招揽客户。在经销商缺乏自主开拓市场能力的情况下，助贷机构在贷款流程中发挥了重要作用。由于人员素质、职业道德、诚信状况等良莠不齐，助贷机构与经销商内外勾连骗取贷款的情况时有发生。

（二）金融机构开展信贷业务过程中存在机制上的漏洞。目前，部分金融机构开展信贷业务过程中，未遵循《贷款通则》等对贷款人的要求，在风控管理、贷前审核、贷后监管以及贷款追偿等多方面存有漏洞，易被犯罪分子利用，导致金融机构信贷资金风险不断攀升。一是银行违反规定接受无担保资质的合作机构提供担保增信服务，或者在借款人引入有担保资质的融资担保公司等提供增信服务后，违反规定放松自身风险管控，导致资金受损。二是银行在贷款审批发放过程中，存在贷款申请材料审查不严以及对现场调查流于形式等问题，客观上增加了信贷资金的风险。三是银行对贷后资金的监管缺位，贷后风险预警机制不完善。部分借款人获得资金后并未真正用于申请贷款项目，而是挪作他用，为延缓银行发现信贷资金安全风险，掩盖违法犯罪目的，借款人一般会象征性地完成前几期还款，而银行风控模型一般只关注前几期还款，忽略了剩余大量信贷资金的安全。四是银行对信贷资金的追偿力度不够。对于逾期未能偿还的小额贷款，银行大多采取的是长期挂账的方式，甚至做“坏账”处理，寻求法律途径进行追偿以及刑事报案的相对较少，导致大量信贷资金无法得到有效追偿。五是随着银行线上业务的增多，银行系统安全中存在的漏洞和隐患显现，易被犯罪分子利用。

（三）金融监管部门对助贷业务的监管权责亟待明确。当前，法律法规既没有规定助贷机构接受准入管理，也没有明确相应的主管责任部门，导致助贷机构实际游离于金融监管体系之外。一是与助贷业务相关的规范指引不完善。如直接规范银行外包行为的《银行业金融机构外包风险管理指引》制定于2010年，部分内容难以适应新形势，且该指引仅为部门规范性文件，效力级别低，其中银行在业务外包时应尽的风险管理义务、尽职调查责任等规定在实践中难被落实，履行不能时亦难被追责。二是监管责任不明确，监管实效难以落实。金融监管部门对助贷业务缺乏统一规范的管理，没有明确的法律法规及相关文件来规范助贷业务，没有制定相应的行业标准，也没有对应的行业自律组织。助贷机构的主体类型、服务范围、权责界限、准入门槛等均不明确。三是金融监管部门对助贷行业缺乏强有力的监管措施和惩戒机制，降低了违法犯罪的成本。一方面，金融监管部门对助贷行业无明确的监管惩治措施，助贷行业违法犯罪乱象日趋增多；另一方面，涉助贷业务违法犯罪案件往往因借款人还款终止，或因金融机构报案而案发，距离申请贷款的时间较长，已难以抓获违法助贷机构和人员，且取证难度较大，导致实际被追究刑事责任的助贷人员较少。

（四）助贷业务违法犯罪综合治理效能有待提升。目前，涉助贷业务违法犯罪发案模式相对单一，案件线索隐蔽性较强，发案时间相对滞后。同时，行刑衔接机制的效能亦需进一步提升。一是在传统办案模式下，办案机关主动发现案件线索难度较大，加之部分银行有能力覆盖不良贷款，故选择放弃刑事报案途径，进一步导致大量违法犯罪线索被掩盖，行业整体违法犯罪黑数问题不容忽视。二是金融监管大数据壁垒尚未完全打通，无法适应当前金融市场的现实需求。由于缺少牵头部门且技术存在限制，信息共享存在壁垒，对金融违法犯罪活动性质和整体风险分析研判不够，未能形成统一的金融犯罪预警机制。三是金融机构、行业自律组织、金融监管部门与公安等司法机关之间关于涉助贷业务新问题、新情况的共同研商与应对机制有待加强，对违法犯罪的预防预判、行政监管和刑事打击的合力仍需提升。四是社会公众对金融违法犯罪的辨别意识有待提高。部分借款人法律意识淡薄，无视违法性后果，配合黑灰助贷机构实施违法犯罪行为，导致自身承担不利法律后果。

二、加强和改进助贷业务监管、防范金融风险的建议

党的二十大报告指出，要加强和完善现代金融监管，强化金融稳定保障体系，依法将各类金融活动全部纳入监管。为进一步规范助贷业务，推动金融市场健康发展，需要加强源头治理与综合治理，把助贷业务违法犯罪风险和危害消除在萌芽状态或初始阶段，以维护人民群众合法权益、维护社会稳定、维护金融安全。根据《中华人民共和国人民检察院

组织法》第二十一条、《人民检察院检察建议工作规定》第三条第一款、第十一条第二项的规定，经上海市人民检察院检察委员会决定，提出以下建议：

（一）**完善金融监管部门对助贷业务的监管规范与体系**。当前，涉助贷业务法律法规制定相对滞后，相关规范指引也无法完全适应当前助贷业务发展现状，导致助贷业务性质不明确，监管权责不清晰，容易形成监管缝隙。一是建议完善助贷业务规范体系，通过加快制定相关法律法规或规范指引，明确助贷业务边界及相关要求，有效回应金融市场实际需求的同时，确保该项业务健康稳定发展。二是建议完善助贷业务行业监管权责，明确监管主体与责任，通过出台相应的市场准入政策，对提供金融信息中介和交易撮合服务的助贷机构设置合理的行业准入门槛。三是建议从纵向和横向两方面完善助贷业务监管模式。纵向上，会同行政、司法等有关部门共同向各自上级主管部门提出建议，推动完善法律法规体系，构建以地方金融监督管理部门为主导的助贷监管模式；横向上，联合公安、司法、地方金融监管、市场监管等有关部门共同对外发布公告，警示助贷业务风险，净化行业生态环境。

（二）**压实金融机构信贷业务风险防范主体责任**。根据《银行业监督管理法》，建议银行业监督管理机构通过规范引导与行政核查相结合的方式，进一步压实金融机构风险防范的主体责任。一是通过个案警示与类案发布等，揭示违法犯罪案件中骗取信贷资金的手法，促使金融机构严格遵循与第三方合作开展业务的规范性要求，督促其通过定期检视、优化流程、实地走访、排查资金流向等方式，强化对第三方推荐或者参与的信贷业务的真实性审查。二是通过年度评级、表彰评比等方式，引导金融机构提升贷后管理的科技信息化水平。鼓励机构通过日常数据筛查、资金流向追踪等，建立助贷机构介入信贷业务的发现机制，压实金融机构对内部从业人员与助贷机构勾连行为的自查自纠责任，对相关行为隐匿或者纵容的机构予以通报处罚。三是督促金融机构注重收集和使用各类内外部风险数据，建立科学的风险监测预警模型，并不断优化。四是强化对金融数据和网络安全的监管检查，将其纳入对金融机构业务监管的重要内容，保障金融数字化转型背景下的金融数据和网络安全。

（三）多方协同对非法助贷业务活动持续从严打击。为实现对非法助贷业务活动的系统治理，需要金融监管部门充分调动金融机构自身积极性，同时与其他相关职能部门通力协作，并进一步优化行刑衔接，与后端的刑事司法打击互为呼应，形成立体打击。一是金融监管部门应积极引导金融机构细分贷款市场，在增强风险把控能力的同时，增强自主获客能力，不断提升普惠金融的覆盖面与服务质量，压缩非法助贷业务活动空间。二是金融机构应积极主动排查非法助贷业务风险点，搜集反馈助贷业务违法犯罪线索，重点关注金融从业人员私自与助贷机构开展合作情况，对合作业务流程漏洞积极整改，对违规人员严肃问责，建立健全合作业务管理制度。三是金融监管部门应联合市场监督管理局、税务局等行政机关，就违规发布借贷广告、违规收集客户个人信息数据、无资质承担风险担保等行政违法行为加大处罚力度，健全案件信息互换长效机制，及时向公安等司法机关移送犯罪线索，实现行刑打击的同频共振。四是加大对金融机构故意延迟、规避刑事报案，以及延迟向金融监管部门报备涉刑案件的行政问责力度。五是健全联动执法司法普法机制。金融监管部门、司法机关等联合发布典型案例，以案释法，扩大传播力、覆盖面，提升社会公众识别金融违法犯罪的意识与能力。

（四）指导银行同业公会加强助贷业务行业自律监管。加强对银行同业公会指导，进一步增强金融机构与助贷机构合作的行业自律，有效填补助贷业务“监管洼地”。一是指导公会征集梳理金融机构与助贷机构依法依规开展业务的工作机制，选取代表性、有效性做法，形成开展合作业务的示范指引，供会员单位参照借鉴。二是推动形成金融从业人员与助贷机构接触交往自律公约，在禁止金融从业人员与助贷机构私下合作的内部规范基础上，通过行业自律公约进一步强化金融从业人员规范履职意识。同时，借助行业自律督促会员单位对相关违规金融从业人员及时处理，切实提高行业规范性。三是对具有向金融消费者收取费用、虚假包装“客户”、私下与金融从业人员合作等违规行为的助贷机构和人员，同业公会将其记入“黑名单”，并通报全体会员单位，会员单位不得与列入名单的助贷机构和人员合作。

当前经济形势复杂严峻，特别是在疫情持续影响与经济下行压力双重叠加的背景下，防范化解金融风险工作更具重要性。应坚持底线思维，未雨绸缪，有效避免助贷业务成为P2P平台、私募产品爆雷之后又一系统性金融风险的引发点，共同努力创造良好的信贷秩序，更好地服务实体经济。

如对上述建议有异议，请于十五日内以书面形式向本院提出。如以上建议无不妥，请加强对涉信贷领域金融机构的监管和指导，并在两个月内将落实情况以书面形式函告本院。

2022年12月5日

（院印）

回复地址：上海市**区**路**号

邮政编码：******

联系人：**人民检察院第*检察部***

联系电话：021－*******

附：相关法律规定

《中华人民共和国人民检察院组织法》

第二十一条　人民检察院行使本法第二十条规定的法律监督职权，可以进行调查核实，并依法提出抗诉、纠正意见、检察建议。有关单位应当予以配合，并及时将采纳纠正意见、检察建议的情况书面回复人民检察院。

《人民检察院检察建议工作规定》

第十一条　人民检察院在办理案件中发现社会治理工作存在下列情形之一的，可以向有关单位和部门提出改进工作、完善治理的检察建议：

（一）涉案单位在预防违法犯罪方面制度不健全、不落实，管理不完善，存在违法犯罪隐患，需要及时消除的；

（二）一定时期某类违法犯罪案件多发、频发，或者已发生的案件暴露出明显的管理监督漏洞，需要督促行业主管部门加强和改进管理监督工作的；

……

《贷款通则》

第二十七条　贷款调查：贷款人受理借款人申请后，应当对借款人的信用等级以及借款的合法性、安全性、盈利性等情况进行调查，核实抵押物、质物、保证人情况，测定贷款的风险度。

第三十一条　贷后检查：贷款发放后，贷款人应当对借款人执行借款合同情况及借款人的经营情况进行追踪调查和检查。

第三十三条　贷款人应当建立和完善贷款的质量监管制度，对不良贷款进行分类、登记、考核和催收。

《商业银行互联网贷款管理暂行办法》

第八条　互联网贷款业务涉及合作机构的，授信审批、合同签订等核心风控环节应当由商业银行独立有效开展。

第五十一条　……商业银行应当自主确定目标客户群、授信额度和贷款定价标准；商业银行不得向合作机构自身及其关联方直接或变相进行融资用于放贷。除共同出资发放贷款的合作机构以外，商业银行不得将贷款发放、本息回收、止付等关键环节操作全权委托合作机构执行。商业银行应当在书面合作协议中明确要求合作机构不得以任何形式向借款人收取息费，保险公司和有担保资质的机构除外。

第五十三条　……商业银行应当独立对所出资的贷款进行风险评估和授信审批，并对贷后管理承担主体责任。商业银行不得以任何形式为无放贷业务资质的合作机构提供资金用于发放贷款，不得与无放贷业务资质的合作机构共同出资发放贷款。

2. 上海市人民检察院就公证监管问题向某公证协会制发检察建议*

上海市人民检察院

检察建议书

沪检建〔2023〕×号

某公证协会：

习近平总书记在中央政法工作会议上指出，要深化公共法律服务体系建设，加快整合律师、公证、司法鉴定、仲裁、司法所、人民调解等法律服务资源。公证制度是重要的预防性司法制度，公证服务是公共法律服务的重要组成部分。近年来，本市公证行业紧紧围绕国家战略和中心工作，持续深化改革创新，不断满足人民群众日益增长的法律服务需求，公证业务得到蓬勃发展。你会在加强监督本市公证会员的执业活动、进一步规范公证行业秩序方面做了大量工作，并取得积极成效。但在对近年来本市检察机关办理的民事检察监督案件进行梳理，并检索本市法院公证非诉执行案件过程中，本院发现本市部分公证活动还存在一些问题需要加以规范管理。

一是存在未按法定程序开展公证活动的情况。部分公证机构、人员开展公证活动存在程序瑕疵或错误，导致执行法院对公证执行证书裁定不予执行。如依据《中华人民共和国公证法》第二十七条（《公证程序规则》第二十一条）之规定，公证机构应当告知当事人申请公证事项的法律意义和可能产生的法律后果。部分公证债权文书执行案件中，被执行人以不知晓公证债权文书的法律意义及其后果，对执行证书的直接强制执行效力存在重大误解为由提出异议，法院最终裁定不予执行。又如根据《公证程序规则》第三十九条之规定，具有强制执行效力的债权文

* 2023年度上海市检察机关优秀社会治理检察建议。

书应当权利义务关系或给付内容明确、无疑义。部分文书仅笼统载明金额、利息及违约责任等内容，导致无法执行。此外，个别公证员还存在未在经司法行政机关核准的办公场地办理公证；未亲自办理公证，由公证员助理代办；核查债务履行方式不当等情况。

二是存在对公证事项未尽责履行实质审查义务的情况。部分公证员对公证事项未进行实质审查，使虚假公证、虚假执行乃至虚假诉讼犯罪有机可乘。如对文书上由他人冒签的被执行人签名未实质审查，导致被执行人一方未亲自或者未委托代理人到场公证。又如根据《办理房屋委托书公证的指导意见》第十三条之规定，处分的房屋属于夫妻共同财产的，应当询问夫妻双方对处分房屋的意见。公证员未审慎审查共同共有财产，导致未询问委托人配偶对于共有房屋的处分意见。此外，对于法定监护人在处分被监护人财产时是否有损害被监护人利益，对名为买卖，实为借贷的法律关系以及对单个主体、多次申请、金额巨大的公证未尽审慎审查，致虚假公证频发。

产生上述问题的原因：一是部分公证机构、人员因过失或故意未严格按照法定程序开展公证活动。二是公证案件质量监管评估体系尚有漏洞，未能有效对案件质量进行实时动态掌控。三是公证机构、人员教育惩戒措施未能充分发挥提醒、预防、警示等应有作用。

本院认为，公证具有预防纠纷、减少诉讼的重要作用，对维护社会公平和司法公正具有重大意义。《中华人民共和国公证法》第四条第二款规定：公证协会是公证业的自律性组织，依据章程开展活动，对公证机构、公证员的执业活动进行监督。《上海市公证协会章程》第八条规定：上海市公证协会任务包括，制定规范、监督会员的执业活动，协助司法行政部门指导本市的公证工作；对公证质量进行指导、监督、检查；制定并实施会员的奖励和惩戒办法等。作为本市公证行业自律性组织，建议你会进一步加强公证行业自律监管，强化评查评估和督促整改，完善行业标准，促进公证人员执业行为规范、公证程序正当、公证内容合法。针对上述问题，经上海市人民检察院检察委员会讨论决定，本院现根据《中华人民共和国人民检察院组织法》第二十一条和《人民检察院检察建议工作规定》第十一条第四项之规定，向你会提出如下检察建议：

一、强化自律监管，促进公证行业健康发展。一是严格协会会员的准入与退出机制。依法加强公证机构、公证员的登记管理，按照科学规划、合理布局、优化结构、有序发展的总体要求，引导其规范开展公证业务。协助市司法局对各公证机构的执业公证员人数进行严格管理。完善退出机制，及时发现和查处在执业中违规从事公证业务，甚至从事虚假公证活动的公证机构和公证员，依法向市司法局提出限期停止从事公证业务至吊销或注销公证员执业证书或公证机构执业证书等处罚建议。二是加强日常自律监管。加快推进公证信息化建设，构建公证行业统一监管信息平台，健全完善行业内部查询核验机制，通过业务备案、数据分析等手段加强公证执业日常监测，对公证员的政治素质、业务能力、责任意识、健康状况、惩处情况进行实时掌控，提升自律监管效率和水平。三是不断完善监管体制，预防风险。坚持问题导向，定期对公证自律管理工作进行排查，重点查找是否存在自律监管的漏洞、真空、盲点，认真分析并查明症结。对照实际案例，深入查找公证执业活动中的风险点、内部管理中的异常点、影响公证质量的不足点，建立健全自查清单。

二、加强质量评查，规范全流程公证程序。一是督促公证机构、公证员严格依照《公证法》《公证程序规则》和有关办证规则规定开展公证业务。要求公证员对公证事项进行实质审查，并将当事人提供的证明材料及核实情况的材料、记载询问谈话过程的视频、公证审查意见等材料全部归档，以全流程记录整个公证过程。二是强化质量评查。依法开展定期性监督、检查，重点针对动拆迁证据保全、执行证书、摇号开奖等涉众的疑难复杂公证事项以及其他极易引发矛盾纠纷的公证事项；公证免批事项；公证机构主要负责人或其指定的公证员办理审批事项等内容进行评查，查找普遍性问题，研究可行性方案。注重公证质量建设，质量评查评估和督促整改，不断完善公证质量评估体系。三是进一步完善规范公证执业行为的行业规范和业务标准。针对不同类型的公证事项、不同年龄的当事人、不同的公证阶段等制定差异化的程序标准，以更好满足不同需求、提示不同风险、明确不同审查重点。完善公证协会会员管理、业务培训、质量监管、综合评价等工作制度，形成公证执业活动监督、激励、约束的规范体系。

三、完善惩戒规范，促进公证行业风清气正。一是完善公证行业惩戒规范，细化行业惩戒依据，制定并严格落实执业过错责任追偿制度，确保各类违法违规行为得到及时有效惩戒。健全完善公证员不良执业信息记录披露和查询制度，及时发布公证员惩戒信息。二是督促公证机构、公证员深入贯彻落实“三个规定”精神，建立公正、高效、廉洁的公证审批工作机制，切实治理公证人员与司法人员不正当交往问题，防止公证机构内部人员干预公证案件审批，防止当事人、特殊关系人、中介组织等以不正当方式对公证案件审批进行干涉或者施加影响。三是对于公证人员因未依法定程序公证、未尽审查义务、疏于履行办证审批职责等，致使公证机构出具错证、假证的，严格依法依规依纪追究相关人员责任。进一步加强行业惩戒与行政处罚的工作衔接，坚持教育、惩戒和监督并重，建立健全符合公证行业特点的惩治和预防腐败制度体系。

请你会在收到本建议书后及时研究，若有异议，可在收到本建议书后十五日内向本院提出；若无异议，请采取有效措施推进相关工作，并在二个月内将落实情况以书面形式回复本院。本院将全力支持、共同推动公证行业持续健康规范发展。

2023 年 12 月 1 日

（院印）

回复地址：上海市 ** 区 ** 路 ** 号

邮政编码：******

联系人：** 人民检察院第 * 检察部 ***

联系电话：021 – *******

抄送：上海市司法局

附：相关法律规定

《中华人民共和国人民检察院组织法》

第二十一条　人民检察院行使本法第二十条规定的法律监督职权，可以进行调查核实，并依法提出抗诉、纠正意见、检察建议。有关单位应当予以配合，并及时将采纳纠正意见、检察建议的情况书面回复人民检察院。

《人民检察院检察建议工作规定》

第十一条　人民检察院在办理案件中发现社会治理工作存在下列情形之一的，可以向有关单位和部门提出改进工作、完善治理的检察建议：

（一）涉案单位在预防违法犯罪方面制度不健全、不落实，管理不完善，存在违法犯罪隐患，需要及时消除的；

（二）一定时期某类违法犯罪案件多发、频发，或者已发生的案件暴露出明显的管理监督漏洞，需要督促行业主管部门加强和改进管理监督工作的；

（三）涉及一定群体的民间纠纷问题突出，可能导致发生群体性事件或者恶性案件，需要督促相关部门完善风险预警防范措施，加强调解疏导工作的；

（四）相关单位或者部门不依法及时履行职责，致使个人或者组织合法权益受到损害或者存在损害危险，需要及时整改消除的；

（五）需要给予有关涉案人员、责任人员或者组织行政处罚、政务处分、行业惩戒，或者需要追究有关责任人员的司法责任的；

（六）其他需要提出检察建议的情形。

《中华人民共和国公证法》

第四条　全国设立中国公证协会，省、自治区、直辖市设立地方公证协会。中国公证协会和地方公证协会是社会团体法人。中国公证协会章程由会员代表大会制定，报国务院司法行政部门备案。

公证协会是公证业的自律性组织，依据章程开展活动，对公证机构、公证员的执业活动进行监督。

第二十七条　申请办理公证的当事人应当向公证机构如实说明申请公证的事项的有关情况，提供真实、合法、充分的证明材料；提供的证明材料不充分的，公证机构可以要求补充。

公证机构受理公证申请后，应当告知当事人申请公证事项的法律意义和可能产生的法律后果，并将告知内容记录存档。

《最高人民法院、司法部关于公证机关赋予强制执行效力的债权文书执行有关问题的联合通知》

五、公证机关签发执行证书应当注意审查以下内容：

（一）不履行或不完全履行的事实确实发生；

（二）债权人履行合同义务的事实和证据，债务人依照债权文书已经部分履行的事实；

（三）债务人对债权文书规定的履行义务有无疑义。

《最高人民法院关于公证债权文书执行若干问题的规定》

第五条　债权人申请执行公证债权文书，有下列情形之一的，人民法院应当裁定不予受理；已经受理的，裁定驳回执行申请：

（一）债权文书属于不得经公证赋予强制执行效力的文书；

（二）公证债权文书未载明债务人接受强制执行的承诺；

（三）公证证词载明的权利义务主体或者给付内容不明确；

（四）债权人未提交执行证书；

（五）其他不符合受理条件的情形。

第十二条　有下列情形之一的，被执行人可以依照民事诉讼法第二百三十八条第二款规定申请不予执行公证债权文书：

（一）被执行人未到场且未委托代理人到场办理公证的；

（二）无民事行为能力人或者限制民事行为能力人没有监护人代为办理公证的；

（三）公证员为本人、近亲属办理公证，或者办理与本人、近亲属有利害关系的公证的；

（四）公证员办理该项公证有贪污受贿、徇私舞弊行为，已经由生效刑事法律文书等确认的；

（五）其他严重违反法定公证程序的情形。

被执行人以公证债权文书的内容与事实不符或者违反法律强制性规定等实体事由申请不予执行的，人民法院应当告知其依照本规定第二十二条第一款规定提起诉讼。

《公证程序规则》

第二十一条　公证机构受理公证申请后，应当告知当事人申请公证事项的法律意义和可能产生的法律后果，告知其在办理公证过程中享有的权利、承担的义务。告知内容、告知方式和时间，应当记录归档，并由申请人或其代理人签字。

公证机构受理公证申请后，应当在全国公证管理系统录入办证信息，加强公证办理流程管理，方便当事人查询。

第三十九条　具有强制执行效力的债权文书的公证，应当符合下列条件：

（一）债权文书以给付为内容；

（二）债权债务关系明确，债权人和债务人对债权文书有关给付内容无疑义；

（三）债务履行方式、内容、时限明确；

（四）债权文书中载明当债务人不履行或者不适当履行义务时，债务人愿意接受强制执行的承诺；

（五）债权人和债务人愿意接受公证机构对债务履行情况进行核实；

（六）《公证法》规定的其他条件。

《上海市公证协会章程》

第八条　本会的任务：（一）制定规范、监督会员的执业活动，协助司法行政部门指导本市的公证工作；（二）保障会员依法履行职责，维护会员的合法权益；（三）制定并实施发展规划，开展公证理论研究、工作经验交流；（四）开展职业道德和执业纪律教育，组织公证业务培训；（五）对公证质量进行指导、监督、检查；（六）制定并实施会员的奖励和惩戒办法；（七）调处会员在执业中的纷争，调解公证机构和当事人之间的争议；（八）举办会员福利事业，开展公证文化建设；（九）开展对外交流和合作；（十）宣传公证制度，树立形象，开展文明行业创建活动；（十一）参与立法活动，向有关部门提出法治建设及公证制度建设的建议；（十二）制定并实施团体标准，开展标准化、信息化建设；（十三）组织会员参与社会公益活动；（十四）向会员提供业务信息和咨询服务；（十五）开展对会员的登记、管理；（十六）负责海峡两岸公证书的查证和比对、公证书副本的寄送工作；（十七）负责本市公证专用水印纸的使用管理；（十八）负责本市公证赔偿基金的管理；（十九）完成上海市司法局及中国公证协会委托行使的其他职责。

3. 上海市人民检察院就规范司法鉴定监管问题向某司法局制发检察建议*

上海市人民检察院

检察建议书

沪检建〔2020〕×号

某司法局：

为进一步规范本市道路交通事故人身损害伤情鉴定活动，正确贯彻实施《上海市司法鉴定管理条例》（以下简称条例），维护法律权威，确保司法鉴定活动依法公正有序，本院从本市法院2016—2018年审结的涉及伤情鉴定的道路交通事故人身损害赔偿案件中，抽取了700件案件进行集中评查。评查结果反映，2018年以来，市、区两级司法行政部门加强对本市司法鉴定活动监管，进一步规范司法鉴定秩序，已取得明显成效。但评查中也同时发现司法鉴定活动中突出存在以下三个方面问题：

一、存在未严格执行司法鉴定标准、技术规范的情况。评查发现，部分鉴定未正确适用伤残等级评定有关标准和技术规范，导致鉴定意见不当。如对三期评定，部分鉴定援引《人身损害受伤人员休息期、营养期、护理期评定标准（试行）2008》，部分鉴定则援引2014年或2015年评定标准，适用不同标准直接导致三期时间的计算结果有差异。部分精神鉴定未论证被鉴定人智力测试结果与道路交通事故之间的因果关系，直接以智力测试分数评定伤残等级，缺乏说服力。此外，脑震荡后综合征的评定标准模糊，客观标准少，多凭被鉴定人的主观陈述和鉴定人的主观推断，导致同样伤情评定伤残等级不一。

二、存在未按法定程序开展司法鉴定活动的情况。评查发现，部分鉴定实施时机不当，被鉴定人未作术后内固定取出术等治疗即进行鉴定，

* 2020年度上海市检察机关优秀社会治理检察建议。

影响鉴定意见的科学性、客观性。依据《人体损伤致残程度分级》4.2之规定，应在原发性损伤及其与之确有关联的并发症治疗终结或临床治疗效果稳定后进行鉴定。此外，部分鉴定检材如伤情摄片等与提交法院的证据材料不一致，真实性、合法性存疑。依据条例第二十二条、第二十四条之规定，司法鉴定机构应当核对鉴定材料，发现鉴定材料不真实、不充分或者取得方式不合法的，不得受理。评查还发现，部分鉴定无法定中止审查情形，随意中止鉴定，致使当事人无法及时获得救济。依据《司法鉴定程序通则》（以下简称通则）第二十八条之规定，鉴定机构应当在法定或约定期限内完成鉴定。个别鉴定意见书鉴定人未签名，鉴定机构未盖章。依据通则第三十七条、第三十八条之规定，司法鉴定意见书应由鉴定人签名，并由鉴定机构加盖司法鉴定专用章。少数鉴定人无正当理由拒不配合出庭作证，损害当事人的质证权利，严重影响案件审理。依据通则第四十三条之规定，经人民法院依法通知，司法鉴定人应当出庭作证。

三、存在“鉴定黄牛”活跃、鉴定秩序混乱的情况。评查发现，本市少数司法鉴定人员和“鉴定黄牛”相互串通，由“鉴定黄牛”招揽诱骗交通事故伤者签订事故理赔代理协议，不法鉴定人虚构、夸大伤残等级，甚至在未实际开展鉴定的情况下即出具伤残等级虚高的鉴定意见书，再勾结个别律师通过民事诉讼等方式骗取保险理赔金，侵害当事人和相关利益方的合法权益，扰乱保险市场秩序，形成金融风险隐患，并严重损害司法鉴定公信力和鉴定机构信誉，玷污司法鉴定队伍整体形象，妨害司法公正。同时，评查还发现少数司法鉴定机构、鉴定人不遵守司法鉴定管理法律法规，违反司法鉴定职业道德和执业纪律，以支付回扣或介绍费、进行虚假宣传、诋毁其他同业机构或人员等不正当手段招揽司法鉴定业务，严重扰乱鉴定秩序。

本院认为，司法鉴定工作对维护社会公平和司法公正具有重大意义。作为本市司法鉴定活动的监督管理机关，建议你局进一步加强司法鉴定活动的监督管理，强化经常性的监督检查，规范司法鉴定活动，确保鉴定人员执业行为规范、鉴定程序正当、鉴定意见科学。针对上述问题，经上海市人民检察院检察委员会讨论决定，本院现根据《中华人民共和国人民检察院组织法》第二十一条和《人民检察院检察建议工作规定》第十一条第二项之规定，向你局提出如下检察建议：

一、强化监督管理，促进司法鉴定行业健康发展。一是严把行业准入关。依法加强司法鉴定机构、鉴定人的登记管理，按照条例科学规划、合理布局、优化结构、有序发展的总体要求，引导其规范开展鉴定活动。严格执行司法鉴定许可和司法鉴定人执业标准，强化对申请执业的机构、人员进行评审、能力测试。完善退出机制，对于执业中违规操作，鉴定意见与科学性、客观性相悖，甚至丧失客观中立立场，故意作虚假鉴定的鉴定机构和鉴定人，依法采取限期停止司法鉴定业务至撤销鉴定人、鉴定机构登记等处罚措施，净化行业风气。二是加强日常监管。抓紧建立统一的司法鉴定信息化管理平台，强化与相关司法机关协同，实现对鉴定执业活动的全流程监督管理，并形成机制，依法开展经常性监督、检查。强化质量评估、定期考核和诚信评价，完善激励惩戒机制，将鉴定人出庭作证和鉴定意见采信等情况作为考核重要依据，根据考核结果依法采取相应激励和惩戒措施。三是推行鉴定机构和鉴定人负责制。保障鉴定机构、鉴定人科学、独立、客观、公正开展司法鉴定活动，落实鉴定意见签署制度，督促其秉持执业操守，保守执业活动中知悉的秘密和个人隐私。四是紧抓队伍建设。支持行业协会强化鉴定人员的专业技能学习和业务培训，提升司法鉴定队伍整体业务水平。加强队伍管理，开展专项警示教育活动，提升鉴定机构、鉴定人员的法治意识、责任意识和纪律意识。五是推动行业自律管理。指导市司法鉴定协会依据章程实行行业自律管理，鼓励鉴定机构、鉴定人加入协会，健全司法鉴定行政管理和行业自律管理相结合的管理体制。

二、加强质量评估，促进司法鉴定程序标准规范统一。一是督促鉴定机构、鉴定人员严格依照程序实施鉴定。要求司法鉴定人对鉴定和检验材料的取样、封样、流转等过程进行核对并全流程记录，按期完成鉴定，并按照规定的文书格式制作和出具司法鉴定意见书。二是推动完善相关鉴定标准和技术规范。针对当前人身损害司法鉴定实践中存在的突出问题，指导行业协会组织专家进行研讨，制定司法鉴定规范操作指南，统一精神鉴定、三期计算等具体评定口径，以作出更为科学公允的鉴定意见。建立司法鉴定专家委员会咨询制度，为疑难、复杂鉴定案件提供专家咨询意见。三是督促支持鉴定人出庭作证。对于经审判机关依法通知无法定情形拒不出庭的鉴定人，依法作出相应规制。要求鉴定机构为鉴定人出庭作证提供必要条件，并协同相关部门依法保护鉴定人参加庭审的人身安全及合法权益。

三、依法惩治扰乱鉴定秩序行为，大力整治“鉴定黄牛”。一是依法处理违法鉴定行为。严格依据条例规定，对于具有以不正当手段招揽司法鉴定业务等违法情形的司法鉴定机构、鉴定人，给予相应行政处罚。加强行刑衔接，发现因虚假鉴定构成犯罪的，依法移送司法机关追究刑事责任。二是注重源头治理协力打击“鉴定黄牛”。强化公共法律服务信息平台建设，推广司法鉴定服务和监管二维码，方便群众联系鉴定服务，压制“鉴定黄牛”生存空间，营造良好的鉴定秩序。配合公安机关形成打击合力，惩治“鉴定黄牛”的违法行为。

请你局在收到本建议书后及时研究，采取有效措施推进相关工作，并在二个月内将落实情况以书面形式回复本院。如有异议，请在收到检察建议书之日起十日内向本院提出。

2020 年 5 月 28 日

（院印）

回复地址：上海市 ** 区 ** 路 ** 号

邮政编码： ******

联系人：** 人民检察院第 * 检察部 ***

联系电话：021 – *******

附：相关法律法规

《中华人民共和国人民检察院组织法》

第二十一条　人民检察院行使本法第二十条规定的法律监督职权，可以进行调查核实，并依法提出抗诉、纠正意见、检察建议。有关单位应当予以配合，并及时将采纳纠正意见、检察建议的情况书面回复人民检察院。

《人民检察院检察建议工作规定》

第十一条　人民检察院在办理案件中发现社会治理工作存在下列情形之一的，可以向有关单位和部门提出改进工作、完善治理的检察建议：

……

（二）一定时期某类违法犯罪案件多发、频发，或者已发生的案件暴露出明显的管理监督漏洞，需要督促行业主管部门加强和改进管理监督工作的；

《司法鉴定程序通则》

第二十八条　司法鉴定机构应当自司法鉴定委托书生效之日起三十个工作日内完成鉴定。

鉴定事项涉及复杂、疑难、特殊技术问题或者鉴定过程需要较长时间的，经本机构负责人批准，完成鉴定的时限可以延长，延长时限一般不得超过三十个工作日。鉴定时限延长的，应当及时告知委托人。

司法鉴定机构与委托人对鉴定时限另有约定的，从其约定。

在鉴定过程中补充或者重新提取鉴定材料所需的时间，不计入鉴定时限。

第三十七条　司法鉴定意见书应当由司法鉴定人签名。多人参加的鉴定，对鉴定意见有不同意见的，应当注明。

第三十八条　司法鉴定意见书应当加盖司法鉴定机构的司法鉴定专用章。

第四十三条　经人民法院依法通知，司法鉴定人应当出庭作证，回答与鉴定事项有关的问题。

《上海市司法鉴定管理条例》

第二十二条　司法鉴定机构收到鉴定材料后，应当核对并记录鉴定材料的名称、种类、数量、性状、保存状况、收到时间等，不得接受未经办案机关确认的鉴定材料。

鉴定事项涉及个人人身的，司法鉴定机构应当对被鉴定人及其陪同人员的身份信息进行识别和记录。

第二十四条　司法鉴定委托事项有下列情形之一的，司法鉴定机构不得受理：

（一）委托鉴定事项超出本机构司法鉴定业务范围的；

（二）发现鉴定材料不真实、不充分或者取得方式不合法的；

（三）鉴定用途不合法或者违背社会公德的；

（四）鉴定要求不符合司法鉴定执业规则或者相关鉴定技术规范的；

（五）鉴定要求超出本机构技术条件或者鉴定能力的；

（六）办案机关就同一鉴定事项同时委托其他司法鉴定机构进行鉴定的；

（七）其他不符合法律、法规规定的情形。

4. 上海市人民检察院就加强点播影院行业治理问题向行业主管部门制发检察建议*

上海市人民检察院

检察建议书

沪检建〔2021〕×号

行业主管部门：

看电影是人民群众喜闻乐见的娱乐形式。发展电影产业，对于弘扬社会主义核心价值观，满足人民群众日益增长的美好生活需求具有积极意义。上海是中国电影发源地。长期以来，你部门按照市委市政府的部署和要求，积极协调相关行政监管部门共同扶持、助推、规范电影产业发展，点播影院等影视新兴业态创新层出不穷，为上海打造具有国际影响力的文化高地做出重要贡献。但本院发现，本市性侵未成年人案件数量连续多年呈上升趋势，其中发生在点播影院的案件占有一定比例。这些案件严重侵害了未成年被害人的合法权益，给社会带来不稳定因素，也影响了点播影院行业的健康发展，不利于提升上海城市软实力。结合上述案件办理，本市检察机关对点播影院的经营和监管情况进行了调查，发现不少点播影院存在经营管理不规范等问题，在一定程度上为违法犯罪行为提供了便利条件，亟待重视和解决。

一是点播影院登记备案落实不到位，制约行业规范发展。根据《点播影院、点播院线管理规定》及本市相关工作要求，点播影院应当同时持有市场监督管理部门核发的营业执照和电影主管部门核发的电影放映经营许可证，并向电影主管部门进行登记备案。但在对浦东、静安、长宁、奉贤等区抽样调查过程中发现，点播影院证照不齐、未登记备案等情况普遍存在，制约了行业的规范发展。

---

* 2021 年度上海市检察机关优秀社会治理检察建议。

二是点播影院存在治安隐患，不利于未成年人保护。根据《点播影院、点播院线管理规定》第二十一条，点播影院应当遵守治安、消防、公共场所卫生等法律、法规规定。但调查发现，点播影院主要以个性化、私密化的观影体验吸引消费者，影院内部被分割成多个中小型包间，包间内隔音并设有榻榻米型座椅、床等可以躺卧的设施，可关闭型内锁、可遮蔽门窗的遮帘等，形成高度私密的空间。同时，点播影院普遍存在通宵包夜、午夜场、24 小时营业等情况，接纳未成年人夜间留宿，且不登记身份证件信息，不利于消防及公共安全，且为性侵害等违法犯罪行为提供了便利条件。

三是点播影院行业规范不健全，影响行政监管成效。2018 年 3 月，国家新闻出版广电总局制定了《点播影院、点播院线管理规定》，主要就点播影院的电影放映、发行活动进行规范，没有对日常经营、治安管理等提出具体要求。同时，《娱乐场所管理办法》《娱乐场所管理条例》等行政法规没有明确将点播影院列入监管范围，《上海市文化娱乐市场管理条例》也没有就点播影院的营业时间、设施配置、接待未成年人注意义务等提出针对性要求，导致行政机关执法依据不足，影响监管效果，也不利于点播影院行业的可持续发展。

未成年人是祖国未来、民族希望，保护未成年人是全社会的共同责任。对于发生在点播影院的性侵未成年人案件既要坚持严厉打击，又要从源头上加强治理，引导、扶持点播影院行业健康、稳定、繁荣发展。鉴于你部门是本市点播影院行业主管部门，为进一步加强对点播影院的监督管理，有效预防违法犯罪行为，根据《中华人民共和国未成年人保护法》《中华人民共和国人民检察院组织法》《人民检察院检察建议工作规定》等相关法律法规，经上海市人民检察院检察委员会决定，提出如下检察建议：

一是深入推进本市点播影院市场规范整治活动。今年 1 月以来，你部门积极履职，联合相关行政监管部门开展为期一年的点播影院市场规范整治活动，取得了较好成效。建议继续加强与相关行政监管部门的配合协作，健全完善常态化的登记管理、巡查监管机制，进一步加大对违规经营、无证经营点播影院的查处力度，督促第三方网络平台全面下架不合格影院信息，杜绝“黑”影院现象。同时，加大对行业法规以及未成年人保护法律、政策的宣传力度，引导点播影院经营者、从业者主动遵守国家法律法规，自觉树立未成年人保护意识。

二是促进完善点播影院治安管理措施。建议你部门会同相关行政监管部门开展针对点播影院治安管理的综合整治活动，参照《未成年人保护法》《娱乐场所管理办法》等法律法规的相关规定，结合点播影院经营活动特殊性以及预防违法犯罪的需要，就点播影院营业时间、包厢设置、未成年人保护措施、强制报告制度落实等制定统一规范，最大限度地消除治安隐患，为未成年人创造更加安全舒适的观影环境。

三是引导点播影院行业规范有序发展。建议你部门充分发挥行业主管作用，推动完善本市点播影院相关管理规定，明确监管主体、执法标准，强化违法责任，建立行政执法协作机制。指导成立点播影院行业协会、出台行业标准，助推形成政府监管、行业自律、商户自治、社会监督的联防联控治理体系，引导、促进本市点播影院产业的健康、可持续发展，为人民群众提供更加优质的文化娱乐服务。

请你部门在收到本建议书后及时研究，采取有效措施推进相关工作，并在一个月内将落实情况以书面形式回复本院。如有异议，请在收到检察建议书之日起十日内向本院提出。

附件：1. 2020年以来上海市检察机关办理的发生在点播影院的性侵未成年人案件情况（略）；
2. 静安、浦东、长宁、奉贤区点播影院抽样调查情况表（略）；
3. 相关法律法规。

2021年9月10日

（院印）

回复地址：上海市 ** 区 ** 路 ** 号

邮政编码： ******

联系人： ** 人民检察院第 * 检察部 ***

联系电话：021 - *******

附件 3：相关法律法规

《中华人民共和国人民检察院组织法》

第二十一条　人民检察院行使本法第二十条规定的法律监督职权，可以进行调查核实，并依法提出抗诉、纠正意见、检察建议。有关单位应当予以配合，并及时将采纳纠正意见、检察建议的情况书面回复人民检察院。

《人民检察院检察建议工作规定》

第十一条　人民检察院在办理案件中发现社会治理工作存在下列情形之一的，可以向有关单位和部门提出改进工作、完善治理的检察建议：

（一）涉案单位在预防违法犯罪方面制度不健全、不落实，管理不完善，存在违法犯罪隐患，需要及时消除的；

（二）一定时期某类违法犯罪案件多发、频发，或者已发生的案件暴露出明显的管理监督漏洞，需要督促行业主管部门加强和改进管理监督工作的；

（三）涉及一定群体的民间纠纷问题突出，可能导致发生群体性事件或者恶性案件，需要督促相关部门完善风险预警防范措施，加强调解疏导工作的；

（四）相关单位或者部门不依法及时履行职责，致使个人或者组织合法权益受到损害或者存在损害危险，需要及时整改消除的；

（五）需要给予有关涉案人员、责任人员或者组织行政处罚、政务处分、行业惩戒，或者需要追究有关责任人员的司法责任的；

（六）其他需要提出检察建议的情形。

《中华人民共和国未成年人保护法》

第十一条　任何组织或者个人发现不利于未成年人身心健康或者侵犯未成年人合法权益的情形，都有权劝阻、制止或者向公安、民政、教育等有关部门提出检举、控告。

国家机关、居民委员会、村民委员会、密切接触未成年人的单位及其工作人员，在工作中发现未成年人身心健康受到侵害、疑似受到侵害或者面临其他危险情形的，应当立即向公安、民政、教育等有关部门报告。

第五十七条　旅馆、宾馆、酒店等住宿经营者接待未成年人入住，或者接待未成年人和成年人共同入住时，应当询问父母或者其他监护人的联系方式、入住人员的身份关系等有关情况；发现有违法犯罪嫌疑的，应当立即向公安机关报告，并及时联系未成年人的父母或者其他监护人。

第一百一十四条　公安机关、人民检察院、人民法院和司法行政部门发现有关单位未尽到未成年人教育、管理、救助、看护等保护职责的，应当向该单位提出建议。被建议单位应当在一个月内作出书面回复。

《点播影院、点播院线管理规定》

第四条　国务院电影主管部门负责全国点播影院、点播院线电影放映、发行活动的监督管理工作。

县级以上地方人民政府电影主管部门负责本行政区域内点播影院、点播院线电影放映、发行活动的监督管理工作。

第五条　企业、个体工商户设立点播影院，应当向所在地县级人民政府电影主管部门提出申请，并应当符合以下条件：

（一）放映设备、放映质量和计费系统符合国务院电影主管部门规定的技术规范；

（二）所设单个影厅的银幕宽度不超过 6 米，观众有效座位数不超过 20 个；

（三）有拟加入的点播院线或者处于筹建期的点播院线；

（四）法定代表人或者主要负责人未处于电影从业禁止期间。

第七条　电影主管部门应当依照《中华人民共和国电影产业促进

法》第二十五条的规定，对符合条件的点播影院，颁发电影放映经营许可证；对符合条件的点播院线，颁发电影发行经营许可证。

第二十一条　点播影院应当遵守治安、消防、公共场所卫生等法律、法规规定，维护放映场所的公共秩序和环境卫生，保障观众的安全与健康。

第二十五条　电影主管部门应当加强对点播影院、点播院线的日常监督管理。

《娱乐场所管理条例》

第十五条　歌舞娱乐场所应当按照国务院公安部门的规定在营业场所的出入口、主要通道安装闭路电视监控设备，并应当保证闭路电视监控设备在营业期间正常运行，不得中断。

歌舞娱乐场所应当将闭路电视监控录像资料留存30日备查，不得删改或者挪作他用。

第十六条　歌舞娱乐场所的包厢、包间内不得设置隔断，并应当安装展现室内整体环境的透明门窗。包厢、包间的门不得有内锁装置。

第二十八条　每日凌晨2时至上午8时，娱乐场所不得营业。

《娱乐场所管理办法》

第二十三条第二款　消费者利用娱乐场所从事违法违规活动的，娱乐场所应当制止，制止无效的应当及时报告文化主管部门或者公安机关。

第二十四条　娱乐场所应当在显著位置悬挂娱乐经营许可证、未成年人禁入或者限入标志，标志应当注明“12318”文化市场举报电话。

《上海市文化娱乐市场管理条例》

第二条　本条例所称的营业性文化娱乐场所是指以营利为目的的下列场所：

（一）舞厅、卡拉OK厅；

（二）游戏机房；

（三）游艺机房；

（四）国家或者本市规定的其他文化娱乐场所。

《旅馆业治安管理办法》

第二条　凡经营接待旅客住宿的旅馆、饭店、宾馆、招待所、客货栈、车马店、浴池等（以下统称旅馆），不论是国营、集体经营，还是合伙经营、个体经营、外商投资经营，不论是专营还是兼营，不论是常年经营，还是季节性经营，都必须遵守本办法。

第四条　申请开办旅馆，应经主管部门审查批准，经当地公安机关签署意见，向工商行政管理部门申请登记，领取营业执照后，方准开业。

第六条　旅馆接待旅客住宿必须登记。登记时，应当查验旅客的身份证件，按规定的项目如实登记。

5. 上海市人民检察院第一分院就地下停车库部分停车位及道路设置不合理问题向某规划和自然资源局制发检察建议*

上海市人民检察院第一分院

检察建议书

沪检一分建〔2022〕×号

某规划和自然资源局：

本院在办理一起要求撤销竣工规划验收合格证及行政复议决定的案件中，发现本市某小区联排别墅地下停车库（以下简称别墅地下停车库）部分停车位及道路设置均存在不合理之处，产生影响社会稳定的不利因素。主要是：

第一，停车区域设计不合理，影响业主出行。别墅地下停车库内，部分业主在地下室入户门前设置停车位，间距较小，妨碍居民通行，且受影响业主数量比例较大。经调查核实，该小区共有360户居民，其中，163户居民地下室入户门前均被设置成停车位，占总户数的比例超过45%，占比较高，影响范围较广。入户门前停车位的设置分为标准停车位与微型停车位两种，标准停车位的泊位线外缘距入户门间距为1.2—1.3米不等，虽然地下室入户门为内开门，不影响居民开关入户门，但在标准停车位停放车辆的情况下，车辆与入户门的距离仅0.45米左右，行人只能侧身通行。行人若想步行至机动车道，亦需在停放车辆与柱子之间侧身通行，未设置行人正常通行通道。部分消防栓因紧邻停车位，车辆停泊后，消防栓无法无障碍地完全打开，影响消防安全。该小区属人车分流小区，物件的搬运主要从地下室入户门进入室内。如遇需搬运物品或需使用老年人辅助行走设施、残障设施、担架、儿童椅等设施的特殊情况，则会面临无法通行的局面，给业主

* 2022年度上海市检察机关优秀社会治理检察建议。

日常生活带来不便。一旦发生紧急险情，停放在入户门前车位的车辆也会影响室内人员的正常疏散，威胁居民生命安全。

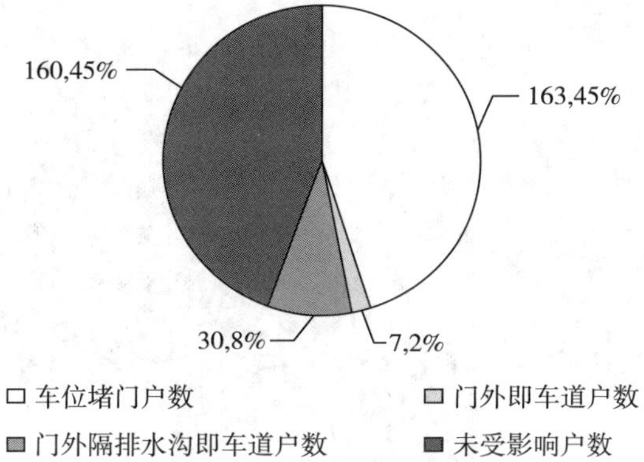

某小区部分地下车位统计情况

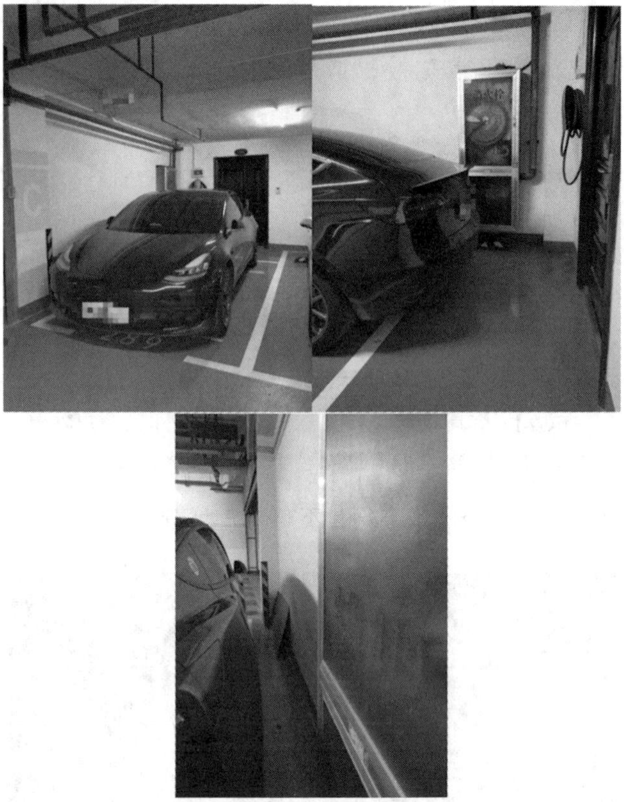

某小区部分地下车库实况

第二，机动车行驶车道布局不科学，具有安全隐患。部分地下室入户门前为机动车双向行驶车道且未设置安全防护措施，存在极大安全隐患。经统计，7户居民入户门紧邻机动车双向行驶车道，30户居民入户门与机动车行驶车道边界仅间隔0.4米的排水通道。该类情况在整个小区停车库设计中并不属于少数情况。根据一般社会经验，车辆驾驶员不一定完全了解停车库入户门设置情况，亦无法预知何户居民何时开门。虽然车辆在行驶过程中驾驶员有注意义务，但在没有行人通道的机动车行驶车道一侧设有多处地下室入户门的情况，则超出一般驾驶员正常预期范围。如若小孩、老人抑或残障人士从入户门前出现，发生人身伤害的可能性则会大大上升。

公共行人通道处既紧邻机动车行驶车道，又未在地面设置醒目的标识，无法保障驾驶员能正常地辨认公共行人出入口。

部分入户门与机动车行驶车道边界仅间隔 0.4 米的排水通道，虽然设有排水沟盖板，但该盖板系由不连续的长方形活动盖板组成，容易移位，出入行人如踏空极易造成人身意外伤害。

地下车库的上述种种设置增加了人们日常生活的不安全感，提升了人们日常生活的注意义务，增加了小区安全风险隐患。

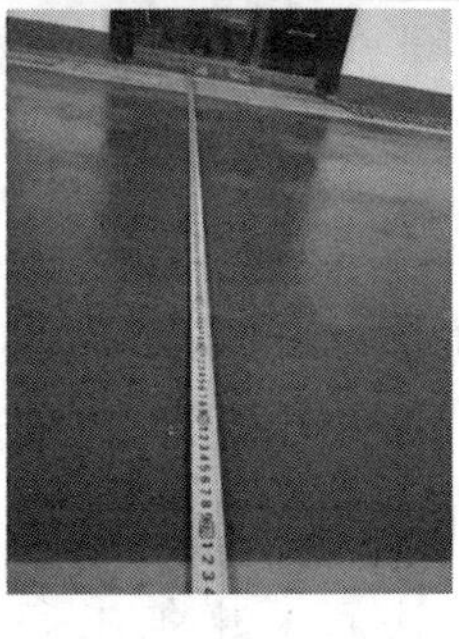

第三，因欠缺安全性及合理性，引发多起诉讼。小区业主曾因地下停车库部分停车位设计不合理、机动车道路缺乏安全性，影响业主的人身安全与出行利益，提起多起行政复议、民事诉讼或行政诉讼，诉求较为明显，矛盾比较突出。就地下停车库设置问题，5户居民曾提起要求撤销上海市某区规划和自然资源局作出的涉案小区《上海市建设工程竣工规划验收合格证》及上海市规划和自然资源局作出的《行政复议决定书》的行政诉讼；3户居民曾因不服上海市某区交通委员会于2017年12月19日作出的《上海市机动车停车场（库）竣工验收意见单》，要求予以撤销；5户居民曾因入户门与车位或车道之间的矛盾问题提起要求小区物业公司排除妨害，消除危险的民事诉讼。因地下停车库欠缺合理性与安全性，严重影响业主日常生活，为解决该问题，业主不仅提起与开发建设单位的民事诉讼，亦提起与行政机关的行政诉讼，试图通过多种渠道解决日常实际问题，可见解决停车场设置的安全性与合理性问题迫在眉睫。

综上，根据《中华人民共和国人民检察院组织法》第二十一条、《人民检察院行政诉讼监督规则》第一百三十六条、《人民检察院检察建议工作规定》第三条、第十一条第（六）项，结合《汽车库、修车库、停车场设计防火规范（GB 50067）》《建筑设计防火规范（GB 50016）》《城市停车设施建设指南》《上海市停车场（库）管理办法》等相关规范性文件，向你局提出如下检察建议：

第一，以人民为中心，提升建筑设计合理性与安全性。行使建筑规划审批职能时，提升机动车停车库在停车区域及交通设计方面的合理性与安全性。虽然地下停车库规划审批部分由区交通委员会负责审核，但是规划审批行为由你单位以自己的名义作出，故你单位应当承担行政行为的主体责任。应当与区交通委员会共同要求建设单位在报批阶段提供详细停车库交通设计图、停车泊位划分图等材料。要严格按照《汽车库、修车库、停车场设计防火规范（GB 50067）》《建筑设计防火规范（GB 50016）》《城市停车设施建设指南》及《上海市停车场（库）管理办法》《建筑工程交通设计及停车库（场）设置标准》

等技术标准规范予以审查。同时，对于规范性文件没有规定，但设计又未考虑人们日常通行及安全实际需求、可能产生合理性及安全性影响的设计方案，转变只考虑满足小区配建停车位指标、忽视停车泊位规划与交通设计合理性及安全性要求的理念。应当要求报批单位合理规划停车区域，停车泊位的设置不得影响业主正常通道，更要顾及消防、民防、市政以及其他设备合理使用区间等因素，保障人身安全，提升人民安全感、幸福感，避免因停车库设计问题引发社会矛盾。

第二，以批文为标准，严格依法验收建设项目。地下停车库验收过程中，应当严格依照经审批的建设方案予以验收。对与审批建设方案不符的，应当督促开发建设单位、交通设施施工单位及停车测绘单位等主体做好停车区域或交通设计不安全、不合理之处的整修改变工作。具备现场整改条件的，要求开发建设单位整改到位；对于无法整改的，应予以明确公示且要作为对外销售和出租的不利因素，充分、提前告知买受人和租赁人，保障买受人和租赁人的知情权。

第三，以服务为理念，适时开展停车库综合治理。以人为本是服务型政府的治理理念。某区因环境优美，建有较多别墅型小区，结合辖区内“停车泊位设计合理性问题”，可考虑适时开展综合治理工程，减轻已投入使用但设计不合理的停车泊位的负面影响。根据不同住宅小区实际情况提出差别化治理方案，如停车泊位存在相关设计不合理问题但存在整改可能的，则考虑对相关停车泊位进行整改；如为满足小区业主日益增长的停车需求，增加车位与安全性有一定冲突的，如本案入户门紧邻车道的情形，可采取安装行人出入感应灯等方法，积极做好相关停车泊位管理工作，减少安全隐患，减少社会矛盾，做好“民心工程”。

第四，以需求为导向，修改地方规范性文件。现行有关停车建设标准及规范方面往往比较宏观、宽泛，虽然这些规范性文件制定的目的是考虑到各地区实际情况不同，为了各地便于操作，故制定标准有一定弹性。但上海作为一个超大型城市，人们在停车安全、便捷出行方面有更多、更高的需求。应充分考虑上海的实际情况，结合现实中存在的问题，区分建筑不同功能、不同定位，如本案中某小区就要区别于多层住户小区的停车需求，制定便于操作、利于监管的地方规范性文件，以解决人们现实需求，满足人们对美好生活的向往。

如认为检察建议所述事实不成立或检察建议缺乏法律依据，可在收到检察建议后两个月内向本院提出异议。

请你局在收到检察建议后两个月内作出处理并将处理结果书面回复本院。

2022 年 1 月 12 日

（院印）

回复地址：上海市 ** 区 ** 路 ** 号

邮政编码：******

联系人：** 人民检察院第 * 检察部 ***

联系电话：021 - *******

抄送：上海市某区交通管理委员会

附：相关法律规定

《中华人民共和国人民检察院组织法》

第二十一条　人民检察院行使本法第二十条规定的法律监督职权，可以进行调查核实，并依法提出抗诉、纠正意见、检察建议。有关单位应当予以配合，并及时将采纳纠正意见、检察建议的情况书面回复人民检察院。

《人民检察院检察建议工作规定》

第三条　人民检察院可以直接向本院所办理案件的涉案单位、本级有关主管机关以及其他有关单位提出检察建议。

第十一条　人民检察院在办理案件中发现社会治理工作存在下列

情形之一的，可以向有关单位和部门提出改进工作、完善治理的检察建议：

（一）涉案单位在预防违法犯罪方面制度不健全、不落实，管理不完善，存在违法犯罪隐患，需要及时消除的；

（二）一定时期某类违法犯罪案件多发、频发，或者已发生的案件暴露出明显的管理监督漏洞，需要督促行业主管部门加强和改进管理监督工作的；

（三）涉及一定群体的民间纠纷问题突出，可能导致发生群体性事件或者恶性案件，需要督促相关部门完善风险预警防范措施，加强调解疏导工作的；

（四）相关单位或者部门不依法及时履行职责，致使个人或者组织合法权益受到损害或者存在损害危险，需要及时整改消除的；

（五）需要给予有关涉案人员、责任人员或者组织行政处罚、政务处分、行业惩戒，或者需要追究有关责任人员的司法责任的；

（六）其他需要提出检察建议的情形。

《人民检察院行政诉讼监督规则》

第一百三十六条　人民检察院办理行政诉讼监督案件，向有关单位和部门提出检察建议，本规则没有规定的，适用《人民检察院检察建议工作规定》的相关规定。

《中华人民共和国城乡规划法》

第四十五条　县级以上地方人民政府城乡规划主管部门按照国务院规定对建设工程是否符合规划条件予以核实。未经核实或者经核实不符合规划条件的，建设单位不得组织竣工验收。

建设单位应当在竣工验收后六个月内向城乡规划主管部门报送有关竣工验收资料。

《上海市城乡规划条例》

第四十三条　建设单位或者个人完成基地内建筑、道路、绿化、公共设施等建设后，应当向规划行政管理部门提交竣工图和竣工测绘报告等资料，申请竣工规划验收。

规划行政管理部门受理申请后，应当在十五个工作日内验收完毕。经审核，建设项目按照规划许可的要求全面完成建设，并已拆除基地内临时建筑和不准予保留的旧建筑的，应当核发竣工规划验收合格证。不符合竣工验收条件的，不予通过验收并提出书面整改意见。

6. 上海市浦东新区人民检察院、浙江省 A 市人民检察院就部分侨胞擅自买卖外汇问题向 A 市侨办制发检察建议*

上海市浦东新区人民检察院
浙江省 A 市人民检察院

检察建议书

沪浦检建〔2023〕×号

A 市人民政府侨务办公室：

党的十八大以来，以习近平同志为核心的党中央高度重视金融风险防范化解工作。本院和 A 市人民检察院在先后办理某甲非法经营案中发现，某甲利用其在罗马尼亚经商之便，未经国家有关主管部门批准，非法为在罗马尼亚的多位中国侨民提供罗马尼亚货币与人民币、美元等货币的兑换业务，涉案金额巨大，涉案人数众多，构成非法经营罪。同时，此案反映出长三角地区部分侨胞在从事跨境贸易时，涉外汇法律意识淡薄，擅自买卖外汇或者随意找他人买卖外汇的行为常见、多发。此种行为不仅扰乱了我国外汇管理制度，也使侨胞的财物处于极大风险，甚至可能让行为人身陷囹圄，需引起高度重视。

一、非法买卖外汇的社会危害和风险隐患

依据《中华人民共和国外汇管理条例》及相关规定，我国对外汇实行“集中管理、统一经营”。只有经外汇管理机关批准的金融机构才能经营结、售汇业务，其他任何组织、个人未经批准不得擅自经营结、售汇业务；经营外汇业务的金融机构应当按照国务院外汇管理部门的规定为客户开立外汇账户，并通过外汇账户办理外汇业务。未经外汇管理机关批准，擅自从事外汇买卖的行为同时触犯我国的行政法规与刑法规范，具有严重的社会危害性和极大的风险隐患。

---

* 2023 年度上海市检察机关优秀社会治理检察建议。

（一）非法买卖外汇的行为触犯我国《刑法》的规定，构成刑事犯罪。根据《全国人民代表大会常务委员会关于惩治骗购外汇、逃汇和非法买卖外汇犯罪的决定》第四条、《中华人民共和国刑法》第二百二十五条：在国家规定的交易场所以外非法买卖外汇，扰乱市场秩序，情节严重的，依照刑法第二百二十五条的规定，以非法经营罪定罪处罚。本案中某甲原系罗马尼亚A市同乡会秘书长，经营牛仔裤出口和罗马尼亚当地的超市业务，且在抗击疫情过程中为A市做出了一定贡献，原本应有良好的个人发展前景，却因利用境内外贸易中收取外汇的便利条件，以“对敲”方式进行变相外汇买卖，触犯刑法的规定，面临数年的法律制裁，其后果不可谓不严重。

（二）通过非法途径兑换外汇，资金、征信安全无法保障。因通过“换汇黄牛”兑换外汇，资金被卷走、诈骗的案例时有发生。同时，我国对外汇实行的“集中管理、统一经营”政策，必然导致通过非官方途径兑换外汇必须要借助个人账户或地下钱庄进行，此举将使得侨胞的资金处于极大风险中。本案中某甲为他人兑换的相关账户，资金流水达14亿余元，与其生产经营规模明显不符，涉嫌经营地下钱庄，与其发生交易的账户极易被司法机关查扣、冻结。同时，此类违法换汇的个人账户常与电信诈骗、帮助信息网络犯罪活动罪等黑灰产业的相关账户交叉，面临被依法冻结、划拨的情况，极易导致侨胞的资金无法及时收回。此外，个人多次非法买卖外汇的行为，还涉嫌违反《个人外汇管理办法》第三十条的规定，最高将被处以违法金额的30%作为行政处罚，处罚记录将被纳入中国人民银行征信系统，对侨民的个人信用产生不良影响。

（三）非法买卖外汇破坏国家外汇管理制度，社会危害巨大。本案系公安机关在开展专项行动时发现。通过对相关人员账户流水的梳理与排查，发现某甲等“换汇黄牛”采用境内外资金对敲的方式，完成资金非法汇兑和转移，使得资金在境内外实行单向循环，游离于国家外汇管理体系之外，导致资本外流，影响国际收支统计准确性，不利于我国金融安全的稳定发展。此外，非法买卖外汇的账户多存在“快进快出，集中转入，分散转出，账户留存余额较少”等特征，极易被黑、灰资金盯上，为恐怖主义、走私、贩毒、贪腐等犯罪行为提供洗钱便利，助长上游犯罪行为，进一步危害社会安全及金融稳定，形成金融犯罪的温床。

二、问题形成的原因

通过本案中被告人的供述、部分侨胞的证言，结合后期的调研、走访后，本院发现，造成上述问题的原因如下：

一是普法工作有待进一步加强。大量侨胞对我国《外汇管理条例》《个人外汇管理办法》以及《刑法》的规定缺乏必要了解，导致其对非法买卖外汇的违法性、危害性、风险性并不了解；加之侨胞之间私下买卖的传统习俗延续至今，应当依法依规办理个人外汇业务的理念尚未深入人心；政策宣传、普法工作有待进一步提高与完善。

二是缺乏合适便捷的交易平台。侨民“创业海外，贡献故里”，是连接中国与海外的重要桥梁。但也存在部分侨胞不懂外语，与当地银行沟通不畅，无法顺利在境外开立账户的困难；因对外汇申报资料的不了解，导致外汇账户被冻结的情况时有发生；因信息差无法及时了解当地政府、银行提供给侨胞的便利政策和便捷平台，导致部分正当的换汇、结汇需求无法满足；个人合法结汇金额每年只有5万美元，额度较少。

三是风险意识尚未建立。本案中侨胞反映，在境外持有现金不安全，需要尽快兑换成人民币汇入境内，而相较于正规渠道而言，通过“换汇黄牛”兑换外汇手续便捷、费用低。其出于贪小思想，为节省手续费，故意绕开正规机构，向个人进行非法外汇买卖，对于上述行为的风险性未产生正确认识。

三、防范此类问题的建议

A市系著名的华侨之乡，大量A市籍侨胞在各类海外侨团中担任会长、秘书长等职务，华侨们对祖国家乡的经济发展、海外统战工作以及国内慈善事业做出了巨大贡献。为更好地保障华侨的合法权益，避免其因法律知识缺乏，陷于法律囹圄，遭受不合法换汇行为导致的财物损失，根据《中华人民共和国人民检察院组织法》第二十一条、《人民检察院检察建议工作规定》第三条、第十一条之规定，特向你办提出如下建议：

（一）加强法制宣传，倡导依法依规开展换汇活动。充分发挥侨办宣传A市外侨信息、传达涉侨法律法规及政策的功能，利用微信群、新媒体等渠道，加强对我国《外汇管理条例》《个人外汇管理办法》及相关细则中外汇管理制度、《刑法》等法律中涉外汇犯罪法律规定的宣传，引导侨胞侨眷完整了解我国现行的涉外汇管理相关规定；以案释法，警钟长鸣，通过身边的人和事，强化侨胞侨眷的风险意识，让其充分认识非法买卖外汇的社会危害性和法律风险；树立正确的外汇秩序观，提倡选择正规可靠的金融机构合法开展外汇兑换等金融活动，远离地下钱庄交易。

（二）加强调查研究，保护侨胞合法权益。对侨胞在资金结算、结汇换汇等方面遇到的困难，进行调研走访，为市委、市政府对侨务工作决策提供信息和依据；对侨胞反映的在换汇方面的现实困难和境外办税困难等问题，积极联系我国驻外使馆、领馆，协助做好保护华侨正当权益的工作（外办职能）；发挥A市籍海外侨团的矩阵优势，协助建立完善与当地外汇管理部门、金融机构的沟通联络机制，及时收集、转发面对侨胞侨眷推出的便捷服务政策；充分利用现有的浙江省内国际贸易综合信息服务、外汇管理系统等平台，为有真实贸易背景和外汇兑换需求的侨胞提供更为便捷的服务流程和帮助。

（三）引导社团规范运作、规范管理。某甲原系罗马尼亚A市同乡会秘书长，原本应当作为统战工作的典范促进国内外资源整合与优化，却擅自利用同乡会的组织便利，自2016年开始即面向众多罗马尼亚A市同乡会的会员进行非法外汇买卖，造成极大不良影响。建议贵单位进一步加强对同乡会等社团组织的引导、管理，提醒督促其做好侨胞权益保护等工作，切实做到规范运作、规范管理。

以上建议如有异议，请自收到之日起七日内提出，如无异议，请自收到之日起两个月内将落实情况书面回复本院。

2023年9月5日

（院印）

回复地址：上海市 ** 区 ** 路 ** 号
邮政编码：******
联系人：** 人民检察院第 * 检察部 ***
联系电话：021 – *******

抄送：A 市归国华侨联合会

附：相关法律规定

《中华人民共和国刑法》

第二百二十五条　违反国家规定，有下列非法经营行为之一，扰乱市场秩序，情节严重的，处五年以下有期徒刑或者拘役，并处或者单处违法所得一倍以上五倍以下罚金；情节特别严重的，处五年以上有期徒刑，并处违法所得一倍以上五倍以下罚金或者没收财产：

（一）未经许可经营法律、行政法规规定的专营、专卖物品或者其他限制买卖的物品的；

（二）买卖进出口许可证、进出口原产地证明以及其他法律、行政法规规定的经营许可证或者批准文件的；

（三）未经国家有关主管部门批准非法经营证券、期货、保险业务的，或者非法从事资金支付结算业务的；

（四）其他严重扰乱市场秩序的非法经营行为。

《全国人民代表大会常务委员会关于惩治骗购外汇、逃汇和非法买卖外汇犯罪的决定》

四、在国家规定的交易场所以外非法买卖外汇，扰乱市场秩序，情节严重的，依照刑法第二百二十五条的规定定罪处罚。

《中华人民共和国外汇管理条例》

第七条　经营外汇业务的金融机构应当按照国务院外汇管理部门的规定为客户开立外汇账户，并通过外汇账户办理外汇业务。经营外汇业务的金融机构应当依法向外汇管理机关报送客户的外汇收支及账户变动情况。

第二十四条　金融机构经营或者终止经营结汇、售汇业务，应当经外汇管理机关批准；经营或者终止经营其他外汇业务，应当按照职责分工经外汇管理机关或者金融业监督管理机构批准。

《个人外汇管理办法》

第三十条　境内个人从事外汇买卖等交易，应当通过依法取得相应业务资格的境内金融机构办理。

《中华人民共和国人民检察院组织法》

第二十一条　人民检察院行使本法第二十条规定的法律监督职权，可以进行调查核实，并依法提出抗诉、纠正意见、检察建议。有关单位应当予以配合，并及时将采纳纠正意见、检察建议的情况书面回复人民检察院。

抗诉、纠正意见、检察建议的适用范围及其程序，依照法律有关规定。

《人民检察院检察建议工作规定》

第三条　人民检察院可以直接向本院所办理案件的涉案单位、本级有关主管机关以及其他有关单位提出检察建议。

需要向涉案单位以外的上级有关主管机关提出检察建议的，应当层报被建议单位的同级人民检察院决定并提出检察建议，或者由办理案件的人民检察院制作检察建议书后，报被建议单位的同级人民检察院审核并转送被建议单位。

需要向下级有关单位提出检察建议的，应当指令对应的下级人民检察院提出检察建议。

需要向异地有关单位提出检察建议的，应当征求被建议单位所在地同级人民检察院意见。被建议单位所在地同级人民检察院提出不同意见，办理案件的人民检察院坚持认为应当提出检察建议的，层报共同的上级人民检察院决定。

第十一条　人民检察院在办理案件中发现社会治理工作存在下列情形之一的，可以向有关单位和部门提出改进工作、完善治理的检察建议：

（一）涉案单位在预防违法犯罪方面制度不健全、不落实，管理不完善，存在违法犯罪隐患，需要及时消除的；

（二）一定时期某类违法犯罪案件多发、频发，或者已发生的案件暴露出明显的管理监督漏洞，需要督促行业主管部门加强和改进管理监督工作的；

（三）涉及一定群体的民间纠纷问题突出，可能导致发生群体性事件或者恶性案件，需要督促相关部门完善风险预警防范措施，加强调解疏导工作的；

（四）相关单位或者部门不依法及时履行职责，致使个人或者组织合法权益受到损害或者存在损害危险，需要及时整改消除的；

（五）需要给予有关涉案人员、责任人员或者组织行政处罚、政务处分、行业惩戒，或者需要追究有关责任人员的司法责任的；

（六）其他需要提出检察建议的情形。

7. 上海市徐汇区人民检察院就医疗保障基金监管问题向某医疗保障部门制发检察建议*

上海市徐汇区人民检察院

检察建议书

沪徐检建〔2021〕×号

上海市某医疗保障部门：

2021年6月，本院在办理犯罪嫌疑人某甲涉嫌诈骗罪等案件中，发现本区存在不法分子通过冒用他人医疗保险卡大量配取药品后倒卖牟利，导致国家医保统筹资金流失的问题。本案中，某甲于2020年6月至2021年2月期间，以租赁等方式取得他人医疗保险卡后，多次至本市多家医疗机构以代配药为名大量配药后倒卖牟利，骗得国家医保统筹资金共计人民币5.7万余元。经本院批准，某甲由上海市公安局某分局执行逮捕，目前案件正在审查起诉中。

为查清医疗保险卡被冒用的原因，本院走访了涉案的A街道社区卫生服务中心、B医院、C街道社区卫生服务中心和D医院等医疗机构，了解代配药管理制度，同时对公安机关收集的涉案医疗保险卡结算明细、药品购置清单、代配药登记簿等材料进行核实，发现委托代配药制度在执行过程中存在如下问题：

一是相关医疗机构执行制度不严。根据《关于医疗保险定点医疗机构门诊委托代配药有关规定的通知》（沪医保［2001］93号，以下简称《通知》）的规定，医疗机构应指定管理部门负责医保门诊代配药管理；委托代配药应到医疗机构指定的管理部门予以登记，并出示就医职工医疗保险卡和被委托人的有效证件，经审核后在门诊处方上加盖“代配药”字样章后方可记账配药；医疗机构应妥善保管委托代

* 2021年度全国检察机关优秀社会治理检察建议。

配药登记表，以备核查。本案中，对于委托代配药，部分医疗机构未设立专门的登记制度，部分医疗机构未严格执行登记制度，无代配药登记表或填写不规范，致使代配药者只要持有他人医疗保险卡即可冒充其亲友进行配药。如犯罪嫌疑人蒋某某实施犯罪时，或拒绝登记，或只填写姓名、不填写身份证号码和联系方式，或填写虚假身份信息，均顺利配得药品。

二是门诊医师审核把关不严。根据《通知》规定，因特殊情况至医疗机构就诊确有困难而需临时门诊委托代配药的，原则上不得连续超过三次，此后应到门诊复查；医疗门诊医师需根据门诊病历记载的治疗方案的药物处方配药，并在门诊病历上记录代配药品种、用药量以及代配药的次数，在处方上注明“代配药”字样。据此，门诊医师应当对代配药请求进行审核及记录，但本案中存在超过规定次数仍允许代配药的情况。如犯罪嫌疑人蒋某某使用他人医疗保险卡先后四次在C街道社区卫生服务中心代配大量药物均得逞，且门诊医师未在门急诊就医记录册、处方和配药信息系统中备注“代配药”字样。

三是预警阻断机制被规避。《上海市基本医疗保险门急诊就诊和医疗费用异常的审核管理办法》中对于就诊和医疗费用异常情形设置了预警阻断机制。本案中，犯罪嫌疑人蒋某某在一家医疗机构中单次配药品种和数量未超过处方允许的最大配药数量，但其短时间内一人使用多张医疗保险卡在多家医疗机构频繁配药。目前相关预警阻断机制被其规避，不能及时阻断此类代配药异常行为。

基本医疗保险基金是国家用于保障参保人员基本用药需求的专项资金，是人民群众的救命钱。《基本医疗保险用药管理暂行办法》（国家医疗保障局令第1号，以下简称《办法》）第二十三条规定，参保人使用《基本医疗保险药品目录》内药品发生的费用，符合该条规定条件的，可由基本医疗保险基金支付。《医疗保障基金使用监督管理条例》（以下简称《条例》）第十五条和第十八条规定，定点医药机构及其工作人员应当执行实名就医和购药管理规定，核验参保人员医疗保障凭证，按照诊疗规范提供合理、必要的医药服务，不得违反诊疗规范超量开药、重复开药，不得诱导、协助他人冒名或者虚假就医、购药。定点医药机构应当确保医疗保障基金支付的费用符合规定的支付范围。参保人员不得利用其享受医疗保障待遇的机会转卖药品，接受返还现金、实物或者获得其他非法利益。定点医药机构不得为参保人员利用其享受医疗保障待遇的机会转卖药品，接受返还现金、实物或者获得其他非法利益提供便利。委托代配药制度的设立是为了方便高龄或行动不便等确有困难的慢性病病人用药。防范犯罪分子以代配药为借口诈骗医保基金，是一个综合性问题，一方面需要加强管理、严格审核，防止医保统筹资金损失，另一方面仍应服务于设立该制度的便民初衷。

根据《办法》第六条第三款和《条例》第六条第二款的规定，你部门负责本区医疗保障基金使用监督管理工作以及《基本医疗保险药品目录》和相关政策的实施。据此，为预防医疗保险诈骗案件的发生，切实维护医保基金安全，根据《中华人民共和国人民检察院组织法》第二十一条、《人民检察院检察建议工作规定》第三条第一款、第十一条第二项的规定，建议你部门协同有关部门研究并协调落实以下事项：

一是协同本区司法机关建立对违法犯罪行为的联动查处机制，严厉打击冒用医疗保险卡、套取国家医保统筹资金的违法犯罪活动。医疗机构应当严格审核代配药者身份并进行登记，发现可疑人员，及时将相关信息上报你部门。你部门应加强对可疑信息的核查，发现存在诈骗医保基金可能的，及时向司法机关移送线索，做到行政执法与刑事司法有效衔接。

二是组织动员本区各街镇、所辖各定点医药机构广泛深入开展法治宣传教育。委托代配药是常见现象，公众对于将医疗保险卡出借、出租给他人使用可能涉及违法犯罪缺乏认知度。应当通过各种平台和载体广泛宣传，使广大群众充分了解冒用他人医疗保险卡配药，受损对象是国家的医保基金，骗保是犯罪行为，在全社会形成一种共识，自觉抵制出借医疗保险卡牟利的诱惑。

三是协同某卫生健康主管部门建立和完善全区统一的委托代配药管理制度。《通知》对委托代配药进行了规制，但该规定较为原则，如规定“因特殊情况至医疗机构就诊确有困难”的可以委托代配药，但没有明确何为“特殊情况”；对于“一人多卡”及代配药数量没有限制。因此，可对上述管理制度进行细化，建立全区统一的委托代配药管理细则，比如要求持卡人出具和就医职工存在亲友关系的证明或授权书，核实被委托人身份证件并进行代配药登记后方可配药，便于医疗机构识别代配药者的真实身份；对于代配药次数和频率、使用他人医疗保险卡次数、代配药物种类和数量等进行更为科学的限制，使医疗机构执行有据可依。

四是协同某卫生健康主管部门督促本区医务人员严格遵守代配药管理制度。一些医务人员在审核代配药人员资质及配药申请方面未严格遵照《通知》规定，存在审核把关不严的问题。应加强对本区负责配药发药和管理代配药登记的医务人员的思想教育，督促其严格遵守本市代配药的规章制度，对于不符合条件的代配药人员的要求予以拒绝。督促医疗机构将代配药制度落实情况纳入绩效考核中，对于故意违反代配药制度的医务人员，依法依规追究相应责任。

以上建议望你部门予以重视。若有异议，请于收到本检察建议书后及时书面函告本院。若无异议，请将相关采纳落实情况于本检察建议书送达之日起二个月内书面回复本院。

2021 年 9 月 7 日

（院印）

回复地址：上海市 ** 区 ** 路 ** 号

邮政编码：******

联系人：** 人民检察院第 * 检察部 ***

联系电话：021 - *******

抄送：某卫生健康主管部门

附：相关法律规定

《中华人民共和国人民检察院组织法》

第二十一条　人民检察院行使本法第二十条规定的法律监督职权，可以进行调查核实，并依法提出抗诉、纠正意见、检察建议。有关单位应当予以配合，并及时将采纳纠正意见、检察建议的情况书面回复人民检察院。

抗诉、纠正意见、检察建议的适用范围及其程序，依照法律有关规定。

《人民检察院检察建议工作规定》

第三条　人民检察院可以直接向本院所办理案件的涉案单位、本级有关主管机关以及其他有关单位提出检察建议。

……

第十一条　人民检察院在办理案件中发现社会治理工作存在下列情形之一的，可以向有关单位和部门提出改进工作、完善治理的检察建议：

……

（二）一定时期某类违法犯罪案件多发、频发，或者已发生的案件暴露出明显的管理监督漏洞，需要督促行业主管部门加强和改进管理监督工作的；

……

《基本医疗保险用药管理暂行办法》

第六条第三款　统筹地区医疗保障部门负责《药品目录》及相关政策的实施，按照医保协议对定点医药机构医保用药行为进行审核、监督和管理，按规定及时结算和支付医保费用，并承担相关的统计监测、信息报送等工作。

第二十三条　参保人使用《药品目录》内药品发生的费用，符合以下条件的，可由基本医疗保险基金支付：

（一）以疾病诊断或治疗为目的；

（二）诊断、治疗与病情相符，符合药品法定适应症及医保限定支付范围；

（三）由符合规定的定点医药机构提供，急救、抢救的除外；

（四）由统筹基金支付的药品费用，应当凭医生处方或住院医嘱；

（五）按规定程序经过药师或执业药师的审查。

《医疗保障基金使用监督管理条例》

第六条第二款　县级以上地方人民政府医疗保障行政部门负责本行政区域的医疗保障基金使用监督管理工作。县级以上地方人民政府其他有关部门在各自职责范围内负责有关的医疗保障基金使用监督管理工作。

第十五条　定点医药机构及其工作人员应当执行实名就医和购药管理规定，核验参保人员医疗保障凭证，按照诊疗规范提供合理、必要的医药服务，向参保人员如实出具费用单据和相关资料，不得分解住院、挂床住院，不得违反诊疗规范过度诊疗、过度检查、分解处方、超量开药、重复开药，不得重复收费、超标准收费、分解项目收费，不得串换药品、医用耗材、诊疗项目和服务设施，不得诱导、协助他人冒名或者虚假就医、购药。

定点医药机构应当确保医疗保障基金支付的费用符合规定的支付范围；除急诊、抢救等特殊情形外，提供医疗保障基金支付范围以外的医药服务的，应当经参保人员或者其近亲属、监护人同意。

第十八条　在医疗保障基金使用过程中，医疗保障等行政部门、医疗保障经办机构、定点医药机构及其工作人员不得收受贿赂或者取得其他非法收入。

《关于医疗保险定点医疗机构门诊委托代配药有关规定的通知》

（沪医保规〔2021〕15号）

一、为保证用药安全，参保人员原则上不得代配药。因特殊情况至定点医疗机构就诊确有困难而需临时代配药的，仅限于经临床医师诊断明确、病情稳定、治疗方案确定的门诊慢性病。委托代配药原则上不得连续超过3次，此后应到门诊复查。

二、定点医疗机构门诊医师需根据门诊病历记载的治疗方案的药物处方配药，并在门诊病历上记录疾病诊断、代配药品种、用药量以及代配药的次数，在处方上注明“代配药”字样。

三、定点医疗机构应在门诊显要位置设置代配药登记提示，指定管理部门负责代配药管理，充分利用信息技术手段开展代配药登记、管理工作。代配药应到定点医疗机构指定的管理部门予以登记，并出示代配药委托人社会保障卡等基本医疗保险凭证和受托人的有效身份证明，经审核后在门诊处方上加盖“代配药”字样章后方可记帐配药。

四、定点医疗机构应妥善保管代配药登记记录，以备核查。鼓励定点医疗机构将代配药登记、管理嵌入医疗机构信息系统，方便门诊医师及医疗机构指定的管理部门开展工作。

《上海市基本医疗保险门急诊就诊和医疗费用异常的审核管理办法》

（沪医保规〔2020〕6号）

三、就诊和医疗费用异常的情形

参保人员有下列情形之一的，医保监管部门应开展异常情形监管：

（一）异常就诊频次

1. 月门诊就诊次数累计15次及以上；

2. 月门急诊就诊次数累计20次及以上；

3. 月门诊出现单日门诊超4次累计3天及以上；

4. 月门诊出现单日门诊医院超3家累计3天及以上；

5. 年度门诊就诊次数累计100次及以上；

（二）异常就诊费用

1. 月门诊费用累计5000元及以上；

2. 年度内门诊费用累计20000元及以上；

3. 年度内门急诊费用累计25000元及以上；

（三）异常就诊行为

1. 同种疾病配取同类药品种数超常规；

2. 同种疾病配取同种药品累计用量超常规；

3. 结算与本人疾病无关的药品、诊疗项目、医用耗材等。

8. 上海市静安区人民检察院就“保险黑产”问题向保险同业公会、涉案保险企业制发检察建议*

上海市静安区人民检察院

检察建议书

沪静检建〔2021〕×号

某保险同业公会：

近期，本院在办理多起涉及保险公司的职务侵占、侵犯公民个人信息案件中发现，2018年以来，部分前保险公司从业人员纠集社会闲散人员，组成非法销售保单的黑色产业犯罪团伙（以下简称黑产团伙），勾结保险公司人员，非法获取投保人信息，诱骗投保人重新购买保单，以挂新人单等手法，骗取保险公司新人补贴，造成保险公司损失约300万元（以下币种均为人民币），尚有多起案件仍在侦办中。通过调研还发现，本市浦东、奉贤等地司法机关也办理了多起黑产团伙以先虚构假单、后恶意退保的方式骗取保险公司佣金的案件。根据七家涉案寿险公司上海分公司的统计，在2020年期间因非正常退保造成经济损失高达1.02亿元。上述保险黑产犯罪危害严重，不仅造成保险公司巨额财产损失、投保人正当权益损害，而且给保险公司商业信誉、保险行业营商环境带来不利影响，其暴露出的主要问题如下：

一是对投保人信息管控不到位。部分保险公司未建立专门制度对投保人信息进行管理，仅将投保人信息纳入保单管理范围，对离职人员离职前上交、销毁涉及投保人信息等敏感资料规定不明确；部分保险公司尽管对投保人信息设有管理制度，但未严格执行，导致投保人信息被滥用或泄漏。

二是对业务账号使用存在管理盲区。保险公司未将管理人员异常

* 2021年度上海市检察机关优秀社会治理检察建议。

使用业务账号的现象纳入管控范围，没有根据使用时间和使用场景等对业务账号实行差异化管理，对涉及投保人信息的部分敏感内容未设置相应保护措施，导致黑产团伙使用业务账号大量查询保单、获取投保人信息。

三是对从业人员身份审核有漏洞。部分保险公司对从业人员无实质身份审核。保险代理人、内勤服务人员等从业人员以账号密码、手机验证码等方式登录手机应用程序，登录后即可销售保单、查询客户个人信息等。这一审核方式过于简单，无法防止黑产团伙挂靠、冒用从业人员身份，实施犯罪行为。

四是对投保人身份审核不严格。部分保险公司对于投保人身份、住址及联系方式等个人信息审核不严格、不细致，在回访处理时未及时处理信息异常的保单，致使黑产团队冒用他人身份或使用部分虚假个人信息投保，进而实施犯罪行为。

五是对从业人员业绩审查机制不健全。部分保险公司为鼓励销售，缺少主动审查销售保单真实性的制度规定，对于新老员工业绩倒挂、新人销售业绩明显不合理等情况未引起重视，未及时核实调查，造成各保险业务团队之间“劣币驱逐良币”。

六是对投诉退保件处理不规范。部分保险公司为降低投诉率，对于投诉至监管部门的退保件，不论缘由悉数允诺全额退保。黑产团伙则利用保险公司这一弱点，通过向监管部门恶意投诉，迫使保险公司全额退保，从而骗取保险业务佣金。

七是对从业人员教育管理有缺位。保险公司对从业人员的法治教育不够，部分从业人员责任意识不强、法治观念淡薄，少数从业人员甚至走上伙同黑产团伙买卖公民个人信息、侵吞公司新人补贴的违法犯罪道路。部分保险公司出于业绩考虑，对违反规定异地展业持放任态度，客观上纵容了黑产销售人员的违规活动。

八是行刑衔接、监检合作尚不紧密。行业协会、监管部门与司法机关尚未建立打击防范保险黑产犯罪长效机制，不利于形成工作合力，加大对保险黑产的惩处力度。

为了进一步加强保险公司内部管理，规范从业人员经营行为，增强预防和打击保险黑产犯罪的工作合力，根据《中华人民共和国人民检察院组织法》第二十一条、最高人民检察院《人民检察院检察建议工作规定》第十一条第一项的规定，特提出如下建议：

一是健全落实投保人信息管理制度。在原有投保人信息查询管控系统的基础上，建立投保人信息管理制度，明确使用权限，加强审核把关。对离职人员严格执行即时停用客户信息访问权限、交接或销毁客户信息等敏感资料的规定，确保客户信息安全。

二是强化业务账号管理和从业人员身份审核。利用信息手段对于从业人员异常使用业务账号情况进行预警提示，加大分析排查力度，防范客户信息泄露；通过指纹锁、面部识别等技术手段，强化从业人员身份审核，防止从业人员违规外借账号。

三是加强投保人身份情况核验。对投保人投保使用的身份信息、社会信用等情况的真实性严格审核，确认投保人是否是本人。在处理投保人退保、理赔等情况时，保险公司应当严格履责，对发现投保人冒用身份或使用虚假信息等情况，及时按照保险合同及公司规章制度进行处理。

四是加强从业人员业绩真实性审核。进一步完善业绩审核制度，对投保、退保、转投保、理赔等重点环节加强审查复核，结合佣金奖惩机制，加大对制作虚假保险单证、挂单等情形的惩处力度。建立业绩追溯机制，明确保险代理人和各层管理人员责任，确保业绩的真实性。

五是规范处理投诉退保件。正确理解监管规定，配合监管部门甄别黑产投诉退保件与正常投诉退保件。对正常投诉退保件，配合第三方调解机构妥善处理。对于经核查系虚假保险单证、挂单后恶意投诉退保等情形，应依据法律法规处理，不能为降低投诉率而有所迁就。同时，注意收集相关证据材料，对于可能涉嫌犯罪的，及时移送司法机关处理。

六是加强从业人员法治教育。通过具体案例，开展从业人员警示教育，做到以案为鉴，警钟长鸣，努力提升法治意识。结合企业自身特点，进一步细化保险从业人员监督管理制度，引导他们在追求业绩的同时，更要关注保险行业的社会属性，积极培育“以诚取信、以人为本”的职业道德。

七是推动行业共治和群防群治。组织保险公司开展内部自查自纠，促进依法依规经营，建立涉保险黑产“黑名单”制度及案件信息互通机制，实现全行业信息共享与风险提示，推进行业共治。加大对外宣传力度，提高社会公众对保险黑产危害性的认识，促进群防群治。

八是构建保险黑产惩防长效机制。加强与司法机关、监管部门的沟通协作，共同推进建立打击防范保险黑色产业长效机制，深化行业治理与行政执法、刑事司法衔接，多措并举，协力推动保险行业黑色产业源头治理。

如对以上检察建议持有异议，可自收到本检察建议书十五日内向本院以书面形式提出。以上检察建议请认真研究落实，督促业内公司采取切实措施进行改进，并将落实情况在一个月内函告本院。

2021 年 5 月 19 日

（院印）

回复地址：上海市 ** 区 ** 路 ** 号

邮政编码：******

联系人：** 人民检察院第 * 检察部 ***

联系电话：021 – *******

抄送：国家金融监督管理部门

附：相关法律法规

《中华人民共和国人民检察院组织法》

第二十一条　人民检察院行使本法第二十条规定的法律监督职权，

可以进行调查核实，并依法提出抗诉、纠正意见、检察建议。有关单位应当予以配合，并及时将采纳纠正意见、检察建议的情况书面回复人民检察院。

《人民检察院检察建议工作规定》

第三条 人民检察院可以直接向本院所办理案件的涉案单位、本级有关主管机关以及其他有关单位提出检察建议。

第十一条 人民检察院在办理案件中发现社会治理工作存在下列情形之一的，可以向有关单位和部门提出改进工作、完善治理的检察建议：

（一）涉案单位在预防违法犯罪方面制度不健全、不落实，管理不完善，存在违法犯罪隐患，需要及时消除的；

（二）一定时期某类违法犯罪案件多发、频发，或者已发生的案件暴露出明显的管理监督漏洞，需要督促行业主管部门加强和改进管理监督工作的；

（三）涉及一定群体的民间纠纷问题突出，可能导致发生群体性事件或者恶性案件，需要督促相关部门完善风险预警防范措施，加强调解疏导工作的；

（四）相关单位或者部门不依法及时履行职责，致使个人或者组织合法权益受到损害或者存在损害危险，需要及时整改消除的；

（五）需要给予有关涉案人员、责任人员或者组织行政处罚、政务处分、行业惩戒，或者需要追究有关责任人员的司法责任的；

（六）其他需要提出检察建议的情形。

《中华人民共和国保险法》

第四条 从事保险活动必须遵守法律、行政法规，尊重社会公德，不得损害社会公共利益。

第五条 保险活动当事人行使权利、履行义务应当遵循诚实信用原则。

第十七条 订立保险合同，采用保险人提供的格式条款的，保险人向投保人提供的投保单应当附格式条款，保险人应当向投保人说明合同的内容。

对保险合同中免除保险人责任的条款，保险人在订立合同时应当在投保单、保险单或者其他保险凭证上作出足以引起投保人注意的提示，并对该条款的内容以书面或者口头形式向投保人作出明确说明；未作提示或者明确说明的，该条款不产生效力。

第一百一十六条　保险公司及其工作人员在保险业务活动中不得有下列行为：

（一）欺骗投保人、被保险人或者受益人；

（二）对投保人隐瞒与保险合同有关的重要情况；

（三）阻碍投保人履行本法规定的如实告知义务，或者诱导其不履行本法规定的如实告知义务；

（四）给予或者承诺给予投保人、被保险人、受益人保险合同约定以外的保险费回扣或者其他利益；

（五）拒不依法履行保险合同约定的赔偿或者给付保险金义务；

（六）故意编造未曾发生的保险事故、虚构保险合同或者故意夸大已经发生的保险事故的损失程度进行虚假理赔，骗取保险金或者牟取其他不正当利益；

（七）挪用、截留、侵占保险费；

（八）委托未取得合法资格的机构或者个人从事保险销售活动；

（九）利用开展保险业务为其他机构或者个人牟取不正当利益；

（十）利用保险代理人、保险经纪人或者保险评估机构，从事以虚构保险中介业务或者编造退保等方式套取费用等违法活动；

（十一）以捏造、散布虚假事实等方式损害竞争对手的商业信誉，或者以其他不正当竞争行为扰乱保险市场秩序；

（十二）泄露在业务活动中知悉的投保人、被保险人的商业秘密；

（十三）违反法律、行政法规和国务院保险监督管理机构规定的其他行为。

第一百三十一条　保险代理人、保险经纪人及其从业人员在办理保险业务活动中不得有下列行为：

（一）欺骗保险人、投保人、被保险人或者受益人；

（二）隐瞒与保险合同有关的重要情况；

（三）阻碍投保人履行本法规定的如实告知义务，或者诱导其不履行本法规定的如实告知义务；

（四）给予或者承诺给予投保人、被保险人或者受益人保险合同约定以外的利益；

（五）利用行政权力、职务或者职业便利以及其他不正当手段强迫、引诱或者限制投保人订立保险合同；

（六）伪造、擅自变更保险合同，或者为保险合同当事人提供虚假证明材料；

（七）挪用、截留、侵占保险费或者保险金；

（八）利用业务便利为其他机构或者个人牟取不正当利益；

（九）串通投保人、被保险人或者受益人，骗取保险金；

（十）泄露在业务活动中知悉的保险人、投保人、被保险人的商业秘密。

第一百七十九条　违反法律、行政法规的规定，情节严重的，国务院保险监督管理机构可以禁止有关责任人员一定期限直至终身进入保险业。

第一百八十一条　违反本法规定，构成犯罪的，依法追究刑事责任。

《关于规范人身保险经营行为有关问题的通知》

一、关于展业宣传

（一）保险公司及其代理人应正确宣传人身保险产品，不得夸大或变相夸大保险合同的利益，不得预测不确定的利益。对投资连结类产品，可以用假设收益率向投保人解释保单价值的累积过程，但必须书面声明该收益率只是假设的，既非用以往业绩为基础，也非对未来收益的预测。

（二）保险公司员工或代理人在展业时，必须将保险合同的责任免除事项对投保人逐项解释清楚；在正式签发保单前，必须向投保人出示退保说明和保单前三年度退保金额，并逐一说明，出具保单时应将该保单对应的现金价值表附在保单之上。

（三）保险公司的产品宣传资料、投保设计和投保书等应由总公司或总公司授权的分公司设计样式和内容，其他分支机构及其代理人不得擅自变更或另行印制。

二、关于投保人、被保险人签名

（一）人身保险投保书、健康及财务告知书，以及其他表明投保意愿或申请变更保险合同的文件，应当由投保人亲自填写，由他人代填的，必须有投保人亲笔签名确认，不得由他人代签。

（二）按照《保险法》规定，凡是需要被保险人同意后投保人才能为其订立或变更保险合同的，以及投保人指定或变更受益人的，必须有被保险人亲笔签名确认，不得由他人代签。被保险人为无民事行为能力人或限制民事行为能力人的，由其监护人签字，不得由他人代签。

投保人、被保险人因残疾等身体原因不能签字的，由其指定的代理人签字。

（三）严禁保险公司工作人员和代理人替投保人、被保险人填写投保书和签名，或诱使他人代替填写和签名。保险公司及其代理人在销售保单时必须向投保人、被保险人说明（一）、（二）的要求，凡是不符合（一）、（二）要求的投保或变更申请，必须经投保人、被保险人进行补签名，否则保险公司不得接受。

（四）2000 年 11 月 1 日前，各保险公司应当对已承保的人身险保单进行清理，办理补签名手续。在此期间内，如果本文规定的投保人、被保险人及其监护人或指定代理人认定保单非本人签名并拒绝补签，保险公司又无法证明对方已经签字或缴费的，如属于保险公司员工或代理人责任，保险公司应退还全部保费，如属于对方责任，保险公司可扣除手续费后退还保费，如无法确定责任，由保险公司和对方协商解决或诉讼解决。自 2000 年 11 月 1 日起，各保险公司对该日之前签发的人身险保单，应视为本人签名。自本文下发之日起，各保险公司必须在展业流程中加入防止代签名的有关程序，凡是发现代理人再有代签名或误导客户代签名的行为，保险公司应当与该代理人解除代理合同。

……

八、关于佣金和手续费支付

除向代理人、经纪人支付手续费和佣金以外，保险公司不得向投保人或其经办人员及其他有关人员支付手续费、佣金或回扣。手续费一律通过银行转账支付，不得支付现金，更不得向个人支付现金或银行储蓄存单。

保险公司应当制定适当措施，在已经支付了佣金或手续费而后又发生保单退保的情况下，相应调整对承揽该笔业务的代理人、经纪人的佣金或手续费支出。

九、关于保险公司的误导行为

保险公司及其代理人不得在明知有影响保险合同效力的因素或者事实存在的情况下，仍然误导不知情的投保人、被保险人订立或变更保险合同的。

……

《关于进一步加强保险业诚信建设的通知》

……

二、勇于正视问题。保险业的诚信问题，存在于管理、经营的各个方面，突出表现为：设计保单时，用晦涩或所谓专业性的语言设置陷阱，待出险或给付时逃避保险责任；对客户进行误导宣传，为获取业务不择手段；借助权力部门的力量，以联合发文、会议纪要、口头命令等方式发展业务；通过协议或借行业协会名义联合限价、划分市场进行垄断经营；展业理赔两张脸，通过拖延赔付、无理拒赔等手段侵害被保险人利益；有的从业人员利用保险业人才缺乏和管理上的漏洞，非正常地频繁在公司间流动，并对原单位进行恶意诋毁或唆使鼓动老客户退保，扰乱市场秩序，损害被保险人利益。各单位要根据实际情况，从被保险人反映最强烈、最影响保险业持续健康协调快速发展的问题入手，找准诚信建设的突破口。把诚信建设抓实，抓出成效。

……

四、保险机构要把诚信经营作为生命线。各保险机构是开展保险业诚信建设的主体，要认真抓好全体从业人员特别是各级领导的诚信教育，打牢诚信经营的思想基础；彻底清理本单位的保单，对于不明确、不规范、晦涩难懂的条款进行清理修订，不给欺诈误导可乘之机；把提高理赔质量作为规范经营和提高公司竞争力的核心内容来抓，彻底改变展业理赔两张脸的不良社会形象；及时真实地提供有关人员和经营方面的信用信息，自觉接受社会监督。

……

七、加强组织领导。各地区各单位要加强对保险业诚信建设的组织领导，认真分析本辖区、本单位的形势和存在的问题，并根据实际情况，制定建设性的工作计划和有效的落实措施；要严格落实责任制，将诚信建设工作的成绩、问题等纳入管理、经营等各方面业绩的考核范畴；要通过自查自纠、行业自律、行政监管等各种有效手段，加大对失信行为的查处力度，努力创造诚信得益、失信受惩的良好发展环境；要自觉接受各级政府的领导，加强同有关部门的联系和协作，把保险业诚信建设纳入当地社会信用建设的总体进程和规划之中。

《保险中介从业人员继续教育暂行办法》

第五条　保险中介从业人员继续教育应遵循社会化运作原则。保险中介机构应当对本机构的从业人员进行培训，保险公司应当对受其委托的保险代理机构的有关业务人员进行的专业培训。专业培训机构、高等院校、保险行业协会在满足保险监管机构规定培训条件的情况下，可以参与保险中介从业人员培训。

上海市静安区人民检察院

检察建议书

沪静检建〔2021〕×号

某保险股份有限公司上海分公司：

近期，本院在办理多起涉及你公司的职务侵占、侵犯公民个人信息案件中发现，2018年以来，部分前保险公司从业人员纠集社会闲散人员，组成非法销售保单的黑色产业犯罪团伙（以下简称黑产团伙），勾结你公司人员，非法获取投保人信息，诱骗投保人重新购买保单，以挂新人单等手法，骗取新人补贴，造成你公司损失约300万元（以下币种均为人民币），尚有多起案件仍在侦办中。上述保险黑产犯罪危害严重，不仅造成保险公司巨额财产损失、投保人正当权益损害，而且给保险公司商业信誉带来不利影响，其暴露出的主要问题如下：

一是对投保人信息管控不到位。未建立专门制度对投保人信息进行管理，仅将投保人信息纳入保单管理范围，对离职人员离职前上交、销毁涉及投保人信息等敏感资料规定不明确。

二是对业务账号使用存在管理盲区。未将管理人员异常使用业务账号的现象纳入管控范围，没有根据使用时间和使用场景等对业务账号实行差异化管理，对涉及投保人信息的部分敏感内容未设置相应保护措施，导致黑产团伙使用业务账号大量查询保单、获取投保人信息。

三是对从业人员身份审核有漏洞。保险代理人、内勤服务人员等从业人员以账号密码、手机验证码等方式登录手机应用程序，登录后即可销售保单、查询客户个人信息等。这一审核方式过于简单，无法防止黑产团伙挂靠、冒用从业人员身份，实施犯罪行为。

四是对投保人身份审核不严格。对投保人身份、住址及联系方式等个人信息审核不严格、不细致，在回访处理时未及时处理信息异常的保单，致使黑产团队冒用他人身份或使用部分虚假个人信息投保，进而实施犯罪行为。

五是对从业人员业绩审查机制不健全。缺少主动审查销售保单真实性的制度规定，对于新老员工业绩倒挂、新人销售业绩明显不合理等情况未引起重视，未及时核实调查。

六是对从业人员教育管理有缺位。对从业人员的法治教育不够，部分从业人员责任意识不强、法治观念淡薄，少数从业人员甚至走上伙同黑产团伙买卖公民个人信息、侵吞公司新人补贴的违法犯罪道路。对违反规定异地展业未进行管控，被黑产销售人员利用。

为了进一步加强公司内部管理，规范从业人员经营行为，根据《中华人民共和国人民检察院组织法》第二十一条、最高人民检察院《人民检察院检察建议工作规定》第十一条第一款的规定，特提出如下建议：

一是健全落实投保人信息管理制度。在原有投保人信息查询管控系统的基础上，建立投保人信息管理制度，明确使用权限，加强审核把关。对离职人员严格执行即时停用客户信息访问权限、交接或销毁客户信息等敏感资料的规定，确保客户信息安全。

二是强化业务账号管理和从业人员身份审核。利用信息手段对于从业人员异常使用业务账号情况进行预警提示，加大分析排查力度，防范客户信息泄露；通过指纹锁、面部识别等技术手段，强化从业人员身份审核，防止从业人员违规外借账号。

三是加强投保人身份情况核验。对投保人投保使用的身份信息、社会信用等情况的真实性严格审核，确认投保人是否是本人。在处理投保人退保、理赔等情况时，保险公司应当严格履责，对发现投保人冒用身份或使用虚假信息等情况，及时按照保险合同及公司规章制度进行处理。

四是加强从业人员业绩真实性审核。进一步完善业绩审核制度，对投保、退保、转投保、理赔等重点环节加强审查复核，结合佣金奖惩机制，加大对制作虚假保险单证、挂单等情形的惩处力度。建立业绩追溯机制，明确保险代理人和各层管理人员责任，确保业绩的真实性。

五是加强从业人员法治教育。 通过具体案例，开展从业人员警示教育，做到以案为鉴，警钟长鸣，努力提升法治意识。结合企业自身特点，进一步细化保险从业人员监督管理制度，引导他们在追求业绩的同时，更要关注保险行业的社会属性，积极培育“以诚取信、以人为本”的职业道德。

六是推动企业依法依规经营和群防群治。 开展内部自查自纠，规范处理投诉退保件，配合行业公会建立涉保险黑产“黑名单”制度及案件信息互通机制，加大面向社会公众的宣传力度，促进群防群治。

如对以上检察建议持有异议，可自收到本检察建议书十五日内向本院以书面形式提出。以上检察建议请认真研究落实，采取切实措施进行改进，并将落实情况在一个月内函告本院。

2021 年 5 月 18 日

（院印）

回函地址：上海市 ** 区 ** 路 ** 号

邮政编码：******

联系人：** 人民检察院第 * 检察部 ***

联系电话：021 – *******

附：相关法律法规

《中华人民共和国人民检察院组织法》

第二十一条　人民检察院行使本法第二十条规定的法律监督职权，可以进行调查核实，并依法提出抗诉、纠正意见、检察建议。有关单位应当予以配合，并及时将采纳纠正意见、检察建议的情况书面回复人民检察院。

《人民检察院检察建议工作规定》

第三条　人民检察院可以直接向本院所办理案件的涉案单位、本级有关主管机关以及其他有关单位提出检察建议。

第十一条　人民检察院在办理案件中发现社会治理工作存在下列情形之一的，可以向有关单位和部门提出改进工作、完善治理的检察建议：

（一）涉案单位在预防违法犯罪方面制度不健全、不落实，管理不完善，存在违法犯罪隐患，需要及时消除的；

（二）一定时期某类违法犯罪案件多发、频发，或者已发生的案件暴露出明显的管理监督漏洞，需要督促行业主管部门加强和改进管理监督工作的；

（三）涉及一定群体的民间纠纷问题突出，可能导致发生群体性事件或者恶性案件，需要督促相关部门完善风险预警防范措施，加强调解疏导工作的；

（四）相关单位或者部门不依法及时履行职责，致使个人或者组织合法权益受到损害或者存在损害危险，需要及时整改消除的；

（五）需要给予有关涉案人员、责任人员或者组织行政处罚、政务处分、行业惩戒，或者需要追究有关责任人员的司法责任的；

（六）其他需要提出检察建议的情形。

《中华人民共和国保险法》

第四条　从事保险活动必须遵守法律、行政法规，尊重社会公德，不得损害社会公共利益。

第五条　保险活动当事人行使权利、履行义务应当遵循诚实信用原则。

第十七条　订立保险合同，采用保险人提供的格式条款的，保险人向投保人提供的投保单应当附格式条款，保险人应当向投保人说明合同的内容。

对保险合同中免除保险人责任的条款，保险人在订立合同时应当在投保单、保险单或者其他保险凭证上作出足以引起投保人注意的提示，并对该条款的内容以书面或者口头形式向投保人作出明确说明；未作提示或者明确说明的，该条款不产生效力。

第一百一十六条　保险公司及其工作人员在保险业务活动中不得有下列行为：

（一）欺骗投保人、被保险人或者受益人；

（二）对投保人隐瞒与保险合同有关的重要情况；

（三）阻碍投保人履行本法规定的如实告知义务，或者诱导其不履行本法规定的如实告知义务；

（四）给予或者承诺给予投保人、被保险人、受益人保险合同约定以外的保险费回扣或者其他利益；

（五）拒不依法履行保险合同约定的赔偿或者给付保险金义务；

（六）故意编造未曾发生的保险事故、虚构保险合同或者故意夸大已经发生的保险事故的损失程度进行虚假理赔，骗取保险金或者牟取其他不正当利益；

（七）挪用、截留、侵占保险费；

（八）委托未取得合法资格的机构或者个人从事保险销售活动；

（九）利用开展保险业务为其他机构或者个人牟取不正当利益；

（十）利用保险代理人、保险经纪人或者保险评估机构，从事以虚构保险中介业务或者编造退保等方式套取费用等违法活动；

（十一）以捏造、散布虚假事实等方式损害竞争对手的商业信誉，或者以其他不正当竞争行为扰乱保险市场秩序；

（十二）泄露在业务活动中知悉的投保人、被保险人的商业秘密；

（十三）违反法律、行政法规和国务院保险监督管理机构规定的其他行为。

第一百三十一条　保险代理人、保险经纪人及其从业人员在办理保险业务活动中不得有下列行为：

（一）欺骗保险人、投保人、被保险人或者受益人；

（二）隐瞒与保险合同有关的重要情况；

（三）阻碍投保人履行本法规定的如实告知义务，或者诱导其不履行本法规定的如实告知义务；

（四）给予或者承诺给予投保人、被保险人或者受益人保险合同约定以外的利益；

（五）利用行政权力、职务或者职业便利以及其他不正当手段强迫、引诱或者限制投保人订立保险合同；

（六）伪造、擅自变更保险合同，或者为保险合同当事人提供虚假证明材料；

（七）挪用、截留、侵占保险费或者保险金；

（八）利用业务便利为其他机构或者个人牟取不正当利益；

（九）串通投保人、被保险人或者受益人，骗取保险金；

（十）泄露在业务活动中知悉的保险人、投保人、被保险人的商业秘密。

第一百八十一条　违反本法规定，构成犯罪的，依法追究刑事责任。

《关于规范人身保险经营行为有关问题的通知》

一、关于展业宣传

（一）保险公司及其代理人应正确宣传人身保险产品，不得夸大或变相夸大保险合同的利益，不得预测不确定的利益。对投资连结类产品，可以用假设收益率向投保人解释保单价值的累积过程，但必须书面声明该收益率只是假设的，既非用以往业绩为基础，也非对未来收益的预测。

（二）保险公司员工或代理人在展业时，必须将保险合同的责任免除事项对投保人逐项解释清楚；在正式签发保单前，必须向投保人出示退保说明和保单前三年度退保金额，并逐一说明，出具保单时应将该保单对应的现金价值表附在保单之上。

（三）保险公司的产品宣传资料、投保设计和投保书等应由总公司或总公司授权的分公司设计样式和内容，其他分支机构及其代理人不得擅自变更或另行印制。

二、关于投保人、被保险人签名

（一）人身保险投保书、健康及财务告知书，以及其他表明投保意愿或申请变更保险合同的文件，应当由投保人亲自填写，由他人代填的，必须有投保人亲笔签名确认，不得由他人代签。

（二）按照《保险法》规定，凡是需要被保险人同意后投保人才能为其订立或变更保险合同的，以及投保人指定或变更受益人的，必须有被保险人亲笔签名确认，不得由他人代签。被保险人为无民事行为能力人或限制民事行为能力人的，由其监护人签字，不得由他人代签。

投保人、被保险人因残疾等身体原因不能签字的，由其指定的代理人签字。

（三）严禁保险公司工作人员和代理人替投保人、被保险人填写投保书和签名，或诱使他人代替填写和签名。保险公司及其代理人在销售保单时必须向投保人、被保险人说明（一）、（二）的要求，凡是不符合（一）、（二）要求的投保或变更申请，必须经投保人、被保险人进行补签名，否则保险公司不得接受。

（四）2000 年 11 月 1 日前，各保险公司应当对已承保的人身险保单进行清理，办理补签名手续。在此期间内，如果本文规定的投保人、被保险人及其监护人或指定代理人认定保单非本人签名并拒绝补签，保险公司又无法证明对方已经签字或缴费的，如属于保险公司员工或代理人责任，保险公司应退还全部保费，如属于对方责任，保险公司可扣除手续费后退还保费，如无法确定责任，由保险公司和对方协商解决或诉讼解决。自 2000 年 11 月 1 日起，各保险公司对该日之前签发的人身险保单，应视为本人签名。自本文下发之日起，各保险公司必须在展业流程中加入防止代签名的有关程序，凡是发现代理人再有代签名或误导客户代签名的行为，保险公司应当与该代理人解除代理合同。

……

八、关于佣金和手续费支付

除向代理人、经纪人支付手续费和佣金以外，保险公司不得向投保人或其经办人员及其他有关人员支付手续费、佣金或回扣。手续费一律通过银行转账支付，不得支付现金，更不得向个人支付现金或银行储蓄存单。

保险公司应当制定适当措施，在已经支付了佣金或手续费而后又发生保单退保的情况下，相应调整对承揽该笔业务的代理人、经纪人的佣金或手续费支出。

九、关于保险公司的误导行为

保险公司及其代理人不得在明知有影响保险合同效力的因素或者事实存在的情况下，仍然误导不知情的投保人、被保险人订立或变更保险合同的。

……

《关于推进投保提示工作的通知》

……

二、各保险公司应按照《人身保险投保提示书基准内容》的有关内容，结合具体产品特点制定相应的投保提示书，明示各类保险产品的特点和风险，提示投保人享有的权利和应尽的义务，达到规范保险从业人员的展业行为、保护投保人权益的目的。《人身保险投保提示书基准内容》着重于对投保人的合法保险权益、投保注意事项等进行提示，适用于各保险公司通过个人代理、银行代理渠道销售的一年期以上（不含一年期）的个人人身保险产品。

《保险中介从业人员继续教育暂行办法》

第五条　保险中介从业人员继续教育应遵循社会化运作原则。保险中介机构应当对本机构的从业人员进行培训，保险公司应当对受其委托的保险代理机构的有关业务人员进行的专业培训。专业培训机构、高等院校、保险行业协会在满足保险监管机构规定培训条件的情况下，可以参与保险中介从业人员培训。

9. 上海市静安区人民检察院就金融风险防控问题向某金融服务办公室制发检察建议*

上海市静安区人民检察院

检察建议书

沪静检金融建〔2019〕×号

某金融服务办公室：

近年来，我区非法集资类案件呈持续高发态势，审查逮捕、起诉案件数逐年攀升，对我区金融管理秩序和营商环境产生不利影响。尽管上述情形当前在全市较为普遍，你办近年来也在促发展、防风险上开展了诸多工作，但鉴于金融服务业是我区支柱性产业之一，有必要对防控金融风险、提升上海城市形象做出更深的思考，提升更多的成效。因此，为进一步保障上海金融安全、服务上海国际金融中心建设、优化我区营商环境、健全金融业态发展，本院结合办案，对2017年以来P2P高发的场所进行了分析研判，为你办开展治理落实整改提供对策建议。

一、非法集资案件高发的场所、楼宇存在的问题

2017年1月至2018年6月，本院审查起诉的非法集资类案件涉及159家案发公司，分布在我区66个商务场所和楼宇。分析数据发现如下特点：

（一）部分商务楼宇入驻涉案公司情况突出。从入驻案发公司多少来看，入驻3个以上P2P企业的楼宇有13家，其中较为突出的有：（1）A大厦入驻9个P2P企业，涉及金额共计61亿余元；（2）B大厦入驻8个P2P企业，涉及金额共计54亿余元；（3）C、D大厦均入驻6个P2P企业，涉及金额分别9亿元和7亿余元；（4）E、F、G大厦各入驻4个P2P企业。此外，另有六个商务楼宇各入驻3个P2P企业。

---

* 2019年度上海市检察机关优秀社会治理检察建议。

（二）**部分企业涉案数额特别巨大、社会影响恶劣**。从涉案金额和影响力来看，涉案159家P2P公司总计非法集资金额1100亿余元，其中44家非法集资金额超过亿元。除涉案金额特别巨大以外，不少公司系通过网络借贷平台进行线上融资，集资速度快、金额大、辐射广、参与人多，案发后在线上线下均造成恶劣社会影响，给区政府相关单位和司法机关带来巨大维稳压力。

（三）**部分区域治理形势较为严峻**。从街道分布来看，66个商务楼宇分布在全区多个街道，其中非法集资金额超过亿元的达27个，该27个楼宇所在地是我区商务楼宇较为集中的地区，治理形势较为严峻。

二、产生上述问题的主要原因

（一）**互联网金融监管力量不足**。近年来，你办对注册在我区的小额贷款、融资担保、融资租赁、典当、商业保理等传统及新兴金融企业强化监管，为我区大力发展金融服务业发挥了积极贡献，但随着2015年以来大量互联网支付、网络借贷、股权众筹融资、互联网基金销售、互联网保险、互联网信托和互联网消费金融等互联网新金融业态的发展，金融监管面临着新挑战。大量不法分子利用传统监管以市场准入而非交易环节为重点这一盲区，通过注册在我区但以投资咨询、资产管理甚至生物科技等其他行业为名，或注册在异地但在我区租地募资等方式，避开我区金融监管，加之"一行两会"等对互金领域的监管职责明确较晚，使得整治要求在区级层面落实时，传统的金融监管遇到了信息不全、职责不明、方法不多、人手不足、精力不济等困难，难以适应不断攀升的金融监管形势要求。

（二）**场所楼宇对企业入驻缺乏甄别**。办案中发现，涉案P2P公司为宣称自己高额保本付息的资金实力，往往通过租用市中心高档商务楼宇展示公司实力，提升投资可信度，使得我区众多商务场所成为不法分子入驻的重点目标，而楼宇物业对其经营方式缺乏甄别手段；同时部分楼宇转租情况突出，使得相关部门入场宣教遇到障碍。近年来，尽管你办通过采集数据、上门实勘、约谈督促等方式开展相应整治工作，也取得过阶段性成果，本院也曾对个别情况突出楼宇制发过检察建议并获整改，但从当前案发数量来看，仍需你办会同公安派出所、区投资办、辖区街道等相关部门建立更为稳定、长效、多元的防控治理机制。

（三）**老年群体金融风险意识较为淡薄**。非法集资案件持续高发，不仅反映出涉案企业人员金融法制意识淡薄，也反映出不少投资者尤其是老年群体，在对互联网金融风险缺乏理性认识的情况下盲目投资，从而成为不法分子募资的主要目标。部分老年人易对租用高档商务楼宇的涉案企业产生信任感，轻信对方所称资金实力，从而忽视巨大的资金风险。近年来，尽管你办已会同银行、商委、工会、街道等单位开展社区巡讲、政策解读、风险提示等宣传，但由于我区户籍老年人口比例居全市乃至全国前列，法制宣传的覆盖面与实际需求相比仍有较大的提升空间。

三、对策建议

为进一步改善我区金融服务业的法治环境，进一步符合高端化、国际化为导向的中心城区形象，根据《中华人民共和国人民检察院组织法》第二十一条、《人民检察院检察建议工作规定》第十一条第一款之规定，结合上述分析，提出如下建议：

（一）**完善数据共享机制**。一是与市场监管部门和第三方专业机构加强协作，将经营范围中涉及融资、资产管理、投资咨询的企业纳入实时监控平台，予以信息筛查。二是与公安机关、检察院、法院加强协作，定期就刑事受理、立案、拘留、逮捕、起诉、审判、执行等诉讼有关信息交换互通，确保资讯及时、反应迅速。

（二）**健全风险甄别机制**。一是入驻环节加强风险甄别。加强人员力量配备，通过与区市场监管局、区投资办、所在地街镇、第三方专业机构等部门加强联系协作，排摸甄别入驻金融企业经营状况、管理情况等，对有涉案苗头的企业及时约谈劝诫关注。二是经营环节加强风险提示。进一步与上级监管部门加强联系，及时排摸梳理风险点，积极争取上级业务指导。会同区相关职能部门对新兴金融业态或经营方式予以甄别，对风险点予以提示，既鼓励金融创新，又减少违法犯罪隐患。

（三）创新法律宣传机制。针对投资群体进行靶向宣传。一是对问题相对突出的重点场所，通过金融巡讲进楼宇、进社区等活动方式，结合金融法制内容开展集中宣传。二是对我区老年居民，进一步通过金融巡讲进社区，开展金融知识普及、案例讲解，帮助老年人提升金融风险意识，引导理性投资。

上述建议供你办参考落实，如有异议，请在收到建议书后十五日内向本院提出；如无异议，希你办在收到建议书后一个月内将整改落实情况以书面形式回复本院。

2019 年 9 月 18 日

（院印）

回复地址：上海市 ** 区 ** 路 ** 号

邮政编码：******

联系人：** 人民检察院第 * 检察部 ***

联系电话：021 - *******

附：相关法律规定

《中华人民共和国人民检察院组织法》

第二十一条　人民检察院行使本法第二十条规定的法律监督职权，可以进行调查核实，并依法提出抗诉、纠正意见、检察建议。有关单位应当予以配合，并及时将采纳纠正意见、检察建议的情况书面回复人民检察院。

《人民检察院检察建议工作规定》

第十一条　人民检察院在办理案件中发现社会治理工作存在下列情形之一的，可以向有关单位和部门提出改进工作、完善治理的检察建议：

（一）涉案单位在预防违法犯罪方面制度不健全、不落实，管理不完善，存在违法犯罪隐患，需要及时消除的；

……

第十六条　检察建议书要阐明相关的事实和依据，提出的建议应当符合法律、法规及其他有关规定，明确具体、说理充分、论证严谨、语言简洁、有操作性。检察建议一般包括以下内容：

（一）案件或者问题的来源；

（二）依法认定的案件事实或者经调查核实的事实及其证据；

（三）存在的违法情形或者应当消除的隐患；

（四）建议的具体内容及所依据的法律、法规和有关文件等规定；

（五）被建议单位提出异议的期限；

（六）被建议单位书面回复落实情况的期限；

（七）其他需要说明的事项。

第十九条　人民检察院提出检察建议，除另有规定外，应当要求被建议单位自收到检察建议书之日起两个月以内作出相应处理，并书面回复人民检察院。因情况紧急需要被建议单位尽快处理的，可以根据实际情况确定相应的回复期限。

《关于办理涉众型金融犯罪案件风险防控的意见（试行）》

第十五条　办理涉众型金融犯罪案件应当注重履行法律监督职责。发现金融监管、金融机构经营管理等方面存在的问题和漏洞，应当及时有效提出防范对策，依照相关规定向金融监管部门、行业自律组织及涉案金融机构制发检察建议。发现涉及职务犯罪的线索，应当及时移交相关部门予以查处。应当结合办案，加强金融消费者教育，提高民众风险防范意识和识别能力，纠正不良投机心理，培养正确投资理念，引导公众理性投资。

10. 上海市普陀区人民检察院就药品说明书适老化改造向某医药公司制发检察建议*

上海市普陀区人民检察院

检察建议书

沪普检建〔2023〕×号

某医药（集团）股份有限公司：

党的十八大以来，党中央高度重视老年人的生活保障和权益保护，同时在加快推进无障碍环境建设工作。近期，本院在开展“公益诉讼守护美好生活”专项监督工作中发现，因大部分药品说明书字号过小，老年人群体在阅读药品说明书过程中普遍存在困难，同时引发用药安全的问题。对此，本院开展了调查核实工作，现结合调查中发现的问题，对你单位提出相关建议，希望你公司予以高度重视并认真研究推动解决。

一、调查核实工作的开展情况

2023年2月，本院就老年人群体阅读使用药品说明书的情况走访社区、药企、药店，同时听取了行政监管部门、行业协会的意见。经本院在辖区内部分药店随机抽取十余种在售的老年人常用药品说明书进行查看，发现说明书的字号均小于7号，即字号大小尚不足2毫米。在本院走访社区过程中，区人大代表、某居委会党总支书记向本院反映，在社区为老年人提供代为购药服务的过程中，发现大部分老年人在阅读药品说明书的过程中存在困难，容易引发用药安全问题。部分老年人向本院反映称，“由于看不清药品说明书的内容，平时不看说明书，不了解用药的禁忌症、注意事项等内容，有时会凭感觉吃药”。为充分听取各方意见，本院于2023年3月3日召开药品说明书适老化无障碍改造公开听证会，邀请相关领域专家、市人大代表、“益心为公”

---

* 2023年度上海市检察机关优秀社会治理检察建议。

志愿者等就“药品包装及说明书无障碍信息交流建设的相关可行性举措”等问题充分发表了意见。

二、发现存在的相关问题

（一）**药品说明书字号普遍过小导致用药不便**。根据《中华人民共和国药品管理法》第四十九条，“标签或者说明书应当注明药品的通用名称、成分、规格、上市许可持有人及其地址、生产企业及其地址、批准文号、产品批号、生产日期、有效期、适应症或者功能主治、用法、用量、禁忌、不良反应和注意事项”。同时，《药品说明书和标签管理规定》第六条规定，“药品说明书和标签中的文字应当清晰易辨，标识应当清楚醒目，不得有印字脱落或者粘贴不牢等现象，不得以粘贴、剪切、涂改等方式进行修改或者补充”。由于药品说明书依法需要载明的内容较多，且对于文字要求仅为“清晰易辨”，而并未对纸张大小、字体字号等作出具体规定，药品说明书上的字号存在普遍较小的情况。对于老年人群体最为关心的日常用药信息往往因字号过小而存在辨识困难，导致老年人群体用药不便。

（二）**药品说明书字号辨识度低影响用药安全**。药品可分为处方药和非处方药，处方药的使用一般在医生指导下进行，而非处方药一般为患者在药店自行采购使用。在老年人常用药中，非处方药占据着相当重要的比例。如果用药方式方法错误、用药时间和剂量不当、疗程不足或过长，均会引发用药安全问题。然而，具有同种功效的药品，因不同药品生产企业的产品往往单位含量不一致，因此服用的药量和次数也有差别。如果不能看清楚说明书，单凭经验服药，很容易带来用药安全隐患。因此，药品说明书信息辨识度低不仅给老年人群体造成不便，更影响用药安全。

（三）**药品说明书电子化改造工作推进相对滞后**。当前，信息技术日新月异，数字化、网络化、智能化深入发展。党的十八大以来，习近平总书记曾多次明确强调推进“数字中国”建设，持续以技术推动产业创新发展，数字便民利民惠民服务加快普及。在食品安全等领域，电子化改造工作已经取得一定成效，如食品二维码标签、食品安全溯源码等电子化改造成果已经广泛应用。但在药品说明书使用方面，传统的纸质版说明书已沿用数十年，在电子化改造工作推进方面相对滞后。现有的药品说明书不仅无法满足人民群众使用方面的现实需求，也不符合数字中国背景下智慧城市建设的发展要求。

三、社会治理的现实需求

（一）社会老龄化发展迫切需要适老化无障碍改造。国家卫生健康委员会数据显示，截至2022年底，我国60岁及以上老年人口达2.8亿人，占总人口的19.8%。预计“十四五”时期，60岁及以上老年人口总量将突破3亿，进入中度老龄化阶段；2035年左右，60岁及以上老年人口将突破4亿，进入重度老龄化阶段。随着我国人口老龄化程度不断加深，老年人慢性病患病率升高，老年用药群体日渐庞大。药品说明书作为载明药品重要信息的法定文件，是选用药品的法定指南，也是患者获取药品必要信息的主要途径。因此，对药品说明书开展适老化无障碍改造是伴随社会老龄化发展而产生的迫切现实需求。

（二）适老化无障碍建设是老年人权益保障的重要内容。据相关调查显示，在一份由506位老年人参与的“老年人对药品说明书诉求调查”中，有超过84%的老年人认为应该加大药品说明书字号；86%的老年人认为“药品说明书需设计老年版”。此外，老年人还希望药品剂量和用量、用药禁忌等关键信息加大字号，有效期更醒目等。老年人作为日常自用药的主要群体，对药品说明书适老化无障碍改造的需求广泛而迫切。对药品说明书进行升级改造，让说明书“看得清”“看得懂”是老年人等群体获得社会服务、权益得到保障的重要内容，对于促进全民共享经济社会发展成果具有重要价值。

（三）开展改造探索属于履行企业社会责任的方式。用药安全事关人民群众的身体健康和生命安全，也事关经济发展和社会和谐稳定。在听证会中，经听证员评议一致认为，针对药品说明书字号普遍过小的问题，药品生产环节是关键。你公司作为大型知名药品生产企业，对于药品说明书的制作不应满足于达到“合法性”的最低标准，应当主动担当作为，积极开展药品说明书适老化无障碍改造的探索，履行企业社会责任，为无障碍环境建设以及老年人权益保护贡献力量。

四、建议采取的相关措施

本院认为，对于我国近3亿60岁以上老年人来说，药品说明书上的用药信息事关用药安全，甚至影响生命健康。今年3月1日《上海市无障碍环境建设条例》正式实施，其中第三十九条规定，本市鼓励食品、药品以及其他商品生产经营者在商品外部包装配置盲文、大字、语音说明书等，方便有无障碍需求的社会成员使用；第七十一条规定，人民检察院通过诉讼监督、检察建议、支持起诉等方式对无障碍环境建设工作进行法律监督。你公司作为本市规模化的药品生产经营者，应当在药品包装及说明书等方面积极进行适老化无障碍服务建设。为此，现根据《中华人民共和国人民检察院组织法》第二十一条、《人民检察院检察建议工作规定》第三条、第十一条、《上海市无障碍环境建设条例》第七十一条之规定，向你公司提出以下建议：

（一）**开展药品说明书适老化无障碍改造评估工作**。对于药品生产企业而言，将药品完整的用药信息印制在药品说明书上，是“基本要求”，而非“最高标准”。听证会上，上海市人大代表、相关领域专家、人民监督员、“益心为公”志愿者等提出了多种药品说明书适老化无障碍改造方案，如适当增大文字字号、采用特殊字体标注重要信息、增设电子版说明书、增设简易版本说明书等，建议你公司结合相关法律规定、企业成本、技术难度等方面对药品说明书适老化无障碍改造方案进行评估，及时出台改造方案，为老年人群体提供更多用药便利。

（二）**重点考虑以药品说明书电子化改造为方向**。在药品说明书适老化无障碍改造过程中，既要让老年人群体感受到无障碍环境建设的红利，也要兼顾消费者、药品生产企业的切身利益。在此情况下，利用信息技术手段开展相关探索，是一种便捷有效的方式。因此，建议重点考虑以药品说明书信息化、电子化的改造方案作为试点方向，如在药品说明书中加印电子二维码、提供电子版本药品说明书、通过语音播放或其他差异化处理等方式。

（三）**选取部分老年人常用非处方药作为试点产品**。药品说明书适老化无障碍改造工作需要循序渐进，结合老年人群体用药实际情况，建议选取部分老年人常用的非处方药先行作为试点产品，率先制作部分药品说明书的适老化无障碍改造样品，以样品应用情况广泛听取各方意见，结合反馈意见进行改造方案可行性评估，为后续进一步推动改造工作筑牢基础。

（四）加强与行政监管部门、行业协会的沟通。开展药品说明书适老化无障碍改造，还需形成与相关行政监管部门以及行业协会的改造合力。作为药品生产企业，在开展药品说明书适老化无障碍改造的探索过程中，应当及时将前期评估及改造样品情况及时反馈相关部门及行业协会，协助开展相关研究工作，为进一步推动药品说明书适老化无障碍改造工作提供实践参考样本。

请你公司在收到本建议书后及时研究，采取有效措施推进相关工作，并在两个月内以书面形式回复本院。如有异议，请在收到检察建议书之日起十日内向本院提出。

2023 年 3 月 22 日

（院印）

回复地址：上海市 ** 区 ** 路 ** 号

邮政编码：******

联系人：** 人民检察院第 * 检察部 ***

联系电话：021 - *******

附：相关法律法规

《中华人民共和国人民检察院组织法》

第二十一条　人民检察院行使本法第二十条规定的法律监督职权，可以进行调查核实，并依法提出抗诉、纠正意见、检察建议。有关单位应当予以配合，并及时将采纳纠正意见、检察建议的情况书面回复人民检察院。

《人民检察院检察建议工作规定》

第三条 人民检察院可以直接向本院所办理案件的涉案单位、本级有关主管机关以及其他有关单位提出检察建议。

第十一条 人民检察院在办理案件中发现社会治理工作存在下列情形之一的，可以向有关单位和部门提出改进工作、完善治理的检察建议：

（一）涉案单位在预防违法犯罪方面制度不健全、不落实，管理不完善，存在违法犯罪隐患，需要及时消除的；

（二）一定时期某类违法犯罪案件多发、频发，或者已发生的案件暴露出明显的管理监督漏洞，需要督促行业主管部门加强和改进管理监督工作的；

（三）涉及一定群体的民间纠纷问题突出，可能导致发生群体性事件或者恶性案件，需要督促相关部门完善风险预警防范措施，加强调解疏导工作的；

（四）相关单位或者部门不依法及时履行职责，致使个人或者组织合法权益受到损害或者存在损害危险，需要及时整改消除的；

（五）需要给予有关涉案人员、责任人员或者组织行政处罚、政务处分、行业惩戒，或者需要追究有关责任人员的司法责任的；

（六）其他需要提出检察建议的情形。

《中华人民共和国药品管理法》

第四十九条 药品包装应当按照规定印有或者贴有标签并附有说明书。

标签或者说明书应当注明药品的通用名称、成份、规格、上市许可持有人及其地址、生产企业及其地址、批准文号、产品批号、生产日期、有效期、适应症或者功能主治、用法、用量、禁忌、不良反应和注意事项。标签、说明书中的文字应当清晰，生产日期、有效期等事项应当显著标注，容易辨识。

麻醉药品、精神药品、医疗用毒性药品、放射性药品、外用药品和非处方药的标签、说明书，应当印有规定的标志。

《药品说明书和标签管理规定》

第六条　药品说明书和标签中的文字应当清晰易辨，标识应当清楚醒目，不得有印字脱落或者粘贴不牢等现象，不得以粘贴、剪切、涂改等方式进行修改或者补充。

《上海市无障碍环境建设条例》

第三十九条　本市鼓励公开出版发行的图书、报刊配备有声、电子、大字、盲文等版本，方便有无障碍需求的社会成员阅读。

市、区人民政府设立的公共图书馆应当设置无障碍阅览室或者区域，通过提供有声读物、盲文读物、大字读物、信息检索设备等方式，满足社会成员的无障碍阅读需求。

本市鼓励食品、药品以及其他商品生产经营者在商品外部包装配置盲文、大字、语音说明书等，方便有无障碍需求的社会成员使用。

第七十一条　人民检察院通过诉讼监督、检察建议、支持起诉等方式对无障碍环境建设工作进行法律监督。

对违反无障碍环境建设相关法律、法规规定，损害公共利益的，人民检察院可以依法提起公益诉讼。

11. 上海市虹口区人民检察院就癫痫病患者违规申领驾驶证问题向某卫生健康主管部门制发检察建议*

上海市虹口区人民检察院

检察建议书

沪虹检建〔2022〕×号

某卫生健康主管部门：

“人民至上、生命至上”是以习近平同志为核心的党中央始终不变的执政理念和价值追求。习近平总书记多次强调，要打造“更健康、更安全、更宜居”的人民城市，并提出了“平安中国建设”的重要命题。上海作为高人口密度的超大型城市，在公共安全领域面临着更多复杂突发的风险，而道路交通安全更是公共安全的重中之重。2021年3月，本区又发生了一起癫痫病人驾驶机动车导致3人死亡、4人受伤、财产损失数千万元的重大案件，引起了社会的广泛关注，也引发了公众对癫痫病人等特殊人群违反法规申领驾驶证问题的讨论和思考。据统计，仅就癫痫这一种不适宜驾驶机动车的疾病，全市有一定数量癫痫病患者持有本市机动车驾驶证。上述安全事故的时有发生，一定程度上说明对特殊人群申领驾驶证的管控还存在一些问题，应当予以高度重视并认真研究解决。

一是对不适合驾驶机动车的疾病缺乏具体可执行的依据。《机动车驾驶证申领和使用规定》中，仅列举器质性心脏病、癫痫病等8种妨碍安全驾驶的疾病不得申请机动车驾驶证，但是从医学角度看，该规定列举的疾病细分种类较多，是否“妨碍安全驾驶”还须考虑发病时间、病情严重程度以及准驾车型等因素，因此需要从医学角度明确“妨碍安全驾驶的疾病”的具体目录和病情分级情况。

* 2022年度上海市检察机关优秀社会治理检察建议。

二是申领驾驶证体检环节存在漏洞。在申领机动车驾驶证的体检环节中，申领人仅需自行进行勾选申告是否患有器质性心脏病、癫痫、美尼尔氏症、癔病等影响活动的重大疾病，而这类疾病具有隐蔽性，仅从申领人的外表状态无法判断，体检机构也不进行医疗诊断和患者数据信息的查询比对，自行申告流于形式，导致对安全驾驶影响最大的疾病无法在源头进行管控，造成道路安全隐患。

三是部门间数据信息沟通未畅通机制。机动车驾驶人员信息和重大疾病患者信息分属不同部门掌握，机动车驾驶人员信息在公安机关登记，神经系统疾病患者信息在卫生健康主管部门保存，部门间未能建立和完善患者数据信息的共享机制，无法及时对“妨碍安全驾驶”的疾病患者信息进行查询比对，对特殊群体的“病驾”监管丧失主动权。

城市公共安全是个永恒的话题，而交通安全是城市安全的重要一环，关系到社会安全稳定，关系到社会公众生命财产安全。为了依法确保生产生活秩序，维护人民群众的共同权益，亟须对这类案件中暴露出来的问题予以重视，并从源头上加强治理。基于贵单位负有统筹规划全区卫生健康资源配置及对区域内医疗机构管理运行监管等重要职责，根据《中华人民共和国人民检察院组织法》第二十一条、《人民检察院检察建议工作规定》第十一条之规定提出如下建议：

一是建立信息数据共享机制，实现职能部门之间的信息比对排查。在数据管理环节，针对存量数据，建议由公安机关提供驾驶证持有人的信息，交由贵单位进行比对筛查，发现存量“病驾”人员后提供给公安机关对相应的驾驶证进行注销；针对增量数据，建议与体检机构建立数据接口，在申领驾驶证过程中由体检机构进行实时查询，从源头杜绝“带病领证”。在驾驶证注销环节，若“病驾”人员对注销的行政行为存在异议，建议及时向公安机关提供上述人员的病史信息，为依法规范注销驾驶证的行为提供事实依据。

二是增加医院诊疗、体检的提示环节，督促驾驶证申领人履行申告义务。在诊疗过程中，尤其是对器质性心脏病、癫痫病、美尼尔氏症、眩晕症、癔病、震颤麻痹、精神病、痴呆以及影响肢体活动的神经系统疾病等妨碍安全驾驶疾病的诊疗过程中，建议增加就诊人员不可申领驾驶证或已有驾驶证须主动注销的告知。在体检过程中，建议增加提示步骤，强制申领者观看须如实履行申报义务的警示视频，自行抄录“本人不具有器质性心脏病、癫痫病、美尼尔氏症等妨碍安全驾驶的疾病”的语句并签名，通过阅看和读写双重保障方式，“强制”提示申领者注意禁止申领事项，杜绝“一勾了之”。

三是推动不适宜驾驶机动车的疾病分级目录的细化，并设置重新申领驾驶证须具备的诊断要求和标准，赋予患者重新申领驾驶证的权利。细化疾病分级，确定判断依据。《机动车驾驶证申领和使用规定》明确的8种不得申领驾驶证的疾病较为笼统，建议根据疾病对患者辨认、控制能力的影响，明确不适宜驾驶机动车疾病的分级标准及范围，在申领驾驶证的体检表中予以列明，根据疾病的发病时间、病情严重程度等，确立是否“妨碍安全驾驶”的审核细则。设置可重新申领驾驶证的标准，医疗技术的发展使上述疾病的治愈率大幅提升，宜赋予上述疾病的患者治愈后申领或重新申领驾驶证的权利。故建议根据上述疾病的患者治愈后辨认、控制能力的恢复状况，设置可申领或重新申领驾驶证医学上的执行标准和条件。

四是适时开展联合专项整治行动，共同提升社会治理水平。在充分调研及沟通的基础上，与公安机关、检察机关开展跨部门联合专项整治行动，通过提醒告知、发布公告、通知注销、强制注销等一系列行动方案和措施，及时对区域内特殊群体违规申领、持有驾驶证的行为进行管控，从源头上杜绝“病驾”问题，并及时向社会公布整治情况和成效，提高公众对安全驾驶的认知，强化对相关法律法规的理解和执行，全面提升公共安全意识和法治意识。

请贵单位在收到本建议书后及时研究，采取有力措施推进特殊群体“病驾”问题治理，并在二个月内向本院书面反馈工作进展情况。如对检察建议书有不同意见，可在收到检察建议书后七日内向本院提出异议。本院将积极支持、配合贵单位做好相关工作，为构建安全稳定的社会环境贡献力量。

2022 年 8 月 25 日

（院印）

回复地址：上海市 ** 区 ** 路 ** 号

邮政编码：******

联系人：** 人民检察院第 * 检察部 ***

联系电话：021 – *******

附：相关法律法规

《中华人民共和国人民检察院组织法》

第二十一条　人民检察院行使本法第二十条规定的法律监督职权，可以进行调查核实，并依法提出抗诉、纠正意见、检察建议。有关单位应当予以配合，并及时将采纳纠正意见、检察建议的情况书面回复人民检察院。

抗诉、纠正意见、检察建议的适用范围及其程序，依照法律有关规定。

《人民检察院检察建议工作规定》

第三条　人民检察院可以直接向本院所办理案件的涉案单位、本级有关主管机关以及其他有关单位提出检察建议。

第十一条　人民检察院在办理案件中发现社会治理工作存在下列情形之一的，可以向有关单位和部门提出改进工作、完善治理的检察建议：

（一）涉案单位在预防违法犯罪方面制度不健全、不落实，管理不完善，存在违法犯罪隐患，需要及时消除的；

（二）一定时期某类违法犯罪案件多发、频发，或者已发生的案件暴露出明显的管理监督漏洞，需要督促行业主管部门加强和改进管理监督工作的；

（三）涉及一定群体的民间纠纷问题突出，可能导致发生群体性事件或者恶性案件，需要督促相关部门完善风险预警防范措施，加强调解疏导工作的；

（四）相关单位或者部门不依法及时履行职责，致使个人或者组织合法权益受到损害或者存在损害危险，需要及时整改消除的；

（五）需要给予有关涉案人员、责任人员或者组织行政处罚、政务处分、行业惩戒，或者需要追究有关责任人员的司法责任的；

（六）其他需要提出检察建议的情形。

《中华人民共和国基本医疗卫生与健康促进法》

第八十六条　国家建立健全机构自治、行业自律、政府监管、社会监督相结合的医疗卫生综合监督管理体系。

县级以上人民政府卫生健康主管部门对医疗卫生行业实行属地化、全行业监督管理。

第九十四条　县级以上地方人民政府卫生健康主管部门及其委托的卫生健康监督机构，依法开展本行政区域医疗卫生等行政执法工作。

第九十五条　县级以上人民政府卫生健康主管部门应当积极培育医疗卫生行业组织，发挥其在医疗卫生与健康促进工作中的作用，支持其参与行业管理规范、技术标准制定和医疗卫生评价、评估、评审等工作。

《机动车驾驶证申领和使用规定》

第十五条　有下列情形之一的，不得申请机动车驾驶证：

（一）有器质性心脏病、癫痫病、美尼尔氏症、眩晕症、癔病、震颤麻痹、精神病、痴呆以及影响肢体活动的神经系统疾病等妨碍安全驾驶疾病的；

……

第二十三条　申请机动车驾驶证，应当确认申请信息，并提交以下证明：

（一）申请人的身份证明；

（二）医疗机构出具的有关身体条件的证明。

第二十八条 ……

公安机关交通管理部门已经实现与医疗机构等单位联网核查的，申请人免予提交身体条件证明等证明、凭证。

第八十五条 办理残疾人专用小型自动挡载客汽车驾驶证业务时，提交的身体条件证明应当由经省级卫生健康行政部门认定的专门医疗机构出具。办理其他机动车驾驶证业务时，提交的身体条件证明应当由县级、部队团级以上医疗机构，或者经地市级以上卫生健康行政部门认定的具有健康体检资质的二级以上医院、乡镇卫生院、社区卫生服务中心、健康体检中心等医疗机构出具。

……

《医疗机构管理条例》

第五条 国务院卫生行政部门负责全国医疗机构的监督管理工作。

县级以上地方人民政府卫生行政部门负责本行政区域内医疗机构的监督管理工作。

……

第三十九条 县级以上人民政府卫生行政部门行使下列监督管理职权：

（一）负责医疗机构的设置审批、执业登记、备案和校验；

（二）对医疗机构的执业活动进行检查指导；

（三）负责组织对医疗机构的评审；

（四）对违反本条例的行为给予处罚。

《国务院办公厅关于促进和规范健康医疗大数据应用发展的指导意见》

2. 推动健康医疗大数据资源共享开放。鼓励各类医疗卫生机构推进健康医疗大数据采集、存储，加强应用支撑和运维技术保障，打通数据资源共享通道。加快建设和完善以居民电子健康档案、电子病历、电子处方等为核心的基础数据库。建立卫生计生、中医药与教育、科技、工业和信息化、公安、民政、人力资源社会保障、环保、农业、商务、安全监管、检验检疫、食品药品监管、体育、统计、旅游、气象、保险监管、残联等跨部门密切配合、统一归口的健康医疗数据共享机制。

12. 上海市嘉定区人民检察院就固话线路监管不严、侵犯公民个人信息问题向某电信局制发检察建议

上海市嘉定区人民检察院

检察建议书

沪嘉检建〔2023〕×号

某电信局：

本院在办理某甲等人帮助信息网络犯罪活动罪案件中发现，该案涉及你局数条021号段固话线路被贩卖，并被电信诈骗犯罪分子远程使用。

经查，2020年9月起，被告人某甲在明知其销售的021号段固定电话，可能被用于实施信息网络犯罪的情况下，为牟取非法利益，将以自己或其他公司名义申请的十个固定电话号码，以总计人民币2万余元的价格违规出售。期间，被告人某乙明知某甲上述行为，仍为某甲违规办理涉案固定电话提供便利条件，并指派设备安装人员至本区某小区等地办理涉案固定电话通讯线路，开通呼叫转移等权限功能。后上述固定电话被犯罪分子远程使用，向某丙等三十余人实施电信网络诈骗。上述事实已由上海市嘉定区人民法院（2023）沪××××刑初×××号刑事判决书确认。

上述案件的发生，暴露出你局作为电信业务经营者，在履行相关职能的过程中存在薄弱环节，亟须引起重视并加以改进：

一是未严格落实电话用户真实身份信息登记制度。根据《中华人民共和国反电信网络诈骗法》（以下简称《反电信网络诈骗法》）第九条，最高人民法院、最高人民检察院、公安部、工业和信息化部、中国人民银行、中国银行业监督管理委员会《关于防范和打击电信网络诈骗犯罪的通告》（以下简称《通告》）及工业和信息化部《电话用户真实身份信息登记规定》等相关规定，作为电信业务经营者，你局应

当全面、严格落实电话用户真实身份信息登记制度，但在案证据反映，某甲多次利用他人身份信息，并将既不是其居住地，也不是相关单位的注册地和实际经营地的该小区作为设备安装地，申请涉案021号段固定电话，对此你局相关人员在受理固话入网业务时，未对入网申请的真实身份、安装地等信息依法查验。更甚者，你局相关受理人员明知某甲提供的申请材料不真实，仍多次违反上述规定，为其提供实名核验帮助。

二是未及时对一证多户用户进行清理，且违反规定对同一用户超限额开办新的电话线路。《反电信网络诈骗法》第十条明确规定："办理电话卡不得超出国家有关规定限制的数量。对经识别存在异常办卡情形的，电信业务经营者有权加强核查或者拒绝办卡"，另《通告》亦规定："电信企业应当开展一证多卡用户的清理，对同一用户在同一家基础电信企业或同一移动转售企业办理有效使用的电话卡达到5张的，该企业不得为其开办新的电话卡"。在案证据反映，某甲以自己或其他公司名义申请了数十个021号段固定电话线路，且绝大多数装机地址均为本区某小区内，经查该地既不是某甲的居住地，也不是相关申请单位的注册地和实际经营地。对此，你局未对某甲申请的涉案固话线路进行核查、清理，并重复为其开办新的电话线路，致本案案发。

三是电信网络诈骗风险防控责任有待进一步落实。《反电信网络诈骗法》第六条规定："……电信业务经营者、银行业金融机构、非银行支付机构、互联网服务提供者承担风险防控责任，建立反电信网络诈骗内部控制机制和安全责任制度，加强新业务涉诈风险安全评估。"本案中，作为你局营业厅安装组班长的某乙，明知某甲将从你局处申请的固定电话号码出售获利，仍为其办理涉案固定电话提供便利条件，并指派设备安装人员至本区某小区等地办理涉案固定电话通讯线路，开通呼叫转移等权限功能。相关设备安装人员在知道或应当知道涉案固定电话号码被用于出售获利的情况，仍违反"入户安装"的规定，在户外激活调制解调器并拆除，后由某乙将拆除下来的调制解调器转交给某甲。上述情形，反映出你局作为电信业务经营者，在落实反电信网络诈骗风险防控机制方面管理不到位，存在重大管理漏洞。

电信网络诈骗不仅威胁人民群众财产安全，还可能侵犯公民个人信息，严重扰乱电信网络管理秩序和其他社会管理秩序。为切实维护通信秩序和网络信息安全，全面落实打防管控措施，坚决遏制电信网络诈骗犯罪多发高发态势，根据《中华人民共和国人民检察院组织法》第二十一条、《人民检察院检察建议工作规定》第三条第一款、第十一条第（一）项的规定，特向你局提出如下检察建议：

一是严格落实固话用户真实身份信息登记制度。对存量用户，全面开展自查清理工作，对未进行主体信息登记、虚假登记、登记信息不完整、未登记使用用途或者实际用途与登记用途不符合、登记使用地址与实际使用地址不符的情况，督促用户限期整改，对在规定时间内未完成真实身份信息整改登记的，一律予以停机。对增量用户，严格按照《通告》要求，通过采用二代身份证识别设备、联网核验等措施验证用户身份信息，并现场拍摄和留存用户照片，确保新入网用户登记信息真实、准确、可溯源，并对单位用户的有效证照、法定代表人、实际经营信息进行实质审查。同时，建立健全实名登记违规责任追究制度。

二是开展一证多卡用户的清理工作。为有效防范固话线路资源被违法转租、倒卖或擅自改变用途等扰乱电信网络管理秩序的行为，建议你局充分运用随机抽查、网络监测等手段，对电话用户开卡数量进行核验，尤其就同一装机地址有多家登记单位或多人登记、实际使用地与登记地址不一致等异常登记行为，应当进行实地核验，对办理电话卡数量超过国家有关规定限额的用户，立即进行甄别、清理。

三是切实履行风险防控主体责任。一方面以案为鉴，开展“通信端”电信网络犯罪案件警示教育宣传，杜绝内部工作人员被犯罪分子利用，或内外勾结冒领、骗领电信号码资源，为信息网络犯罪提供帮助的行为再次发生。另一方面加强与司法机关的协作，对工作中发现违规使用通信线路，可能涉嫌违法犯罪的，应当及时通报司法机关，坚决遏制电信网络诈骗犯罪发展蔓延势头。

请你局在收到本检察建议书后及时研究，并在两个月内将采取的有效措施和推进的相关工作情况以书面形式函告本院。如对检察建议书有不同意见，可在收到检察建议书后十日内向本院提出异议。

2023 年 8 月 22 日

（院印）

回复地址：上海市 ** 区 ** 路 ** 号

邮政编码：******

联系人：** 人民检察院第 * 检察部 ***

联系电话：021 - *******

附：相关法律法规

《中华人民共和国人民检察院组织法》

第二十一条　人民检察院行使本法第二十条规定的法律监督职权，可以进行调查核实，并依法提出抗诉、纠正意见、检察建议。有关单位应当予以配合，并及时将采纳纠正意见、检察建议的情况书面回复人民检察院。

抗诉、纠正意见、检察建议的适用范围及其程序，依照法律有关规定。

《人民检察院检察建议工作规定》

第三条　人民检察院可以直接向本院所办理案件的涉案单位、本级有关主管机关以及其他有关单位提出检察建议。

……

第十一条　人民检察院在办理案件中发现社会治理工作存在下列情形之一的，可以向有关单位和部门提出改进工作、完善治理的检察建议：

（一）涉案单位在预防违法犯罪方面制度不健全、不落实，管理不完善，存在违法犯罪隐患，需要及时消除的；

……

《中华人民共和国反电信网络诈骗法》

第六条　国务院建立反电信网络诈骗工作机制，统筹协调打击治理工作。

地方各级人民政府组织领导本行政区域内反电信网络诈骗工作，确定反电信网络诈骗目标任务和工作机制，开展综合治理。

公安机关牵头负责反电信网络诈骗工作，金融、电信、网信、市场监管等有关部门依照职责履行监管主体责任，负责本行业领域反电信网络诈骗工作。

人民法院、人民检察院发挥审判、检察职能作用，依法防范、惩治电信网络诈骗活动。

电信业务经营者、银行业金融机构、非银行支付机构、互联网服务提供者承担风险防控责任，建立反电信网络诈骗内部控制机制和安全责任制度，加强新业务涉诈风险安全评估。

第九条　电信业务经营者应当依法全面落实电话用户真实身份信息登记制度。

基础电信企业和移动通信转售企业应当对代理商落实电话实名制管理责任，在协议中明确代理商实名制登记的责任和有关违约处置措施。

第十条　办理电话卡不得超出国家有关规定限制的数量。

对经识别存在异常办卡情形的，电信业务经营者有权加强核查或者拒绝办卡。具体识别办法由国务院电信主管部门制定。

国务院电信主管部门组织建立电话用户开卡数量核验机制和风险信息共享机制，并为用户查询名下电话卡信息提供便捷渠道。

《最高人民法院、最高人民检察院、公安部、
工业和信息化部、中国人民银行、中国银行业监督管理委员会
关于防范和打击电信网络诈骗犯罪的通告》

三、电信企业（含移动转售企业，下同）要严格落实电话用户真实身份信息登记制度，确保到2016年10月底前全部电话实名率达到

96%，年底前达到100%。未实名登记的单位和个人，应按要求对所持有的电话进行实名登记，在规定时间内未完成真实身份信息登记的，一律予以停机。电信企业在为新入网用户办理真实身份信息登记手续时，要通过采取二代身份证识别设备、联网核验等措施验证用户身份信息，并现场拍摄和留存用户照片。

四、电信企业立即开展一证多卡用户的清理，对同一用户在同一家基础电信企业或同一移动转售企业办理有效使用的电话卡达到5张的，该企业不得为其开办新的电话卡。电信企业和互联网企业要采取措施阻断改号软件网上发布、搜索、传播、销售渠道，严禁违法网络改号电话的运行、经营。电信企业要严格规范国际通信业务出入口局主叫号码传送，全面实施语音专线规范清理和主叫鉴权，加大网内和网间虚假主叫发现与拦截力度，立即清理规范一号通、商务总机、400等电话业务，对违规经营的网络电话业务一律依法予以取缔，对违规经营的各级代理商责令限期整改，逾期不改的一律由相关部门吊销执照，并严肃追究民事、行政责任。移动转售企业要依法开展业务，对整治不力、屡次违规的移动转售企业，将依法坚决查处，直至取消相应资质。

《电话用户真实身份信息登记规定》

第六条　电信业务经营者为用户办理入网手续时，应当要求用户出示有效证件、提供真实身份信息，用户应当予以配合。

用户委托他人办理入网手续的，电信业务经营者应当要求受托人出示用户和受托人的有效证件，并提供用户和受托人的真实身份信息。

第八条　单位办理电话用户真实身份信息登记的，可以出示下列有效证件之一：

（一）组织机构代码证；

（二）营业执照；

（三）事业单位法人证书或者社会团体法人登记证书；

（四）法律、行政法规和国家规定的其他有效证件或者证明文件。

单位办理登记的，除出示以上证件之一外，还应当出示经办人的有效证件和单位的授权书。

第九条　电信业务经营者应当对用户出示的证件进行查验，并如实登记证件类别以及证件上所记载的姓名（名称）、号码、住址信息；对于用户委托他人办理入网手续的，应当同时查验受托人的证件并登记受托人的上述信息。

……

13. 上海市松江区人民检察院就房地产中介机构及从业人员监管问题向某房地产经纪行业协会制发检察建议

上海市松江区人民检察院

检察建议书

沪松检建〔2023〕×号

某房地产经纪行业协会：

本院在办理某甲等15人聚众斗殴案、某乙非法侵入住宅案、某丙诈骗案等9起案件中发现，上海市松江区部分房地产中介机构和从业人员存在经营行为不规范、侵害群众合法权益、扰乱市场秩序等问题。上述案件的发生，暴露出以下问题，亟须引起重视并加以改进。

一是部分中介机构自身经营管理不规范。部分中介机构对公章使用管理不规范、对员工缺乏管理培训、监管方式存在漏洞、违规用章乱象频频，最终导致诈骗案的发生，给单位带来法律纠纷风险。如在某丁诈骗案中，某丁作为A房地产经纪公司前员工，擅自使用印有前公司公章的材料与被害人签订居间协议；在某戊诈骗案中，某戊作为B房地产经纪事务所员工，虚构刷首付款流水经过第三方账户可以顺利办理房贷的事由，擅自出具加盖事务所公章的收据凭证，骗取被害人钱款。

二是部分从业人员缺乏职业素养及操守。中介机构从业人员存在良莠不齐、鱼目混杂的现象，员工为抢客源实施聚众斗殴、非法侵入住宅等行为，不仅损害了他人的人身权益、住宅安宁，也影响了所在机构声誉及房地产经纪行业从业人员的整体形象。如在某甲等15人聚众斗殴案中，两家中介机构员工为抢客源，各自纠集门店同事聚众斗殴，致使双方人员不同程度受伤；在某乙非法侵入住宅案中，某乙因对租客张某多次不让其看房怀恨在心，纠集朋友以踢踹方式强行破门入室，并在房间内殴打租客张某。

三是部分从业人员法律意识淡薄。部分从业人员未接受过相关的法律知识培训，未考虑过自己的行为是否违法犯罪或者违法犯罪的严重程度，在被公安机关查获后，才对自己的行为追悔莫及。如在某丙诈骗案中，某丙作为C房产经纪公司员工，以一房多租的形式骗取多人租房定金6.4万元人民币（以下币种同）用于赌博；在某己诈骗案中，某己谎称可以少缴纳房屋税款、资金监管等理由，骗取被害人钱款21.3万元；在某庚诈骗案中，某庚虚构投资房产生意需要资金、帮忙请托办事需要费用等事由骗取三名被害人钱款共计28万元；在某丁诈骗案中，某丁虚构明显低于市场价的房源，从被害人处骗得购房意向金10万元。

针对上述问题，为督促房地产经纪行业增强法律意识，完善日常管理，消除风险隐患，根据《中华人民共和国人民检察院组织法》第二十一条、《人民检察院检察建议工作规定》第三条、第十一条第二项、《住房和城乡建设部、市场监督管理总局关于规范房地产经纪服务的意见》（建房规〔2023〕2号）等规定，特向贵协会提出如下建议：

一是发挥行业协会作用，督促会员单位完善经营管理制度。行业协会在管理会员、年度检查、行业惩戒中具有重要作用，应依据协会章程，建立健全行规行约、职业道德准则、争议处理规则，推动行业质量检查，公开检查和处分的信息，确保行业有序发展。监督会员单位依法依规经营，建立健全台账登记制度，对公章使用、业务进度等进行追踪登记。完善印章管理制度，从印章类型、数量、使用范围、用印审批、印章保管等内容作出明确具体的规定。完善明码标价制度，明确基本服务及延伸服务项目、收费标准，收费前应向客户出具收费清单，列明收费项目、标准、金额，严禁员工通过监管账户以外的账户代收代付交易资金。

二是加强行业信用管理，完善房地产经纪人诚信体系。对侵犯他人人身权利、民主权利、财产权益的从业人员，统一纳入从业人员诚信体系的评价内容，设定行业内部惩处标准，对因上述相关犯罪被判处刑罚的人员，禁止从事房地产经纪行业，促进从业人员在守法诚信的基础上开展业务。建立健全经纪行业诚信档案跟踪制度，并给经纪人建立信誉等级制度，直接记录档案。经纪人变更工作单位的，其档案必须记载原单位的业绩与信誉评定信息。

三是加强法律法规教育培训，增强从业人员知法守法意识。既要注重从业人员队伍专业技能的培训和提高，更要注重遵纪守法素质的养成。在房地产经纪行业内部定期开展法治宣传教育，定期通报行政及刑事处罚案例，使从业人员充分了解日常工作中的各种法律风险，在行业内部形成自觉守法的良好企业文化，确保从业人员遵守法律法规，遵从社会公德，依法履行各项职责。

以上建议，望贵协会研究落实。如对上述建议存在异议，可自收到检察建议书后七日内以书面形式向本院提出，如无异议请将落实情况于两个月内以书面形式函告本院。

2023年12月6日

（院印）

回复地址：上海市**区**路**号

邮政编码：******

联系人：**人民检察院第*检察部***

联系电话：021－*******

附：相关法律规定

《中华人民共和国人民检察院组织法》

第二十一条　人民检察院行使本法第二十条规定的法律监督职权，可以进行调查核实，并依法提出抗诉、纠正意见、检察建议。有关单位应当予以配合，并及时将采纳纠正意见、检察建议的情况书面回复人民检察院。

《人民检察院检察建议工作规定》

第三条 人民检察院可以直接向本院所办理案件的涉案单位、本级有关主管机关以及其他有关单位提出检察建议。

第十一条 人民检察院在办理案件中发现社会治理工作存在下列情形之一的，可以向有关单位和部门提出改进工作、完善治理的检察建议：

（一）涉案单位在预防违法犯罪方面制度不健全、不落实，管理不完善，存在违法犯罪隐患，需要及时消除的；

（二）一定时期某类违法犯罪案件多发、频发，或者已发生的案件暴露出明显的管理监督漏洞，需要督促行业主管部门加强和改进管理监督工作的；

（三）涉及一定群体的民间纠纷问题突出，可能导致发生群体性事件或者恶性案件，需要督促相关部门完善风险预警防范措施，加强调解疏导工作的；

（四）相关单位或者部门不依法及时履行职责，致使个人或者组织合法权益受到损害或者存在损害危险，需要及时整改消除的；

（五）需要给予有关涉案人员、责任人员或者组织行政处罚、政务处分、行业惩戒，或者需要追究有关责任人员的司法责任的；

（六）其他需要提出检察建议的情形。

第十九条 人民检察院提出检察建议，除另有规定外，应当要求被建议单位自收到检察建议之日起两个月以内作出相应处理，并书面回复人民检察院。因情况紧急需要被建议单位尽快处理的，可以根据实际情况确定相应的回复期限。

《住房和城乡建设部、市场监督管理总局
关于规范房地产经纪服务的意见》

十、加强行业自律管理。房地产经纪行业组织要健全行规行约，完善房地产经纪服务标准和执业规则，引导房地产经纪机构及从业人员依法依规经营。对房地产经纪机构及从业人员存在收费不规范、侵犯客户个人信息合法权益等情形的，房地产经纪行业组织依据行规行约给予自律处分。

14. 上海铁路运输检察院就某电商平台对商户及所售食品药品未履行管理责任问题向某信息技术有限公司制发检察建议*

上海铁路运输检察院

检察建议书

沪铁检建〔2022〕×号

某信息技术有限公司：

本院在办理多起销售有毒、有害食品案、销售假冒注册商标的商品案、销售假药案件中发现，涉案被告人主要通过你公司旗下某电商平台经营销售，部分商户销售金额近百万元，给人民群众身体健康和生命安全带来隐患。由此反映出，你公司作为电子商务平台经营者，在履行法定管理义务方面存在疏漏，主要问题如下：

一是部分经营者存在犯罪前科、缺乏经营资质，平台对经营主体的身份、资质审核机制有待完善。依据《中华人民共和国食品安全法》第六十二条第一款、《中华人民共和国药品管理法》第六十二条第二款、《中华人民共和国电子商务法》第二十七条、《网络交易监督管理办法》第十二条、第二十四条等法规规定，你公司作为第三方电子商务交易平台经营者，对平台从事网络食品、药品交易的经营主体，负有身份资质审核、定期校验及页面公示义务。然而，相关案件暴露出你公司在对重点人员防控、经营主体资格审核等识别、审验机制尚不完备。比如，某甲销售有毒、有害食品案中，被告人于2019年因犯销售有毒、有害食品罪被判处刑罚，后于2021年在某平台开设店铺继续销售减肥食品，食品犯罪前科人员未按照严重违法失信人员进行重点监控。又如，某乙等三人销售假药案中，三名被告人合伙开设了9家

* 2022年度全国检察机关优秀社会治理检察建议。

店铺出售假云南白药创可贴等药品，但均未办理药品经营许可，且未在店铺页面公示相应资质。

二是同类涉案不安全食品在平台大量售卖，平台对商户经营行为的管理、食品药品质量保障有待加强。依据《中华人民共和国食品安全法》第六十二条第二款、《中华人民共和国电子商务法》第二十九条、第三十条、第三十八条、《网络交易监督管理办法》第二十九条、《第三方电子商务交易平台服务规范》第六条第三款、《网络食品安全违法行为查处办法》第十四条规定，你公司应对平台内发布的商品或者服务信息进行检查监控，发现站内经营者销售不符合国家标准或有毒、有害的商品、利用网上交易从事违法犯罪活动的，应及时制止并向有关部门报告。然而，在某丙等人销售有毒、有害食品、某丁销售有毒、有害食品等案件中，涉案的“东革阿里”壮阳咖啡、“superso”减肥咖啡不仅案发前在平台长期销售，案发后平台上还存在大量同类不安全食品的商品信息未被及时发现。可见，你公司平台防控技术模型和手段未能适应管理需要，对经营者经营行为检查监控不足，对平台所售食品药品质量安全保障有待加强。

三是部分涉案店铺判决后仍在经营，平台对违法店铺反应处置有待提升。依据《中华人民共和国药品管理法》第六十二条第三款、《网络食品安全违法行为查处办法》第十五条的规定，你公司发现平台经营者在经营食品、药品中存在严重违法行为的，应当立即停止提供网络交易平台服务。然而，在某戊销售假药案、某己销售假药案等假药案件中涉及销售假药的店铺共29家，相关案件判决后，仍有5家涉案店铺尚未关停，继续在平台经营。可见，你公司平台动态处置机制反应不及时，难以对违法店铺做出适时清理。

食品药品安全关系人民群众切身利益，关乎社会和谐稳定。你公司管理着国内特大型网络购物平台，食品药品经营店铺云集，销售食品药品种类众多。为加强平台食品药品安全责任意识，加大防控力度，提升管理能力，营造优良的网络食品药品营商环境，根据《中华人民共和国食品安全法》《中华人民共和国药品管理法》《中华人民共和国电子商务法》《网络交易监督管理办法》《药品网络销售监督管理办法》《第三方电子商务交易平台服务规范》《网络食品安全违法行为查处办法》《市场监督管理严重违法失信名单管理办法》等法规，以及《中华人民共和国人民检察院组织法》第二十一条、《人民检察院检察建议工作规定》第十一条第一项之规定，特向你公司提出以下建议：

一是完善经营主体身份资质审核、公示制度，重点防控类案前科人员。建议平台对食品药品经营者身份资质加大审核力度，完善入驻商户档案，全面记录、核查经营主体基本情况、银行账户等各类信息并定期更新、校验，严格审核营业执照及食品药品经营许可资质。对涉及危害食品药品安全犯罪的店铺及时关停，对判处刑罚的经营主体根据相关部门发布的严重违法失信名单情况加强重点防控，充分运用大数据、模型识别、人工排查等综合手段联防联控，切实杜绝无经营资质或具有类案前科的人员经营不安全的食品药品。

二是提升经营行为管理力度，强化食品药品安全日常管理。建议完善食品药品安全自查及违法行为制止报告机制，通过升级防控模型、更新屏蔽词库、增加商品风险标签、优化异常信息提示、完善消费者评价投诉反馈机制等方法，加大食品药品安全日常巡检力度。发现可能涉嫌违法犯罪的，及时制止并向食药监执法部门报告或向司法机关提供线索。

三是建立交易风险警示制度，创新多元宣传方式，引导健康科学消费观。建议平台建立交易风险警示制度，督促商户对减肥、壮阳保健食品、处方药等产品履行注意事项告知义务。通过商品信息界面提醒等多种方式开展真伪辨别提示与食品药品安全宣传，引导消费者树立科学消费观，增强消费者安全意识，提高消费者的鉴别能力。

你单位在收到检察建议后，可在七日内向本院提出异议，如无异议，请针对检察建议中列明的问题，提出相关建议措施，及时研究落实并改进落实情况，在一个月内函复本院。

2022 年 12 月 13 日

（院印）

回复地址：上海市 ** 区 ** 路 ** 号

邮政编码：******

联系人：** 人民检察院第 * 检察部 ***

联系电话：021 – *******

附：相关法律规定

《中华人民共和国人民检察院组织法》

第二十一条　人民检察院行使本法第二十条规定的法律监督职权，可以进行调查核实，并依法提出抗诉、纠正意见、检察建议。有关单位应当予以配合，并及时将采纳纠正意见、检察建议的情况书面回复人民检察院。

《人民检察院检察建议工作规定》

第十一条　人民检察院在办理案件中发现社会治理工作存在下列情形之一的，可以向有关单位和部门提出改进工作、完善治理的检察建议：

（一）涉案单位在预防违法犯罪方面制度不健全、不落实，管理不完善，存在违法犯罪隐患，需要及时消除的；

（二）一定时期某类违法犯罪案件多发、频发，或者已发生的案件暴露出明显的管理监督漏洞，需要督促行业主管部门加强和改进管理监督工作的；

（三）涉及一定群体的民间纠纷问题突出，可能导致发生群体性事件或者恶性案件，需要督促相关部门完善风险预警防范措施，加强调解疏导工作的；

（四）相关单位或者部门不依法及时履行职责，致使个人或者组织合法权益受到损害或者存在损害危险，需要及时整改消除的；

（五）需要给予有关涉案人员、责任人员或者组织行政处罚、政务处分、行业惩戒，或者需要追究有关责任人员的司法责任的；

（六）其他需要提出检察建议的情形。

《中华人民共和国食品安全法》

第六十二条　网络食品交易第三方平台提供者应当对入网食品经营者进行实名登记，明确其食品安全管理责任；依法应当取得许可证的，还应当审查其许可证。

网络食品交易第三方平台提供者发现入网食品经营者有违反本法规定行为的，应当及时制止并立即报告所在地县级人民政府食品药品监督管理部门；发现严重违法行为的，应当立即停止提供网络交易平台服务。

《中华人民共和国药品管理法》

第六十二条　药品网络交易第三方平台提供者应当按照国务院药品监督管理部门的规定，向所在地省、自治区、直辖市人民政府药品监督管理部门备案。

第三方平台提供者应当依法对申请进入平台经营的药品上市许可持有人、药品经营企业的资质等进行审核，保证其符合法定要求，并对发生在平台的药品经营行为进行管理。

第三方平台提供者发现进入平台经营的药品上市许可持有人、药品经营企业有违反本法规定行为的，应当及时制止并立即报告所在地县级人民政府药品监督管理部门；发现严重违法行为的，应当立即停止提供网络交易平台服务。

《中华人民共和国电子商务法》

第十三条　电子商务经营者销售的商品或者提供的服务应当符合保障人身、财产安全的要求和环境保护要求，不得销售或者提供法律、行政法规禁止交易的商品或者服务。

第二十七条　电子商务平台经营者应当要求申请进入平台销售商品或者提供服务的经营者提交其身份、地址、联系方式、行政许可等真实信息，进行核验、登记，建立登记档案，并定期核验更新。

电子商务平台经营者为进入平台销售商品或者提供服务的非经营用户提供服务，应当遵守本节有关规定。

第二十九条　电子商务平台经营者发现平台内的商品或者服务信

息存在违反本法第十二条、第十三条规定情形的，应当依法采取必要的处置措施，并向有关主管部门报告。

第三十条 电子商务平台经营者应当采取技术措施和其他必要措施保证其网络安全、稳定运行，防范网络违法犯罪活动，有效应对网络安全事件，保障电子商务交易安全。

第三十八条 电子商务平台经营者知道或者应当知道平台内经营者销售的商品或者提供的服务不符合保障人身、财产安全的要求，或者有其他侵害消费者合法权益行为，未采取必要措施的，依法与该平台内经营者承担连带责任……

《网络交易监督管理办法》

第十一条 网络交易经营者销售的商品或者提供的服务应当符合保障人身、财产安全的要求和环境保护要求，不得销售或者提供法律、行政法规禁止交易，损害国家利益和社会公共利益，违背公序良俗的商品或者服务。

第十二条 网络交易经营者应当在其网站首页或者从事经营活动的主页面显著位置，持续公示经营者主体信息或者该信息的链接标识。鼓励网络交易经营者链接到国家市场监督管理总局电子营业执照亮照系统，公示其营业执照信息。

第二十四条 网络交易平台经营者应当要求申请进入平台销售商品或者提供服务的经营者提交其身份、地址、联系方式、行政许可等真实信息，进行核验、登记，建立登记档案，并至少每六个月核验更新一次。

网络交易平台经营者应当对未办理市场主体登记的平台内经营者进行动态监测，对超过本办法第八条第三款规定额度的，及时提醒其依法办理市场主体登记。

第二十九条 网络交易平台经营者应当对平台内经营者及其发布的商品或者服务信息建立检查监控制度。网络交易平台经营者发现平台内的商品或者服务信息有违反市场监督管理法律、法规、规章，损害国家利益和社会公共利益，违背公序良俗的，应当依法采取必要的处置措施，保存有关记录，并向平台住所地县级以上市场监督管理部门报告。

《药品网络销售监督管理办法》

第四条 从事药品网络销售、提供药品网络交易第三方平台服务，应当具备相应资质或者条件，遵守药品法律法规、规章和规范，依法诚信经营，保障药品质量安全。

第十二条 药品网络销售企业应当在网站首页或者经营活动的主页面显著位置，持续公示其药品生产或者经营许可证信息。药品网络零售企业还应当展示依法配备的药师或者其他药学技术人员的资格认定等信息。上述信息发生变化的，应当在10个工作日内予以更新。

第十三条 药品网络销售企业展示的药品相关信息应当真实、准确、合法。

从事处方药销售的药品网络零售企业，应当在每个药品展示页面下突出显示“处方药须凭处方在药师指导下购买和使用”等风险警示信息。处方药销售前，应当向消费者充分告知相关风险警示信息，并经消费者确认知情……

第十七条 第三方平台应当建立药品质量安全管理机构，配备药学技术人员承担药品质量安全管理工作，建立并实施药品质量安全、药品信息展示、处方审核、处方药实名购买、药品配送、交易记录保存、不良反应报告、投诉举报处理等管理制度。

第三方平台应当加强检查，对入驻平台的药品网络销售企业的药品信息展示、处方审核、药品销售和配送等行为进行管理，督促其严格履行法定义务。

第二十二条 第三方平台应当对药品网络销售活动建立检查监控制度。发现入驻的药品网络销售企业有违法行为的，应当及时制止并立即向所在地县级药品监督管理部门报告。

第二十三条 第三方平台发现下列严重违法行为的，应当立即停止提供网络交易平台服务，停止展示药品相关信息：

（一）不具备资质销售药品的；

（二）违反本办法第八条规定销售国家实行特殊管理药品的；

（三）超过药品经营许可范围销售药品的；

（四）因违法行为被药品监督管理部门责令停止销售、吊销药品批准证明文件或者吊销药品经营许可证的；

（五）其他严重违法行为的。

药品注册证书被依法撤销、注销，不得展示相关药品的信息。

《第三方电子商务交易平台服务规范》

6.3 站内经营者行为规范

平台经营者应当通过合同或其他方式要求站内经营者遵守以下规范，督促站内经营者建立和实行各类商品信誉制度，方便消费者监督和投诉：

（1）站内经营者应合法经营，不得销售不符合国家标准或有毒有害的商品。对涉及违法经营的可以暂停或终止交易……

《网络食品安全违法行为查处办法》

第十条 网络食品交易第三方平台提供者应当建立入网食品生产经营者审查登记、食品安全自查、食品安全违法行为制止及报告、严重违法行为平台服务停止、食品安全投诉举报处理等制度，并在网络平台上公开。

第十四条 网络食品交易第三方平台提供者应当设置专门的网络食品安全管理机构或者指定专职食品安全管理人员，对平台上的食品经营行为及信息进行检查。

网络食品交易第三方平台提供者发现存在食品安全违法行为的，应当及时制止，并向所在地县级食品药品监督管理部门报告。

第十五条 网络食品交易第三方平台提供者发现入网食品生产经营者有下列严重违法行为之一的，应当停止向其提供网络交易平台服务：

（一）入网食品生产经营者因涉嫌食品安全犯罪被立案侦查或者提起公诉的；

（二）入网食品生产经营者因食品安全相关犯罪被人民法院判处刑

罚的；

（三）入网食品生产经营者因食品安全违法行为被公安机关拘留或者给予其他治安管理处罚的；

（四）入网食品生产经营者被食品药品监督管理部门依法作出吊销许可证、责令停产停业等处罚的。

第十九条　入网销售保健食品、特殊医学用途配方食品、婴幼儿配方乳粉的食品生产经营者，除依照本办法第十八条的规定公示相关信息外，还应当依法公示产品注册证书或者备案凭证，持有广告审查批准文号的还应当公示广告审查批准文号，并链接至食品药品监督管理部门网站对应的数据查询页面。保健食品还应当显著标明“本品不能代替药物”。

第五章　社会治理检察建议参考资料

第一节　社会治理检察建议规范性文件

人民检察院检察建议工作规定

（2018 年 12 月 25 日最高人民检察院第十三届检察委员会第十二次会议通过，高检发释字〔2019〕1 号）

第一章　总　则

第一条　为了进一步加强和规范检察建议工作，确保检察建议的质量和效果，充分发挥检察建议的作用，根据《中华人民共和国人民检察院组织法》等法律规定，结合检察工作实际，制定本规定。

第二条　检察建议是人民检察院依法履行法律监督职责，参与社会治理，维护司法公正，促进依法行政，预防和减少违法犯罪，保护国家利益和社会公共利益，维护个人和组织合法权益，保障法律统一正确实施的重要方式。

第三条　人民检察院可以直接向本院所办理案件的涉案单位、本级有关主管机关以及其他有关单位提出检察建议。

需要向涉案单位以外的上级有关主管机关提出检察建议的，应当层报被建议单位的同级人民检察院决定并提出检察建议，或者由办理案件的人民检察院制作检察建议书后，报被建议单位的同级人民检察院审核并转送被建议单位。

需要向下级有关单位提出检察建议的，应当指令对应的下级人民检察院提出检察建议。

需要向异地有关单位提出检察建议的，应当征求被建议单位所在地同级人民检察院意见。被建议单位所在地同级人民检察院提出不同意见，办理案件的人民检察院坚持认为应当提出检察建议的，层报共同的上级人民检察院决定。

第四条 提出检察建议，应当立足检察职能，结合司法办案工作，坚持严格依法、准确及时、必要审慎、注重实效的原则。

第五条 检察建议主要包括以下类型：

（一）再审检察建议；

（二）纠正违法检察建议；

（三）公益诉讼检察建议；

（四）社会治理检察建议；

（五）其他检察建议。

第六条 检察建议应当由检察官办案组或者检察官办理。

第七条 制发检察建议应当在统一业务应用系统中进行，实行以院名义统一编号、统一签发、全程留痕、全程监督。

第二章 适用范围

第八条 人民检察院发现同级人民法院已经发生法律效力的判决、裁定具有法律规定的应当再审情形的，或者发现调解书损害国家利益、社会公共利益的，可以向同级人民法院提出再审检察建议。

第九条 人民检察院在履行对诉讼活动的法律监督职责中发现有关执法、司法机关具有下列情形之一的，可以向有关执法、司法机关提出纠正违法检察建议：

（一）人民法院审判人员在民事、行政审判活动中存在违法行为的；

（二）人民法院在执行生效民事、行政判决、裁定、决定或者调解书、支付令、仲裁裁决书、公证债权文书等法律文书过程中存在违法执行、不执行、怠于执行等行为，或者有其他重大隐患的；

（三）人民检察院办理行政诉讼监督案件或者执行监督案件，发现行政机关有违反法律规定、可能影响人民法院公正审理和执行的行为的；

（四）公安机关、人民法院、监狱、社区矫正机构、强制医疗执行机构等在刑事诉讼活动中或者执行人民法院生效刑事判决、裁定、决定等法律文书过程中存在普遍性、倾向性违法问题，或者有其他重大隐患，需要引起重视予以解决的；

（五）诉讼活动中其他需要以检察建议形式纠正违法的情形。

第十条 人民检察院在履行职责中发现生态环境和资源保护、食品药品安全、国有财产保护、国有土地使用权出让等领域负有监督管理职责的行政机关违法行使职权或者不作为，致使国家利益或者社会公共利益受到侵害，符合法律规定的公益诉讼条件的，应当按照公益诉讼案件办理程序向行政机关提出督促依法履职的检察建议。

第十一条 人民检察院在办理案件中发现社会治理工作存在下列情形之一的，可以向有关单位和部门提出改进工作、完善治理的检察建议：

（一）涉案单位在预防违法犯罪方面制度不健全、不落实，管理不完善，存在违法犯罪隐患，需要及时消除的；

（二）一定时期某类违法犯罪案件多发、频发，或者已发生的案件暴露出明显的管理监督漏洞，需要督促行业主管部门加强和改进管理监督工作的；

（三）涉及一定群体的民间纠纷问题突出，可能导致发生群体性事件或者恶性案件，需要督促相关部门完善风险预警防范措施，加强调解疏导工作的；

（四）相关单位或者部门不依法及时履行职责，致使个人或者组织合法权益受到损害或者存在损害危险，需要及时整改消除的；

（五）需要给予有关涉案人员、责任人员或者组织行政处罚、政务处分、行业惩戒，或者需要追究有关责任人员的司法责任的；

（六）其他需要提出检察建议的情形。

第十二条 对执法、司法机关在诉讼活动中的违法情形，以及需要对被不起诉人给予行政处罚、处分或者需要没收其违法所得，法律、司法解释和其他有关规范性文件明确规定应当发出纠正违法通知书、检察意见书的，依照相关规定执行。

第三章 调查办理和督促落实

第十三条 检察官在履行职责中发现有应当依照本规定提出检察建议情形的，应当报经检察长决定，对相关事项进行调查核实，做到事实清楚、准确。

第十四条 检察官可以采取以下措施进行调查核实：

（一）查询、调取、复制相关证据材料；

（二）向当事人、有关知情人员或者其他相关人员了解情况；

（三）听取被建议单位意见；

（四）咨询专业人员、相关部门或者行业协会等对专门问题的意见；

（五）委托鉴定、评估、审计；

（六）现场走访、查验；

（七）查明事实所需要采取的其他措施。

进行调查核实，不得采取限制人身自由和查封、扣押、冻结财产等强制性措施。

第十五条 检察官一般应当在检察长作出决定后两个月以内完成检察建议事项的调查核实。情况紧急的，应当及时办结。

检察官调查核实完毕，应当制作调查终结报告，写明调查过程和认定的事实与证据，提出处理意见。认为需要提出检察建议的，应当起草检察建议书，一并报送检察长，由检察长或者检察委员会讨论决定是否提出检察建议。

经调查核实，查明相关单位不存在需要纠正或者整改的违法事实或者重大隐患，决定不提出检察建议的，检察官应当将调查终结报告连同相关材料订卷存档。

第十六条 检察建议书要阐明相关的事实和依据，提出的建议应当符合法律、法规及其他有关规定，明确具体、说理充分、论证严谨、语言简洁、有操作性。

检察建议书一般包括以下内容：

（一）案件或者问题的来源；

（二）依法认定的案件事实或者经调查核实的事实及其证据；

（三）存在的违法情形或者应当消除的隐患；

（四）建议的具体内容及所依据的法律、法规和有关文件等的规定；

（五）被建议单位提出异议的期限；

（六）被建议单位书面回复落实情况的期限；

（七）其他需要说明的事项。

第十七条 检察官依据本规定第十一条的规定起草的检察建议书，报送检察长前，应当送本院负责法律政策研究的部门对检察建议的必要性、合法性、说理性等进行审核。

检察建议书正式发出前，可以征求被建议单位的意见。

第十八条 检察建议书应当以人民检察院的名义送达有关单位。送达检察建议书，可以书面送达，也可以现场宣告送达。

宣告送达检察建议书应当商被建议单位同意，可以在人民检察院、被建议单位或者其他适宜场所进行，由检察官向被建议单位负责人当面宣读检察建议书并进行示证、说理，听取被建议单位负责人意见。必要时，可以邀请人大代表、政协委员或者特约检察员、人民监督员等第三方人员参加。

第十九条 人民检察院提出检察建议，除另有规定外，应当要求被建议单位自收到检察建议书之日起两个月以内作出相应处理，并书面回复人民检察院。因情况紧急需要被建议单位尽快处理的，可以根据实际情况确定相应的回复期限。

第二十条 涉及事项社会影响大、群众关注度高、违法情形具有典型性、所涉问题应当引起有关部门重视的检察建议书，可以抄送同级党委、人大、政府、纪检监察机关或者被建议单位的上级机关、行政主管部门以及行业自律组织等。

第二十一条 发出的检察建议书，应当于五日内报上一级人民检察院对口业务部门和负责法律政策研究的部门备案。

第二十二条 检察长认为本院发出的检察建议书确有不当的，应当决定变更或者撤回，并及时通知有关单位，说明理由。

上级人民检察院认为下级人民检察院发出的检察建议书确有不当的，应当指令下级人民检察院变更或者撤回，并及时通知有关单位，说明理由。

第二十三条 被建议单位对检察建议提出异议的，检察官应当立即进行复核。经复核，异议成立的，应当报经检察长或者检察委员会讨论决定后，及时对检察建议书作出修改或者撤回检察建议书；异议不成立的，应当报经检察长同意后，向被建议单位说明理由。

第二十四条 人民检察院应当积极督促和支持配合被建议单位落实检察建议。督促落实工作由原承办检察官办理，可以采取询问、走访、不定期会商、召开联席会议等方式，并制作笔录或者工作记录。

第二十五条 被建议单位在规定期限内经督促无正当理由不予整改或者整改不到位的，经检察长决定，可以将相关情况报告上级人民检察院，通报被建议单位的上级机关、行政主管部门或者行业自律组织等，必要时可以报告同级党委、人大，通报同级政府、纪检监察机关。符合提起公益诉讼条件的，依法提起公益诉讼。

第四章 监督管理

第二十六条 各级人民检察院检察委员会应当定期对本院制发的检察建议的落实效果进行评估。

第二十七条 人民检察院案件管理部门负责检察建议的流程监控和分类统计，定期组织对检察建议进行质量评查，对检察建议工作情况进行综合分析。

第二十八条 人民检察院应当将制发检察建议的质量和效果纳入检察官履职绩效考核。

第二十九条 上级人民检察院应当加强对下级人民检察院开展检察建议工作的指导，及时通报情况，帮助解决检察建议工作中的问题。

第五章 附 则

第三十条 法律、司法解释和其他有关规范性文件对再审检察建议、纠正违法检察建议和公益诉讼检察建议的办理有规定的，依照其规定办理；没有规定的，参照本规定办理。

第三十一条 本规定由最高人民检察院负责解释。

第三十二条 本规定自公布之日起施行，2009 年印发的《人民检察院检察建议工作规定（试行)》同时废止。

人民检察院检察建议督促落实统管工作办法

（2019 年 9 月 12 日最高人民检察院第十三届检察委员会第二十四次会议通过，高检发办字〔2019〕96 号）

第一条 为了加强检察建议的督促落实工作，促进将检察建议做到刚性，充分发挥检察机关在助力国家治理体系和治理能力现代化，维护司法公正，促进依法行政，预防和减少违法犯罪，保护国家利益和社会公共利益，维护个人和组织合法权益，保障法律统一正确实施中的重要作用，根据《人民检察院检察建议工作规定》，结合工作实际，制定本办法。

第二条 本办法所称检察建议是指《人民检察院检察建议工作规定》第五条规定的再审检察建议、纠正违法检察建议、公益诉讼检察建议、社会治理检察建议和其他检察建议。

第三条 各级人民检察院成立检察建议落实工作分析督导小组，对检察建议落实工作进行经常性督促检查，对落实情况和存在的问题进行定期分析研判，解决检察建议落实中的问题，提升检察建议落实效果。

第四条 检察建议落实工作分析督导小组，由检察长或者负责日常工作的副检察长任组长，分管法律政策研究部门或者案件管理部门的副检察长任副组长，成员由各办案部门、法律政策研究部门、案件管理部门、检务督察部门等的负责人组成。

法律政策研究部门负责日常协调联络、会议组织、报告撰写等事宜。案件管理部门负责检察建议相关数据统计分析报告等事宜。

第五条 检察建议落实工作分析督导小组会议每半年召开一次。根据院领导指示或者分析督导小组成员提议，也可以适时召开。

分析督导小组会议结合案件管理部门检察建议统计分析报告、各业务部门专门检查报告、汇总分析报告等检察建议工作实际，特别是存在的问题，研究提出提高检察建议质量、解决检察建议落实有关问题的意见和措施。

分析督导小组每年向检察委员会报告一次检察建议落实情况。

第六条 承办检察建议的检察官办案组或者独任检察官负责跟踪了解检察建议落实情况，定期对被建议单位进行回访，督促被建议单位落实检察建议。督促落实中遇到的困难和问题，及时报告部门负责人，并由各办案部门汇总后，按季度报告分管院领导和检察建议落实工作分析督导小组。

承办检察建议的检察官办案组或者独任检察官在督促落实工作中存在困难难以解决的，由部门负责人出面协调解决；必要时，由院领导协调解决。

第七条 各办案部门负责本业务条线检察建议督促落实和业务指导工作，加强对本业务条线检察建议质量的评查和落实情况的跟踪了解，指导下级检察机关相应部门有效推进检察建议的督促落实。

第八条 各办案部门每半年对本业务条线制发的检察建议落实情况进行一次专门检查和汇总分析，法律政策研究部门会同案件管理部门每年对辖区内检察建议落实情况进行一次专门检查和汇总分析，报检察建议落实工作分析督导小组。分析督导小组研究讨论后，适时向检察委员会报告，作为检察委员会对检察建议落实效果进行评估时的参考。

相关部门在日常工作中发现检察建议督促落实工作存在问题的，可以临时进行检查。

第九条 各办案部门应当适时通报、发布本业务条线优差典型检察建议，有针对性地加强业务指导。法律政策研究部门每年组织筛选发布本年度典型检察建议。

第十条 案件管理部门应当加强对制发和落实检察建议的流程监控，并将之纳入业务数据分析报告。

第十一条 检察委员会按照《人民检察院检察建议工作规定》第二十六条的规定，每年对本院制发的检察建议的落实效果进行评估，对开展检察建议工作中的重大问题进行审议，提出解决对策措施。

第十二条 本办法自印发之日起施行。

检察机关开展检察建议工作有关问题的解答

（高检办发〔2021〕11 号）

为贯彻落实《中共中央关于加强新时代检察机关法律监督工作的意见》，指导各级检察机关正确理解和准确适用《人民检察院检察建议工作规定》（以下简称《检察建议工作规定》），规范有序开展检察建议工作，依法履行好法律监督职责，确保检察建议的质效，实现政治效果、社会效果、法律效果有机统一，现就检察建议工作有关问题作如下解答。

一、社会治理检察建议中，如何确定涉案单位及制发程序？

答：根据《检察建议工作规定》第三条第一款和第十一条规定，人民检察院发现本院所办理案件的涉案单位存在制度不健全不落实、监督管理不到位、风险隐患突出等社会治理问题的，可以直接向其提出检察建议。

涉案单位包括两种情形：一是本院所办理案件的当事人，比如单位犯罪案件被告人，刑事案件被害人为单位的，行政诉讼监督案件中案涉行政机关，等等；二是本院所办理案件当事人所在的单位，并且案件事实与单位存在的制度漏洞、管理疏漏等问题具有紧密联系，比如犯罪嫌疑人利用其所在单位会计制度漏洞实施犯罪，其所在单位也属于涉案单位。企事业单位、人民团体和社会组织的分支机构符合上述情形的，也属于涉案单位。

一般情况下，检察机关可以向本院所办理案件的涉案单位直接制发检察建议。涉案单位属于办理案件的检察院管辖范围内的企事业单位、人民团体和社会组织的分支机构的，办理案件的检察院应当向该分支机构制发检察建议。市、县级人民检察院办理案件的涉案单位属于全国或者本省知名的大型公司、企业总部，或者国家级和省级人民团体，或者在国务院和省级人民政府登记管理机关登记的社会组织的，办理案件的市、县级人民检察院应当层报省级人民检察院批准后制作检察建议书，并由省级人民检察院转送被建议单位。

二、在向涉案单位以外的被建议单位制发检察建议时，如何贯彻必要审慎原则？

答：在向涉案单位以外的被建议单位制发检察建议时，应当坚持必要审慎原则，对于在履行法律监督职责中发现的、与检察业务紧密关联、确有监督必要的事项按程序制发检察建议。特别应当注意制发检察建议的人民检察院级别与被建议单位的级别、规模等相对应。

根据《检察建议工作规定》第三条第二款、第三款规定，办理案件的人民检察院认为需要向涉案单位以外的上级有关主管机关提出检察建议的，应当提出意见，层报被建议单位的同级人民检察院，由其决定并制发检察建议；也可以由办理案件的人民检察院制作检察建议书后，报被建议单位的同级人民检察院审核并转送被建议单位。需要向下级有关单位提出检察建议的，则应当指令对应的下级人民检察院提出检察建议。

对于涉案单位以外的国有企业，根据对其履行出资人职责的部门级别或者其实际控制人的级别，确定由对应的人民检察院制发检察建议。比如，对于由国务院国有资产监督管理委员会履行出资人职责的国有企业，一般应由省级人民检察院制发检察建议。对于涉案单位以外的民营企业，由省级人民检察院根据实际情况，从企业的规模、知名度、机构属性（总部或者分部）、与所涉案件的关联性、存在问题的范围、检察建议制发的“三个效果”等方面进行综合分析研判，确定由适宜的检察院制发检察建议。对于涉案单位以外的人民团体，根据其级别由同级人民检察院制发检察建议。对于涉案单位以外的社会组织，由省级人民检察院根据其登记管理机关级别、业务主管单位或者行业管理单位情况、注册资金规模、业务范围、活动地域、与所涉案件的关联性、检察建议制发的“三个效果”等方面进行综合分析研判，确定由适宜的检察院制发检察建议。

三、向异地制发检察建议时如何正确适用征求意见程序和开展督促落实工作？

答：异地是指制发检察建议的检察院管辖范围以外的地方，不同省（自治区、直辖市）之间、同一省（含自治区，不含直辖市）内不同市、县之间均属于异地。跨行政区划检察院所在地与其管辖范围内的其他市、县之间不属于异地。

根据《检察建议工作规定》第三条第四款规定，向异地有关单位制发检察建议，应当书面征求被建议单位所在地同级人民检察院意见。被建议单位所在地同级人民检察院一般应在十五个工作日内书面回复制发检察建议的人民检察院，表明是否同意制发检察建议并说明理由。被建议单位所在地同级人民检察院提出不同意见，办理案件的人民检察院坚持认为应当制发检察建议的，层报共同的上级人民检察院决定。在共同的上级人民检察院决定之前，不得制发检察建议。

向本院所办理案件的异地涉案单位制发检察建议，该涉案单位属于以下情形的，应当先层报省级人民检察院审批。省级人民检察院同意制发的，再书面征求该涉案单位所在地同级人民检察院意见：（一）全国或者省内知名的大型公司、企业总部；（二）国家级和省级人民团体；（三）在国务院和省级人民政府登记管理机关登记的社会组织。

符合下列情形的，可以不征求被建议单位同级人民检察院意见，但制发检察建议后应抄送被建议单位所在地同级人民检察院：（一）同一省（自治区、直辖市）内一市、区、县人民检察院经省级人民检察院批准后向另一市、区、县的涉案单位制发检察建议的；（二）同一市（含直辖市）内一区、县人民检察院向另一区、县的被建议单位制发检察建议的；（三）涉及指定管辖、集中管辖、异地交叉管辖的案件，办理案件的人民检察院向其所在地外的被建议单位制发检察建议的。

向异地有关单位制发检察建议应当遵循“谁制发谁督促”的原则，由制发检察建议的人民检察院负责检察建议的督促落实，并可以商请被建议单位所在地人民检察院予以协助，被建议单位所在地人民检察院应当提供协助。

四、公益诉讼检察建议与社会治理检察建议如何区分适用?

答:公益诉讼检察建议是推进社会治理的重要方式,与社会治理检察建议有以下不同:

一是制发对象不同。公益诉讼检察建议的制发对象为行政机关;社会治理检察建议的制发对象包括行政机关、司法机关、企事业单位、人民团体、社会组织等。

二是监督事由不同。公益诉讼检察建议针对行政机关违法行使职权或者不作为,致使国家利益或者社会公共利益受到侵害的行为进行监督;社会治理检察建议是针对检察履职中发现有关机关和单位存在违法犯罪隐患、管理监督漏洞、风险预警和防控不到位等普遍性倾向性问题,以及需要给予有关涉案人员、责任人员或者组织行政处罚、政务处分、行业惩戒等情形进行监督。

三是建议内容不同。公益诉讼检察建议内容与后续提起诉讼的诉讼请求直接相关,一般为督促行政机关履行具体的监督管理、行政处罚等职责;社会治理检察建议内容聚焦建章立制、改进工作、加强监管、完善治理等。

四是保障落实手段不同。公益诉讼检察建议发出后,行政机关如仍不依法履行职责,检察机关可以提起行政公益诉讼,由法院判决行政机关依法履职;社会治理检察建议发出后,被建议单位在规定期限内经督促无正当理由不予整改或者整改不到位的,检察机关可以采取报告上级人民检察院,通报被建议单位的上级机关、行政主管部门或者行业自律组织等,报告同级党委、人大,通报同级政府、纪检监察机关等措施。

检察机关应当从被建议单位的选取、检察建议事项所属领域、涉及的行政机关具体职责、公益受损情况、建议内容等方面进行综合分析。对于属于法律、行政法规、司法解释、地方性法规以及最高人民检察院第八检察厅《关于积极稳妥拓展公益诉讼案件范围的指导意见》等文件明确规定的公益诉讼案件领域,存在公益损害,需要对行政机关未依法履行职责的违法性问题进行监督的，应当优先制发公益诉讼检察建议。对于行政机关同类多次未依法履行职责的违法性问题，原则上制发一份检察建议。在办理公益诉讼案件中发现行政机关除存在不依法履行职责的问题外，还存在社会治理方面的问题，需要其予以改进的，可以在公益诉讼检察建议中同时提出改进工作、完善治理的建议。在办理同一类公益诉讼案件中发现有关单位存在普遍性倾向性问题，需要有关单位建章立制、加强监管、改进工作的，可以制发社会治理检察建议。

五、纠正违法检察建议如何适用?

答:《检察建议工作规定》第九条规定了纠正违法检察建议的适用情形。检察机关对刑事案件办理中的具体违法情形，应当严格依法提出监督意见，不得以纠正违法检察建议代替纠正意见。对于已经就具体情形依法提出监督意见的，不得以督促相关机关落实为名再次提出纠正违法检察建议。例如，已经对公安机关违法行为制发纠正违法通知书，不得再次制发检察建议书要求公安机关落实纠正违法通知书。只有针对刑事诉讼活动和执行活动中带有普遍性、倾向性的违法问题及其他重大隐患，才能制发纠正违法检察建议。

民事检察和行政检察中，根据民事诉讼法和行政诉讼法的规定，对民事、行政诉讼中审判人员违法、执行活动违法问题，无论是个案问题还是类案问题，都应以检察建议的方式进行纠正。根据《人民检察院民事诉讼监督规则》第一百一十七条第一款和《人民检察院行政诉讼监督规则》第一百一十九条第一款规定制发的检察建议属于对类案的纠正违法检察建议；根据《人民检察院民事诉讼监督规则》第一百一十七条第二款和《人民检察院行政诉讼监督规则》第一百一十九条第二款规定制发的检察建议属于社会治理检察建议。

根据《检察建议工作规定》第十一条第五项规定，需要追究有关责任人员司法责任的，应当制发社会治理检察建议。为避免多发滥发检察建议，对于被建议单位存在违法问题需要予以纠正，同时需要追究有关责任人员司法责任的，可以在纠正违法检察建议中提出追究有关责任人员司法责任的建议。

六、哪些检察建议中可以不对被建议单位提出异议作规定？如何确定检察建议的异议期限？

答：社会治理检察建议应当在检察建议书中提示被建议单位提出异议的期限和形式。再审检察建议、纠正违法检察建议和公益诉讼检察建议中则可以不写明被建议单位提出异议的期限。

异议期限应当根据检察建议书的内容和被建议单位实际情况予以确定，但不宜过长，一般可给予七至十五天的异议期限。

七、如何对检察建议进行备案审查和监督管理？

答：根据《检察建议工作规定》第二十一条规定，所有类型检察建议书均应当于发出后五日内报上一级人民检察院对口业务部门和上一级人民检察院负责法律政策研究的部门备案。其中，社会治理检察建议报上一级人民检察院负责法律政策研究的部门备案，其他类型检察建议按业务条线报上一级人民检察院对口业务部门备案。

上一级人民检察院对口业务部门和负责法律政策研究的部门收到检察建议书后，应当从检察建议书的必要性、合法性、规范性、说理性等方面及时予以审查，发现下级人民检察院发出的检察建议书确有不当，需要变更或者撤回的，应当按照《检察建议工作规定》第二十二条第二款的规定，指令下级人民检察院变更或者撤回，并及时通知有关单位，说明理由。发现检察建议书存在瑕疵或其他不属于需要变更或者撤回的问题的，可以向下级人民检察院提出意见，督促下级人民检察院在今后的工作中注意避免出现类似问题。

案件管理部门通过检察业务应用系统开展对检察建议的流程监控和分类统计，定期组织对本院和下级院制发的检察建议进行质量评查，对检察建议工作情况进行综合分析。

八、检察建议书抄送的范围如何把握？

答：根据《检察建议工作规定》第二十条规定，涉及事项社会影响大、群众关注度高、违法情形具有典型性、所涉问题应当引起有关部门重视的检察建议书，可以抄送同级党委、人大、政府、纪检监察机关或者被建议单位的上级机关、行政主管部门以及行业自律组织等。抄送单位应当根据检察建议书的具体内容和抄送单位的职责确定，可以是上述部门和单位中的一家或者几家。抄送上级机关的，一般是指抄送被建议单位的上一级机关。

检察建议书指出的问题同时涉及与被建议单位职责相关的其他部门和单位，或者提出的建议需要其他相关部门和单位配合开展工作、推进落实的，检察机关可以将检察建议书抄送其他相关部门和单位。

符合上述规定情形的检察建议书，需要抄送相关部门和单位的，应当在检察建议书落款下端写明抄送单位。

九、各类检察建议如何在检察业务应用系统中制发？

答：为规范检察建议的制发，加强对检察建议的管理和监督，便于对检察建议工作情况的统计分析，根据《检察建议工作规定》第七条规定，制发检察建议应当在检察业务应用系统中进行。再审检察建议、公益诉讼检察建议以及民事、行政检察中针对个案违法问题制发的纠正违法检察建议，根据检察业务应用系统配置，在相应的案件办理流程中随案制发；社会治理检察建议，民事、行政、刑事检察中纠正普遍性倾向性违法问题的纠正违法检察建议以及其他检察建议，在各业务子系统的检察建议公共流程制发。制发纠正普遍性倾向性违法问题的纠正违法检察建议或者在办理相关案件过程中制发社会治理检察建议的，可以在系统内将所办案件与纠正违法检察建议、社会治理检察建议相关联。

检察建议的审核、签发、转送、异地征求意见、备案审查等均应在检察业务应用系统中进行操作和程序流转，督促落实情况、回复采纳情况等均需在系统中记录。检察业务应用系统 2.0 正式上线后，各级人民检察院制发检察建议不得在线下操作和流转。

十、如何对制发社会治理检察建议进行考核？

答：检察机关制发高质量的社会治理检察建议，包含调查核实、综合研究、征求意见、沟通协调、督促落实等诸多环节，工作量较大，环节较为复杂，应当将社会治理检察建议工作纳入检察官业绩予以考核。对社会治理检察建议工作的考核应当比照办案的工作量进行考核，以提升检察建议质效为导向，科学设置考核指标和权重，突出对调查核实工作开展情况、检察建议书质量、督促落实工作开展情况、检察建议落实效果等的考核，通过发挥考核的引导激励作用，提高检察人员运用检察建议开展法律监督的积极性主动性，促进提升检察建议工作水平。

上海市检察机关社会治理检察建议工作指引

（2023 年 5 月 16 日上海市人民检察院检察委员会 2023 年第 5 次·总第 704 次会议审议通过，沪检发办字〔2023〕77 号）

第一章 总 则

第一条 为贯彻落实《中共中央关于加强新时代检察机关法律监督工作的意见》、中共上海市委《关于贯彻落实〈中共中央关于加强新时代检察机关法律监督工作的意见〉的重点措施》、上海市人大常委会《关于加强新时代检察机关法律监督工作的决定》，进一步规范社会治理检察建议工作，促进检察工作高质量发展，加强检察工作现代化建设，根据《中华人民共和国人民检察院组织法》《人民检察院检察建议工作规定》《人民检察院检察建议督促落实统管工作办法》《检察机关开展检察建议工作有关问题的解答》等规定，结合上海检察工作实际，制定本指引。

第二条 社会治理检察建议是人民检察院针对履职中发现有关机关和单位存在违法犯罪隐患、管理监督漏洞、风险预警和防控不到位等普遍性倾向性问题，以及需要给予有关人员或组织行政处罚、政务处分、行业惩戒等情形，依法履行法律监督职责，提出建章立制、加强监管、改进工作等内容的检察建议。

第三条 制发社会治理检察建议，应当立足检察职能，结合司法办案工作，坚持严格依法、准确及时、必要审慎、注重质效的原则。

第四条 在办理案件中发现社会治理工作存在下列情形之一的，可以制发社会治理检察建议：

（一）涉案单位在预防违法犯罪方面制度不健全、不落实，管理不完善，存在违法犯罪隐患，需要及时消除的；

（二）一定时期某类违法犯罪案件多发、频发，或者已发生的案件暴露出明显的管理监督漏洞，需要督促行业主管部门加强和改进管理监督工作的；

（三）涉及一定群体的民间纠纷问题突出，可能导致发生群体性事件或者恶性案件，需要督促相关部门完善风险预警防范措施，加强调解疏导工作的；

（四）相关单位或者部门不依法及时履行职责，致使个人或者组织合法权益受到损害或者存在损害危险，需要及时整改消除的；

（五）需要给予有关涉案人员、责任人员或者组织行政处罚、政务处分、行业惩戒，或者需要追究有关责任人员的司法责任的；

（六）其他需要制发社会治理检察建议的情形。

第五条 属于公益诉讼领域的公益损害，需要对行政机关未依法履行职责的违法问题进行监督的，应当优先制发公益诉讼检察建议。在办理公益诉讼案件中发现行政机关除存在不依法履行职责的问题外，还存在社会治理方面的问题，需要其予以改进的，可以在公益诉讼检察建议中同时提出改进工作、完善治理的建议。在办理同一类公益诉讼案件中发现有关单位存在普遍性倾向性问题，需要有关单位建章立制、加强监管、改进工作的，可以制发社会治理检察建议。

第六条 社会治理检察建议应当由检察官办案组或检察官办理。社会治理检察建议的必要性、合法性、说理性审核、备案审查应当由检察官负责。

第二章 制发主体

第七条 制发社会治理检察建议，应当注意被建议单位是否属于涉案单位、与被建议单位的级别、规模等是否相对应、是否符合地域管辖的规定。

第八条 向本院所办理案件的涉案单位原则上可直接制发社会治理检察建议。

基层检察院办理案件的涉案单位属于全国或本市知名大型公司、企业总部，或者国家级和省级人民团体，或者在国务院和省级人民政府登记管理机关登记的社会组织的，应层报市检察院对口业务部门批准后制作社会治理检察建议书，并由市检察院对口业务部门负责转送被建议单位。

市检察分院办理案件的涉案单位属于上述范围的，应报市检察院对口业务部门批准后制发。

涉案单位包括案件当事人或者与案件事实存在紧密联系的当事人所在单位。企事业单位、人民团体和社会组织分支机构符合该情形的，也属于涉案单位。当事人属于劳务派遣人员的，劳动合同签订单位、实际用工单位均可作为涉案单位。

第九条 向非涉案单位制发社会治理检察建议应当注意与被建议单位的级别、规模等相对应，并严格把握制发必要性。

（一）非涉案单位属于本级有关主管机关及其他有关单位的，可直接制发。

（二）非涉案单位属于市级有关主管机关的，基层检察院应报市检察分院决定并由市检察分院制发，或者基层检察院制作社会治理检察建议书报市检察分院审核并转送，具体由各对口业务部门负责。市检察院在工作中发现由市检察院制发或转送更为合适的，可通知基层检察院、市检察分院层报市检察院制发或转送。

（三）非涉案单位属于下级有关单位的，市检察院、市检察分院可指令对应的下级检察院制发。指令时，应发出指令函，并附检察建议意见、调查终结报告或其他案件材料，下级检察院收到指令函后，应及时制发社会治理检察建议。

上述市级有关主管机关包括市政府部门、市政府直属特设机构、市政府直属机构以及其他市级机构。

非涉案单位属于人民团体的，根据其级别由同级检察院制发社会治理检察建议。属于国有企业的，根据履行出资人职责的部门或者实际控制人的级别，确定由对应的检察院制发社会治理检察建议。属于民营企业、社会组织的，由市检察院综合分析研判，确定由适宜的检察院制发社会治理检察建议。

第十条 向异地有关单位制发社会治理检察建议的，应当书面征求被建议单位所在地同级检察院的意见，一般应要求被建议单位所在地同级检察院在十五个工作日内书面回复，载明是否同意及理由。回复内容为不同意但办理案件的检察院认为应当制发的，层报共同上级检察院决定，在决定前不得制发。

异地涉案单位属于全国或省内知名大型公司、企业总部，或者国家级和省级人民团体，或者在国务院和省级人民政府登记管理机关登记的社会组织的，市检察分院、基层检察院办案部门应层报市检察院对口业务部门同意后再书面征求涉案单位所在地同级检察院的意见。

本市管辖范围以内的各区之间，不属于异地。涉及跨省（自治区、直辖市）指定管辖、集中管辖、异地交叉管辖、专门管辖的案件，办理案件的检察院向其所在地以外的被建议单位制发社会治理检察建议的，以及办理案件的检察院向注册在外地但主要经营活动在本市的被建议单位制发社会治理检察建议的，均不属于异地。

第十一条 向涉案单位制发、向非涉案单位制发、异地制发程序中的层报具体由各对口业务部门负责。基层检察院层报时，应经分管检察长审批后报送相关请示、社会治理检察建议书，并附调查终结报告或其他案件材料。市检察分院收到层报请示后应在十五日内审核完毕，经审核不同意制发的，应说明理由，并经分管检察长审批后报市检察院决定。

第十二条 向涉外单位制发社会治理检察建议的，参照最高人民检察院、市检察院有关规定执行。

第三章 制发程序

第十三条 制发社会治理检察建议应注重流程的规范化，一般按照受理审查、调查核实、制作文书、报送审核、审批决定、送达文书、备案审查、异议复核、督促落实、回复接收、入卷存档等流程办理。

第十四条 重大社会治理检察建议应注重项目化推进，全市各级检察院每年应制定社会治理检察建议项目计划，确定若干重大社会治理检察建议项目。

重大社会治理检察建议实行第三方全程参与。项目开展过程中应邀请有关专家、人大代表、政协委员、特约检察员、人民监督员、听证员等第三方人员共同参与社会治理检察建议的调查核实、研究论证、宣告送达、回复接收、督促落实等工作。

第十五条 检察官拟提出社会治理检察建议的，应报分管检察长决定，采取以下措施进行调查核实，做到事实清楚、准确：

（一）查询、调取、复制相关证据材料；

（二）向当事人、有关知情人员或其他相关人员了解情况；

（三）听取被建议单位意见；

（四）咨询专业人员、相关部门或行业协会等对专门问题的意见；

（五）委托鉴定、评估、审计；

（六）现场走访、查验；

（七）查明事实所需要采取的其他措施。

调查核实不得采取限制人身自由和查封、扣押、冻结财产等强制性措施。

第十六条 检察官一般应在分管检察长决定后两个月内完成调查核实，情况紧急的，应及时办结。调查核实完毕，应制作调查终结报告，写明调查的过程、认定的事实与证据，提出的处理意见。认为需要提出社会治理检察建议的，报送分管检察长审批后起草社会治理检察建议书，并报送分管检察长决定，重大的社会治理检察建议应由检察委员会讨论决定。社会治理检察建议均应以院名义制发。认为不需要提出社会治理检察建议的，检察官应将调查终结报告连同相关材料订卷存档。

第十七条 社会治理检察建议书应当格式规范，一般应包括以下内容：

（一）案件或者问题的来源；

（二）依法认定的案件事实或者经调查核实的事实及其证据；

（三）存在的违法情形或者应当消除的隐患；

（四）建议的具体内容及所依据的法律、法规和有关文件等的规定；

（五）被建议单位提出异议的期限和形式；

（六）被建议单位书面回复落实情况的期限；

（七）回函信息、相关法律条文等其他需要说明的事项。

异议期限一般为七至十五日，具体根据建议内容和被建议单位实际情况确定。

回复期限一般为二个月，因情况紧急需要尽快处理的，可根据实际情况确定相应的回复期限。

需要抄送相关部门和单位的，应在落款下端写明抄送单位。

第十八条 社会治理检察建议提出的问题应紧扣被建议单位的职能和社会发展实际。提出的问题应属于该领域多地、多发、常发且尚未解决或正在努力解决尚未完成的问题，并在调研的基础上查究造成问题的根本原因。

社会治理检察建议制发对象应当是对社会治理检察建议所涉及问题具有实际管理、指导、实施等具体职权的单位或部门，建议内容不应超出其职权范围。

社会治理检察建议内容应合法合理，具备必要性、针对性、可行性，在表述上应当做到明确具体、说理充分、论证严谨、语言简洁。

第十九条 涉及事项社会影响大、群众关注度高、违法情形具有典型性、所涉问题应当引起有关部门重视的社会治理检察建议书，可以抄送同级党委、人大、政府、纪检监察机关或者被建议单位的上一级机关、行政主管部门以及行业自律组织等。抄送单位应根据社会治理检察建议的内容和抄送单位的职责确定。

社会治理检察建议书指出的问题同时涉及与被建议单位职责相关的其他部门和单位，或者提出的建议需要其他相关部门和单位配合开展工作、推进落实的，可将社会治理检察建议书抄送其他相关部门和单位。

第二十条 检察官在层报分管检察长决定前，应将社会治理检察建议书、调查终结报告、其他案件材料报部门负责人审批后，报本院负责法律政策研究的部门进行必要性、合法性、说理性等审核，审核意见应在五日内反馈，经审核认为不适宜制发但承办检察官坚持制发的，由检察官层报分管检察长决定。

社会治理检察建议书正式发出前，可以征求被建议单位的意见。

第二十一条 社会治理检察建议书应以检察院的名义通过书面或宣告方式送达。

宣告送达应商被建议单位同意，可在检察院、被建议单位或者其他适宜场所进行，并应由包括检察官在内的至少二名检察人员出席，鼓励邀请人大代表、政协委员、特约检察员、人民监督员、听证员等第三方人员参与，采取“三方+三化”模式。一般按照以下程序进行：

（一）宣布会场纪律；

（二）宣布参加人员身份；

（三）宣读检察建议，并进行示证、说理；

（四）送达检察建议，经被建议单位代表核对后签字确认；

（五）听取被建议单位代表意见；

（六）听取其他参会人员意见；

（七）制作宣告送达笔录，经被建议单位代表和其他参会人员核对后签字确认；

（八）宣布结束。

第二十二条 被建议单位回复社会治理检察建议书时，可以采取公开接收的方式在检察院、被建议单位或者其他适宜场所进行，并应由包括检察官在内的至少二名检察人员出席，鼓励邀请人大代表、政协委员、特约检察员、人民监督员、听证员等第三方人员参与，采取“三方+三化”模式。一般按照以下程序进行：

（一）宣布会场纪律；

（二）宣布参加人员身份；

（三）被建议单位代表宣读回复意见，介绍落实整改措施及实际效果等情况；

（四）检察人员就被建议单位落实整改情况发表意见建议；

（五）第三方人员发表意见建议；

（六）检察机关接收被建议单位的回复意见；

（七）制作公开接收笔录，经被建议单位代表和其他参会人员核对后签字确认；

（八）宣布结束。

第二十三条 市检察分院、基层检察院社会治理检察建议书发出后，应于五日内报上一级检察院负责法律政策研究的部门和对口业务部门备案。上一级检察院负责法律政策研究的部门收到备案材料后应从规范性、必要性、合法性、说理性等方面及时予以审查。经审查，发现确有不当且需要变更或者撤回的，应指令下级检察院变更或撤回，并及时通知有关单位，说明理由。发现存在瑕疵或其他不属于需要变更或者撤回的问题的，可以提出意见，督促下级检察院在今后的工作中注意避免出现类似问题。

基层检察院制发的重大社会治理检察建议书，除向对应的市检察分院备案外，还应直接报市检察院对口业务部门和法律政策研究部门备案。

第二十四条 被建议单位提出异议的，检察官应立即进行复核。经复核，异议成立的，应报经检察长或检察委员会讨论决定后，及时修改或撤回社会治理检察建议书，异议不成立的，应报经检察长同意后，向被建议单位说明理由。

第二十五条 检察长认为本院发出的社会治理检察建议书确有不当的，应决定变更或撤回，并及时通知有关单位，说明理由。

上级检察院认为下级检察院发出的社会治理检察建议书确有不当的，应当指令下级检察院变更或者撤回，并及时通知有关单位，说明理由。

第四章 督促落实

第二十六条 在社会治理检察建议督促落实工作中可采取多方参

与、协同治理、主动汇报、跟踪回访、共同推进、报告通报、党政支持、分析督导等多种方式，确保实效。

第二十七条 原承办检察官办案组或者独任检察官负责社会治理检察建议落实情况的跟踪了解、月度回访、督促落实，具体可以采取询问、走访等方式，并制作笔录或者工作记录。督促落实中遇到困难和问题，应及时报告部门负责人或者院领导协调解决。向异地有关单位制发社会治理检察建议的，可以商请被建议单位所在地检察院予以协助，被建议单位所在地检察院应当提供协助。

第二十八条 全市各级检察院应当支持配合被建议单位落实社会治理检察建议，通过开展问题调研、联系专业咨询、组织工作协调等方式，积极参与社会治理检察建议落实工作。

第二十九条 被建议单位在规定期限内经督促无正当理由不予整改或者整改不到位的，经检察长决定，可以将相关情况报告上级检察院，通报被建议单位的上级机关、行政主管部门或者行业自律组织等，必要时可以报告同级党委、人大，通报同级政府、纪检监察机关。

第三十条 全市各级检察院应积极争取党政支持，推动将社会治理检察建议落实情况纳入法治建设、平安建设等市区两级地方党委、政府考核体系。

第三十一条 全市各级检察院应建立检察建议落实工作分析督导小组，负责对社会治理检察建议落实工作进行督促检查，对落实情况和存在问题进行分析研判，解决落实中的问题。

第五章 监督管理

第三十二条 制发社会治理检察建议应在检察业务应用系统中进行，审核、签发、转送、异地征求意见、备案审查等应在检察业务应用系统中操作和流转，督促落实情况、回复采纳情况等应在系统中记录，并以院名义统一编号、统一签发、全程留痕、全程监督。办案过程中制发的，可在系统内将所办案件与社会治理检察建议相关联。

第三十三条 全市各级检察院案件管理部门对社会治理检察建议

进行流程监控和数据统计分析，定期组织对本级和下级检察院制发的社会治理检察建议进行质量评查。

第三十四条 全市各级检察院检察委员会应当定期对本院制发的社会治理检察建议的落实效果进行评估。

第三十五条 市检察院各业务部门应当加强对本条线社会治理检察建议工作的对口指导、业务培训，及时通报情况，帮助解决工作中的问题，与相关执法司法机关沟通协调，推动强化各执法司法领域的社会治理检察建议市级统筹管理。

市检察院法律政策研究室全面了解掌握全市社会治理检察建议开展情况，督促重大社会治理检察建议项目化推进，定期开展社会治理检察建议评选评查工作。

第三十六条 社会治理检察建议的格式和文号适用《人民检察院检察建议法律文书格式样本》。

社会治理检察建议书应当加装封皮，封皮由各级检察院参照《检察建议书封皮样式（高检院）版》自行印制，样式中的院名（正面及背面）为制发社会治理检察建议的检察院全称。

社会治理检察建议办理完毕后，制发社会治理检察建议的部门应当及时将有关材料另卷归档。

第三十七条 全市各级检察院应当将社会治理检察建议工作纳入检察官履职绩效考核，突出对调查核实开展情况、文书质量、督促落实工作开展情况、落实效果等的考察。市检察院将制发社会治理检察建议的质量和效果纳入基层检察院业务考核范围，定期通报回复采纳情况。

第六章 附 则

第三十八条 本指引由上海市人民检察院负责解释。

第三十九条 本指引自印发之日起施行。

上海市高级人民法院、上海市人民检察院关于全流程在线办理检察建议工作的规定

（沪高法〔2023〕380号）

为了共同贯彻《中共中央关于加强新时代检察机关法律监督工作的意见》，落实落细《上海“数字法院”建设方案》《关于建立健全新时代上海法院数字赋能审判监督管理体系推动形成案件质量大监督格局的指导意见》《上海检察全流程全息在线办案综合平台总体规划》中关于数字赋能审判监督、检察监督的要求，建立并完善全市法院、检察院全流程在线办理检察建议工作机制，提升检察建议工作质效，根据相关法律、司法解释和规范性文件，制定本规定。

第一章 总 则

第一条【指导思想与总体要求】 全市法院、检察院应当坚持以习近平新时代中国特色社会主义思想为指导，深入贯彻习近平法治思想，充分认识检察建议工作在促进社会治理、维护司法公正、保障法律统一正确实施等方面的重要意义，以高度的政治自觉依法加强检察建议工作，以高效的数字赋能切实提升检察建议工作质效，共同推动全市法院与检察院全流程在线办理检察建议，实现平台共建、数据共享、流程共管与信息互通、短板互补、工作互动，确保司法办案的政治效果、法律效果、社会效果有机统一。

第二条【内涵范围】 本规定所称全流程在线办理检察建议工作，是指全市检察院在履行法律监督职责过程中依法向同级法院提出检察建议，法院接收、办理和回复检察建议，以及检察院与法院之间进行文书送达、材料移送、信息共享等，均应在法院、检察院的办案系统和法检办案数据交互信息系统（以下简称“法检交互系统”）中进行，推动实现检察建议工作在线办理、自动留痕、全程可查。

在线办理的内容包括但不限于检察院环节的受理、调查核实、制发、转送、督促落实，法院环节的接收、立案分案、审查审理、回复反馈，双方内部的审核、审批、备案审查，双方之间的文书送达、材料流转、数据交互等。

第三条【工作原则】 全流程在线办理检察建议工作应当遵循以下原则：

（一）在线办理原则。全市法院、检察院在检察建议办理过程中要坚持无纸化办案、电子诉讼，深度运用全流程网上办案体系及大数据、监督管理场景，推动完善建议在线办理、卷宗同步生成、文书在线流转、材料在线提交、数据实时交互、办理全程监督。

（二）效力等同原则。在线办理检察建议与线下办理检察建议，具有同等的法律效力。

（三）信息准确原则。负有填录职责的法院、检察院人员应及时核对系统自动填录的信息和数据，并录入未能自动填录的必需的信息和数据。

（四）数据安全原则。在线办理检察建议应当依法依规进行，严格按照检察建议受理、审查、办理权限，查询、管理、处理数据信息，确保数据信息安全。

（五）数字赋能原则。法院、检察院应注重依托大数据、人工智能等信息技术，持续提升文书自动生成、智能预警，信息自动填录、智能比对，流程严格监控、智能督办等数字化水平。

第四条【例外情形】 法院、检察院如因特殊情况无法在线办理，可以依法线下办理，但应在收到材料之日起或者纸质材料形成后的7个工作日内将相关材料上传至全市法院的检察建议办理平台或检察业务应用系统，并准确录入相关信息。

第五条【电子院印与电子文书】 在线送达检察建议文书、再审裁判文书、回复函等以院名义制发的法律文书或工作文书时，应加盖电子院印。电子院印与实物院印、电子文书与纸质文书具有同等法律效力，电子文书到达对方系统时即为送达。

第六条【系统权限】 在线办理检察建议工作的权限分为三类：

（一）办案法官、检察官，享有案件办理、信息数据录入、自办案件查询等权限；

（二）具有案件管理、检察建议工作管理职责的法官、检察官，享有案件查询、数据查询、数据统计、流程监管等权限；

（三）法院、检察院院领导、部门负责人，享有与其职责相对应的审核、审批、查询、统计、监管等权限。

审判、检察辅助人员按其工作性质，赋予必要权限。

第二章　办理流程

第七条【检察院办理检察建议】 全市检察院应根据最高检和市检察院有关规定，通过检察业务应用系统（含全流程全息在线办案综合平台）规范制作调查终结报告、检察建议书等检察建议工作相关材料、文书，逐步实现全流程在线办理检察建议。

第八条【检察建议文书要求】 检察建议书应当符合《人民检察院检察建议工作规定》等相关规定，做到合法、科学，且具有必要性、针对性、可行性，在表述上应当做到明确具体、说理充分、论证严谨、语言简洁。

不得就同一问题向同一法院重复制发内容相同或相似的检察建议，整改落实后再次发生的问题除外。

针对监督办案中发现的共性问题，应进行类案监督，并根据《人民检察院检察建议工作规定》第九条、第十一条规定制发检察建议。

第九条【检察建议在线制发】 经过调查核实决定提出检察建议的，需将检察建议电子文书及相关材料在线送达被建议法院，并完成相关信息填录。

第十条【法院接收与分办】 对在线送达的检察建议文书，由全市法院的检察建议办理平台统一接收、智能校验、自动编号、随机分办。

对线下送达的检察建议文书，由法院立案庭负责统一接收并扫描上传检察建议在线办理平台、录入检察建议的基本信息，并参照在线接收流程自动编号、随机分办。

第十一条【法院审查办理组织】 全市法院对于再审检察建议，原则上应编立“监”字号案件，另行组成合议庭审查，依法可以由原审判组织采取裁定补正等方式处理的除外。

对于再审检察建议以外的与法院审判、执行工作有关的其他检察建议，应由员额法官一人或组成合议庭办理。

对检察机关提出的检察建议，经审查建议所涉问题属于文书瑕疵、审判作风等问题，不属于应适用审判监督诉讼程序再审情形的，可将该检察建议作为工作监督建议按上一款规定处理。

前款中需要提请专业法官会议、审判委员会会议或者党组会会议等讨论的，按照有关规定办理。

第十二条【法院审查办理方式】 全市法院审查或办理检察建议，一般采取在线审阅检察院移送的电子材料、在线调阅原审电子卷宗、电子档案等方式进行。必要时，可以询问相关人员、组织听证或商请检察院作出说明，相关材料需及时上传至全市法院的检察建议办理平台，并做好相关信息填录工作。

第十三条【法院审查办理要点】 全市法院审查办理检察建议，应围绕检察建议内容和相关案件的事实认定、法律适用、诉讼程序、裁判结论等进行，并与检察建议的承办检察官充分沟通，切实做到不回避任何一个问题、不疏漏任何一项建议，努力实现“纠正一案、预防一片”。

第十四条【法院审查办理期限】 全市法院审查办理检察建议，应在检察建议书提出的期限内结案或结项，并以规范的公文文本在线回复检察院。除法律、司法解释另有规定以外，再审检察建议、民事执行监督检察建议的审查办理期限为 3 个月；其他检察建议的审查办理期限为 1 个月。对于检察建议书提出的期限明显不符合市检察院有关规定的，可与提出检察建议的检察院沟通。检察院未更正且法院仍认为期限明显不符合规定的，法院可以在线申请上一级法院同上一级检察院沟通协商，确定回复期限。

因所涉案件或事项疑难复杂、重大敏感确需延长审查办理期限的，应在期限届满前5个工作日内在线报请分管院领导审批同意，并将期限延长和阶段性进展情况在线告知检察院。

第十五条【法院整改落实】 全市法院对检察建议提出的各类问题，以及本院结项文书反馈的各类整改举措，应责任到人、逐项解决、狠抓落实。整改落实情况应及时以规范的公文文本在线反馈检察院。

第十六条【检察院督促落实】 被建议法院在规定期限内无正当理由不予回复、不予整改或者整改不到位的，按照"谁制发谁督促"的原则，由制发检察建议的检察官或检察官办案组督促落实。督促落实可以采取询问、走访、不定期会商、召开联席会议等方式，并制作笔录或者工作记录。经督促仍不落实整改的，按有关规定办理。工作结束后相关纸质材料需及时上传至检察业务应用系统，并做好相关信息填录工作。

第十七条【法院提出异议】 被建议法院对检察建议的制发对象、制发主体、制发事由等有异议的，应在5个工作日内书面提出异议或说明情况，并在线反馈检察院。

第十八条【检察院异议处理】 检察院收到异议后，提出检察建议的部门应在5个工作日内进行复核。经复核，异议成立的，应当在线报经检察长或检察委员会讨论决定后，向法院在线制发《变更检察建议决定书》或《撤回检察建议决定书》；异议不成立的，应当在线报经检察长同意后，向法院在线制发《检察建议复核决定书》。

被建议法院仍然认为复核决定的理由不能成立的，可在5个工作日内在线申请上一级法院同上一级检察院沟通研商。上一级检察院认为法院意见正确的，应当要求下级检察院及时纠正。

第三章 统筹管理

第十九条【职责分工】 全市法院审判监督庭、检察院法律政策研究部门负责全流程在线办理检察建议工作的日常协调联络、管理监督、工作情况通报，切实推动提升检察建议全流程在线办理工作质效。

全市法院、检察院的案件监督管理部门依职权对检察建议工作进行流程监控、质量评查、分类统计、数据分析等。

市高院审判监督庭、市检察院案件管理办公室（大数据中心）牵头负责全流程在线办理检察建议平台建设。全市法院信息管理部门、检察院信息化工作部门，应做好信息技术保障工作，持续推动检察建议在线办理工作所涉及的系统、平台各项功能的迭代升级。

第二十条【定期研判】 市高院、市检察院应定期对检察建议工作情况进行分析研判，针对检察院在文书制发或法院在整改落实等工作中存在的问题，形成分析报告在法检系统内通报讲评。必要时，可以文件抄送、召开联席会议等方式相互通报检察建议工作情况。

第二十一条【工作考核】 全市法院、检察院应将在线办理检察建议的质量、效率和效果，依照有关规定折算工作量，并纳入员额法官、员额检察官等人员履职绩效考核。

第二十二条【模式推广】 全市法院、检察院应着力加强法院、检察院监督办案工作的数字化建设，将全流程在线办理模式逐步推广适用于所有法律监督案件。

第四章　附　则

第二十三条【细化措施】 市高院、市检察院可根据本规定精神，并结合各自系统的实际情况和特点要求，制定适用于本系统的细化操作规程，促进提升各自系统内部的检察建议办理工作整体质效。

第二十四条【解释主体】 本规定由市高院、市检察院负责解释。

第二十五条【未规定事项明确】 本规定未规定的事项，遵照有关法律法规、司法解释执行。法律、司法解释就本规定所涉内容有新规定的，遵照执行。

第二十六条【生效时间】 本规定自印发之日起施行。

第二节 社会治理检察建议理论研究观点综述

2019年最高人民检察院公布的《检察建议工作规定》，首次规定了再审、纠正违法、公益诉讼、社会治理和其他等不同类别检察建议。习近平总书记在党的二十大报告中强调，“健全共建共治共享的社会治理制度，提升社会治理效能”，“加快推进市域社会治理现代化，提高市域社会治理能力”，“推进多层次多领域依法治理，提升社会治理法治化水平”等重要论述。这些论述要求检察机关必须牢牢把握国家治理体系和治理能力现代化总要求，主动适应社会治理新的阶段性特征，找准完善社会治理体系的努力方向和工作要求。社会治理检察建议是检察机关依法履行法律监督职责的重要方式，也是参与社会治理的重要手段。检察机关坚持以习近平新时代中国特色社会主义思想为指导，全面贯彻习近平法治思想，立足法律监督职能，以检察履职促推社会治理。实践的蓬勃发展推动了理论研究的持续深化，为社会治理检察建议工作高质量发展提供了重要的理论支撑和实践导向。

一、社会治理检察建议的概念、性质和特征

（一）社会治理检察建议的概念

从现有文献梳理情况看，有关社会治理检察建议的定义大多是学者根据个人理解自行确定的概念。学者陈瑞华认为，社会治理检察建议是指检察机关在办理案件中发现社会治理工作存在制度不健全、管理不完善、管理存在监督漏洞、有关单位不依法及时履职需要整改消除等情形的，向有关单位或部门所提出的改进工作、完善治理的检察建议。学者刘艺认为，社会治理检察建议是检察机关各业务部门在办案中发现线索后制发的，覆盖广泛对象的，旨在完善制度、改进管理

和处置人员的，具有社会治理功能的检察建议的总称。① 学者张栋等认为，社会治理检察建议是检察机关推动社会治理法治化的重要手段，主要针对违法犯罪隐患、管理监督漏洞、风险预警防范等问题，向有关单位和部门提出建议。还有学者汤维建等认为，社会治理检察建议一般指检察机关在履职过程中发现的违法犯罪隐患、管理监督漏洞、风险预警和防控、给予相关人员或者组织行政处罚、政务处分、行业惩戒等问题提出的改进工作、完善治理的建议。②

从上述定义中不难发现，社会治理检察建议主要针对检察履职中发现的有关机关和单位存在制度不健全、管理不完善、风险预警和防控不到位等问题，从而提出建章立制、改进工作、加强监管、完善治理等建议，具有事前预防的价值导向，符合“抓前端、治未病”的治理要求，顺应了党和国家对检察机关的政治要求和时代需求。

（二）社会治理检察建议的性质

关于社会治理检察建议的性质，理论界与实务界存在颇多争议。一是法律监督说。有观点认为，社会治理检察建议本质是法律监督方式，而且是一种非程序规范的法律监督方式。③ 主要存在法律监督和社会治理的争议。二是法律监督与社会治理二重说。有观点认为，社会治理检察建议的性质更倾向于法律监督职能向社会治理融合转化，是立足法律监督职能属性向法律监督职能外的延展，其本质是法律监督属性在社会治理中发挥的职能优势，过于清晰地分辨二重性是对法律

---

① 刘艺：《社会治理类检察建议的特征分析与体系完善》，载《中国法律评论》2021 年第 5 期，第 182 页。

② 汤维建、杨建顺、高景峰、张振忠：《检察建议做成刚性的内涵及路径》，载《人民检察》2019 年第 7 期，第 42 页；姜雨奇、葛路、陈杰文：《社会治理检察建议法治化的检视与建构》，载《中国检察官》2021 年第 15 期，第 53 页；邹云翔等：《社会治理检察建议的特征与运行机制》，载《人民检察》2021 年第 17 期，第 18 页。

③ 赵静东、王晓伟、王端端：《社会治理检察建议工作实践问题研究》，载《中国检察官》2020 年第 21 期，第 65 页。

监督职能方式和社会治理本质追求的一种割裂。[①]《检察建议工作规定》明确社会治理检察建议为检察建议的一种类型，是检察机关履行法律监督职能、参与社会治理的重要方式。从文义解释来看，社会治理检察建议兼具法律监督与社会治理二重性似乎更加符合文件精神，更有可能成为通说观点。

（三）社会治理检察建议的特征

关于社会治理检察建议的特征也存在不同观点。有论者认为，社会治理检察建议具有法律地位非监督性、法律依据具概括性、建议内容多元化以及工作方式协商性等特征。[②] 有论者认为，社会治理类检察建议的确立是多种变革共同作用下涌现出来的制度现象，具有检察主导性、体现协同性、范围全面性等特征。[③] 类似观点认为，社会治理检察建议是检察机关履行法律监督职能、参与社会治理的重要方式，其制度构建符合检察权的性质，符合马克思主义关于国家政治统治和社会管理两种职能理论，响应了党和国家实现治理体系和治理能力现代化的要求，必定成为中国特色社会主义检察制度的组成部分。[④] 还有观点认为，社会治理检察建议具有法律适用的宽泛性、监督的非强制性等特征。[⑤]

总体来看，学者们大多赞同社会治理检察建议具有非强制性、协同性（协商性）、多元性（宽泛性）。该部分研究侧重对于社会治理检

① 胡淑梅、栾铃雪：《社会治理检察建议制度设计与实践发展》，载《中国检察官》2020 年第 9 期，第 72 页。

② 邹云翔等：《社会治理检察建议的特征与运行机制》，载《人民检察》2021 年第 17 期，第 18－19 页。

③ 刘艺：《社会治理类检察建议的特征分析与体系完善》，载《中国法律评论》2021 年第 5 期，第 183－187 页。

④ 郝铁川、包来友：《构建社会治理检察建议制度的理论基础》，载《人民检察》2020 年第 21 期，第 71－72 页。

⑤ 邓光明：《社会治理检察建议工作存在的难题与对策》，载《中国检察官》2023 年第 5 期，第 69 页。

察建议功能特征的论证，探讨以社会治理检察建议职能作用的充分发挥，不断提高社会治理法治化水平。

二、社会治理检察建议的历史演进

检察建议制度的设立是宪法赋予人民检察院法律监督权的必然要求，也是检察机关依法行使法律监督权的重要手段。① 社会治理检察建议作为检察建议的五大类型之一，其产生与发展有其内在规律性和历史必然性。因此，学者们在研究社会治理检察建议时，通常会追溯检察建议的发展历程，具有代表性的文章如张羽撰写《检察建议的历史图景》，该文详细梳理回顾60多年来检察建议的发展史，并得出“检察建议自诞生之初，就以法律监督之名，与社会治理密切相关”的结论。②

检察建议制度是伴随着检察权配置和检察制度的改革而不断变化的。有论者认为，社会治理检察建议主要得益于检察机关的三重经历：一是20世纪50年代，一般监督时期的纠正违法，督促依法履职；二是1979年至2012年，参与社会治理时期的预防和减少违法犯罪；三是2012年以来，深度融入国家治理体系时期，从“我管”到促“都管”。③ 也有论者主张，2017年底职务犯罪预防等职能转隶使检察建议制度失去了原有的体制支撑，增强检察建议刚性的需求越发紧迫。在此背景下，2019年修订出台《检察建议工作规定》是对检察建议制度的一次全新的调整，解决了以往界定不清、适用范围不明、程序不规范、制式不统一、缺乏督促落实措施等种种问题，可以说是制度层面

---

① 罗书平：《学者视角：“检察建议”“刚性”与“柔性”》，载《民主与法制》2019年第17期，第20页。

② 张羽：《检察建议的历史图景》（上篇），载《方圆》2020年第21期，第15页。

③ 邓光明：《社会治理检察建议工作存在的难题与对策》，载《中国检察官》2023年第5期，第69－70页。

力度最大、适用性最强的一次改革。[①] 有论者提出，社会治理检察建议并非凭空出世，其“前身”作为综合治理手段的预防违法犯罪检察建议早已在实践中运行多年，当然其制发对象、适用范围已不断扩大，其演变本身也体现了我国“管理”理念到“治理”理念的嬗变。[②]

三、社会治理检察建议存在的问题及原因分析

（一）社会治理检察建议存在的问题

2019 年以来，社会治理检察建议工作总体推行良好。经过对社会治理检察建议相关文献的梳理分析，也发现司法实践中社会治理检察建议存在诸多亟须正视和解决的问题。

一是制发中存在的问题。有论者指出，社会治理检察建议存在法律依据、适用范围和制发程序不明确，线索发现、调查核实以及外部支持制度不完善，检察官存在问题找不准、说理性不强、能力水平有待提高等短板弱项。[③] 有论者认为，社会治理检察建议发展态势相对迟缓且不平衡，一方面类型上偏重于个案治理，对类案治理和预测预警重视不够；另一方面，工作方式上主动沟通协商少。[④] 类似观点提出，类案监督的检察建议较少，存在“类案群发”“一案多发”的现象，制发流程有待规范以及部分检察建议书质量不高、参差不齐等问题。[⑤]

---

① 胡淑梅、栾铃雪：《社会治理检察建议制度设计与实践发展》，载《中国检察官》2020 年第 9 期，第 71 页。

② 秦前红、王雨亭：《检察建议类型的制度反思及功能性重构》，载《中南民族大学学报（人文社科版）》2023 年第 6 期，第 93 页。

③ 邓光明：《社会治理检察建议工作存在的难题与对策》，载《中国检察官》2023 年第 5 期，第 70－71 页。

④ 邹云翔等：《社会治理检察建议的特征与运行机制》，载《人民检察》2021 年第 17 期，第 19 页。

⑤ 安徽省芜湖市人民检察院课题组：《社会治理检察建议工作调研分析报告——以安徽省 W 市检察机关为样本》，载《中国检察官》2021 年第 3 期，第 63 页；谭泽林：《社会治理检察建议工作实践问题探析》，载《人民检察》2021 年第 17 期，第 22－23页。

此外，还有论者认为，社会治理检察建议存在理念认识偏差、产品优质标准不明晰、“案件化”办理模式未确立、支撑机制较匮乏等现实积弊。① 综合来看，社会治理检察建议制发过程中存在的问题较多且较为普遍：类案建议不够普遍，部分个案建议质效不高；调查核实不够细致，部分案件启动程序倒置；类型适用不够清晰，多类检察文书交叉混用，与其他类型检察建议存在混同；发送对象不够准确，工作层级职责权限失当；释法说理不够充分，法理情理论证缺乏力度；建议措施不够精准，针对性可行性不强；制发程序不够规范，公开建议存在一定顾虑。②

二是发送、落实中存在的问题。主要表现为送达方式较为单一，文来文往现象较为普遍；社会治理检察建议刚性不足，存在虚假采纳整改问题；③ 后续跟踪落实不够到位，落实见效协调联动不紧密。④

三是立法和理论研究边缘化问题。有论者指出，社会治理检察建议还存在立法和理论研究边缘化问题。一方面体现在高阶法的模糊性上，受宜粗不宜细等立法原则的局限，实体法和程序法在检察建议的相关条款中都规定得较为简单，法律效力和实施条件都不够明确；⑤ 另一方面，当前法学界乃至实用法学针对检察建议的理论研究仍以检察机关内部研究为主导，缺少系统的、整体的理论研究，很多机关单位、

---

① 姜雨奇、葛路、陈杰文：《社会治理检察建议法治化的检视与建构》，载《中国检察官》2021 年第 15 期，第 53 – 54 页。

② 刘洋：《完善社会治理检察建议工作的思考》，载《中国检察官》2021 年第 11 期，第70 – 71页；周芳、王庆新：《关于社会治理检察建议的实践思考》，载《江西警察学院学报》2021 年第 3 期，第 116 – 117 页。

③ 安徽省芜湖市人民检察院课题组：《社会治理检察建议工调研分析报告——以安徽省 W 市检察机关为样本》，载《中国检察官》2021 年第 3 期，第 63 – 64 页；刘洋：《完善社会治理检察建议工作的思考》，载《中国检察官》2021 年第 11 期，第 70 – 71页。

④ 周芳、王庆新：《关于社会治理检察建议的实践思考》，载《江西警察学院学报》2021 年第 3 期，第 116 – 117 页。

⑤ 胡淑梅、栾铃雪：《社会治理检察建议制度设计与实践发展》，载《中国检察官》2020 年第 9 期，第 73 页。

企业或行业、团体对检察建议制度缺乏了解和重视。①

四是发展不平衡问题。社会治理检察建议还存在层级之间、区域之间以及业务之间发展不平衡等问题。②

五是影响社会治理检察建议效果的问题。主要包括：社会治理检察建议制发动力不足；社会治理检察建议制定的专业性和针对性有待提高；社会治理检察建议内外传达和宣传的渠道不够畅通。③

（二）社会治理检察建议存在问题的原因分析

基于社会治理检察建议工作中存在的问题，学者们立足不同视角探索分析潜在的影响因素。

一是认识不够到位，影响工作动力和程序规范。④ 有论者指出，一些检察人员的思想上重视不够，对社会治理检察建议认识不够到位，还存在诸多误区，思想观念未转变到位，执行规定缺乏动力，落实最高人民检察院和上级人民检察院的部署不到位。⑤ 具体而言，对社会治理检察建议的职责定位认识不清，对社会治理检察建议的新理念贯彻不透，对社会治理检察建议的新属性把握不准，对社会治理检察建议的新要求准备不足。⑥ 类似观点认为，社会治理检察建议工作本身确实

---

① 胡淑梅、栾铃雪：《社会治理检察建议制度设计与实践发展》，载《中国检察官》2020 年第 9 期，第 73 页。

② 胡淑梅、栾铃雪：《社会治理检察建议制度设计与实践发展》，载《中国检察官》2020 年第 9 期，第 73 页。

③ 赵静东、王晓伟、王端端：《社会治理检察建议工作实践问题研究》，载《中国检察官》2020 年第 21 期，第 66 页。

④ 刘洋：《完善社会治理检察建议工作的思考》，载《中国检察官》2021 年第 11 期，第 71 – 72 页。

⑤ 周芳、王庆新：《关于社会治理检察建议的实践思考》，载《江西警察学院学报》2021 年第 3 期，第 117 页。

⑥ 周芳、王庆新：《关于社会治理检察建议的实践思考》，载《江西警察学院学报》2021 年第 3 期，第 117 – 118 页。

是一项相对陌生复杂艰难的工作;① 对社会治理检察建议定位不准，既没有全面正确认识社会治理检察建议的功能，又不恰当地限缩社会治理检察建议的范围。②

二是协调不够通畅，影响工作效果和外部刚性。③ 有论者认为，协调配合不深，既未完全树立协商共治理念,④ 也未形成社会治理检察建议一体推进的工作格局;⑤ 协调不够通畅，影响工作效果和外部刚性。⑥ 还有论者提出，一方面是监督能力不足，所制发的社会治理检察建议质量不高，不能满足新时期需要,⑦ 另一方面是建议刚性不强，社会治理检察建议工作效果未能得到有效彰显，相关法律法规未规定被建议单位不落实或落实不力的后果及责任。⑧

三是配套不够完善，影响工作效率和统筹效果。⑨ 有论者主张，缺乏系统治理和数字治理思维，专业化办理机制不健全以及规范化运行保障机制不健全等都会影响社会治理检察建议的运行。⑩ 也有论者持类

① 周芳、王庆新:《关于社会治理检察建议的实践思考》，载《江西警察学院学报》2021年第3期，第117页。

② 邹云翔等:《社会治理检察建议的特征与运行机制》，载《人民检察》2021年第17期，第20页。

③ 刘洋:《完善社会治理检察建议工作的思考》，载《中国检察官》2021年第11期，第71-72页。

④ 邹云翔等:《社会治理检察建议的特征与运行机制》，载《人民检察》2021年第17期，第20页。

⑤ 安徽省芜湖市人民检察院课题组:《社会治理检察建议工作调研分析报告——以安徽省W市检察机关为样本》，载《中国检察官》2021年第3期，第64页。

⑥ 安徽省芜湖市人民检察院课题组:《社会治理检察建议工作调研分析报告——以安徽省W市检察机关为样本》，载《中国检察官》2021年第3期，第64页。

⑦ 安徽省芜湖市人民检察院课题组:《社会治理检察建议工作调研分析报告——以安徽省W市检察机关为样本》，载《中国检察官》2021年第3期，第64页。

⑧ 赵利民、刘青桂、赵雅男:《社会治理检察建议质效提升的路径》，载《中国检察官》2023年第10期，第44-45页。

⑨ 刘洋:《完善社会治理检察建议工作的思考》，载《中国检察官》2021年第11期，第71-72页。

⑩ 邹云翔等:《社会治理检察建议的特征与运行机制》，载《人民检察》2021年第17期，第20页。

似观点，即制度机制不全，社会治理检察建议工作推动缺乏强有力手段。[①]

四、社会治理检察建议体系完善的优化路径

对于社会治理检察建议运行过程中存在的现实问题，学者有针对性地提出了相应的优化路径。有论者认为，一是通过提升检察建议制发的专业性、针对性和有效性来增强社会治理检察建议的主导性；二是分别从部门协同、程序协同以及业务协同入手，以加强其协同性；三是通过明确制发情形、强化责任来落实全面性。[②] 也有论者主张，要强化和完善内部监督，构建科学合理的评价机制；注重向外部借力，为高质量检察建议提供支撑；同时将“依法”确立为各方主体的共同遵循。[③] 还有论者基于检察机关推进社会治理类检察建议制度的现实性依据提出，一方面要突出法治保障功能，关注社会治理的关键领域；另一方面则要遵循案件化办理原则，探索案件化办理机制。[④] 还有论者提出，从工作模式、专业办理和规范运行保障三个层面加强社会治理检察建议工作，即从个案治理转向类案治理，从事后纠错转向事前防范，从关注回复转向长期跟踪，从单方建议转向协商共治。进一步健全检察建议证据收集分析机制、专家咨询论证机制、构建团队化作战机制。健全社会治理检察建议评价机制，优化社会治理检察建议质量内控机制，探索构建上级人民检察院办理异议复核制度。[⑤] 具体路径

---

① 安徽省芜湖市人民检察院课题组：《社会治理检察建议工作调研分析报告——以安徽省 W 市检察机关为样本》，载《中国检察官》2021 年第 3 期，第 64 页。

② 刘艺：《社会治理类检察建议的特征分析与体系完善》，载《中国法律评论》2021 年第 5 期，第 187－193 页。

③ 杨建顺：《论社会治理检察建议的规范引领作用》，载《人民检察》2021 年第 17 期，第 12－17 页。

④ 李军、朱一燕、苏宝成：《社会治理类检察建议应突出法治保障功能》，载《人民检察》2021 年第 11 期，第 70－71 页。

⑤ 邹云翔等：《社会治理检察建议的特征与运行机制》，载《人民检察》2021 年第 17 期，第 20－21 页。

如下：

一是提升检察官的工作认识和职业素能。有论者提出，要转变监督理念，突出解决认识不足、重视不够问题；要加强教育培训，突出解决能力不强、业务不专问题。① 要持续完善社会治理检察建议工作，应转变理念，树立更强履职意识。② 还有论者主张，一方面围绕社会治理检察建议工作推进检察官的培训工作，构建科学的考核激励机制提升检察建议质效；另一方面，建立高质量社会治理检察建议培育机制，以机构职能整合强化法律政策研究部门实质内容审核职能。③

二是提高社会治理检察建议质量。有观点主张，通过加强素能建设，准确适用检察建议，强化检察建议的针对性和可执行性，加强类案检察建议工作以及规范检察建议的制发程序等方式提升社会治理检察建议的质量。④ 有观点提倡，探索"案件化"办理，突出解决不甚规范、质量不高问题。⑤ 通过完善机制，构建更优评价体系。还有观点提出，应重点围绕对社会治理检察建议进行科学分类，提出社会治理检察建议应当基于扎实的调研，社会治理检察建议的内容须合法、合理、可行以及完善社会治理检察建议的制发程序等方面提高社会治理检察建议的质量。⑥

三是落实社会治理检察建议刚性要求。有观点指出，应从完善相关法律，提升权威性；强化制度保障，规范社会治理检察建议制发；

---

① 安徽省芜湖市人民检察院课题组：《社会治理检察建议工作调研分析报告——以安徽省 W 市检察机关为样本》，载《中国检察官》2021 年第 3 期，第 64 – 65 页。

② 刘洋：《完善社会治理检察建议工作的思考》，载《中国检察官》2021 年第 11 期，第 72 – 73 页。

③ 赵静东、王晓伟、王端端：《社会治理检察建议工作实践问题研究》，载《中国检察官》2020 年第 21 期，第 66 – 67 页。

④ 谭泽林：《社会治理检察建议工作实践问题探析》，载《人民检察》2021 年第 17 期，第 23 – 24 页。

⑤ 安徽省芜湖市人民检察院课题组：《社会治理检察建议工作调研分析报告——以安徽省 W 市检察机关为样本》，载《中国检察官》2021 年第 3 期，第 64 – 65 页。

⑥ 杨建顺：《论社会治理检察建议的规范引领作用》，载《人民检察》2021 年第 17 期，第 15 – 16 页。

增强检察人员能力建设，切实提升检察建议质量等三方面入手，进一步加强和改进工作，才能把柔性的监督做成刚性、做到刚性。[①] 具体而言，通过更新理念强化社会治理检察建议的自身质量，通过规范送达彰显社会治理检察建议的刚性要求，通过协调联动聚集社会治理检察建议的实践合力，通过公开信息提升社会治理检察建议的社会影响，通过加强考核激发社会治理检察建议的工作实效。[②] 还有观点主张通过构建调查核实机制、质量监管机制以及支持配合机制等三大机制实现程序“刚性”。[③] 也有观点提出，通过政府机关与检察机关之间建立起来的工作协调机制，即“府检联动”机制，合力推动社会治理检察建议提升制发质量，合力督促推动社会治理检察建议落地落实，合力推动成效转化延伸社会治理检察建议效能。[④]

四是抓好社会治理检察建议督促落实。有观点认为可以通过完善相关制度，突出解决落实不佳、成效不显问题。[⑤] 主要包括但不限于：通过召开联席会议、不定期会商等方式与被建议单位加强沟通协调；畅通检察建议宣告送达和通报渠道，积极开展社会治理检察建议宣告送达工作；[⑥] 加强跟踪问效，坚持对重点社会治理检察建议长效回访，

---

① 邓光明：《社会治理检察建议工作存在的难题与对策》，载《中国检察官》2023 年第 5 期，第 71－72 页。

② 周芳、王庆新：《关于社会治理检察建议的实践思考》，载《江西警察学院学报》2021 年第 3 期，第 118－119 页。

③ 姜雨奇、葛路、陈杰文：《社会治理检察建议法治化的检视与建构》，载《中国检察官》2021 年第 15 期，第 55－56 页。

④ 安徽省肥西县人民检察院课题组：《“府检联动”机制助推社会治理检察建议落地落实》，载《中国检察官》2022 年第 23 期，第 69－72 页。

⑤ 安徽省芜湖市人民检察院课题组：《社会治理检察建议工作调研分析报告——以安徽省 W 市检察机关为样本》，载《中国检察官》2021 年第 3 期，第 64－65 页。

⑥ 赵静东、王晓伟、王端端：《社会治理检察建议工作实践问题研究》，载《中国检察官》2020 年第 21 期，第 66－67 页。

完善社会治理检察建议成效考察评估体系。① 积极争取各方支持，② 通过加强协同，营造更好共治氛围。③

五是增强社会治理检察建议功效。有学者指出可以从如下几方面对现有机制进行改进和完善：通过实践积累完善立法；专家咨询制度向专家论证机制延伸；构建系统性运行模式。④

---

① 赵静东、王晓伟、王端端：《社会治理检察建议工作实践问题研究》，载《中国检察官》2020 年第 21 期，第 66－67 页。

② 谭泽林：《社会治理检察建议工作实践问题探析》，载《人民检察》2021 年第 17 期，第 24 页。

③ 刘洋：《完善社会治理检察建议工作的思考》，载《中国检察官》2021 年第 11 期，第 72－73 页。

④ 胡淑梅、栾铃雪：《社会治理检察建议制度设计与实践发展》，载《中国检察官》2020 年第 9 期，第 74－75 页。